Die *res extra commercium* im römischen Recht

Rechtshistorische Reihe

Band 477

Gero von Alvensleben

Die *res extra commercium* im römischen Recht

PETER LANG

Bibliografische Information der Deutschen Nationalbibliothek
Die Deutsche Nationalbibliothek verzeichnet diese Publikation in der Deutschen Nationalbibliografie; detaillierte bibliografische Daten sind im Internet über http://dnb.d-nb.de abrufbar.

Zugl.: Kiel, Univ., Diss., 2018

Die vorliegende Arbeit wurde von
Herrn Prof. Dr. Rudolf Meyer-Pritzl
zur Aufnahme in die Reihe empfohlen.

Umschlagabbildung:
Justitia. Allegorie der Gerechtigkeit. Druck aus dem 17. Jahrhundert.

D 8
ISSN 0344-290X
ISBN 978-3-631-76828-0 (Print)
E-ISBN 978-3-631-76930-0 (E-PDF)
E-ISBN 978-3-631-76931-7 (EPUB)
E-ISBN 978-3-631-76932-4 (MOBI)
DOI 10.3726/b14906

Peter Lang – Berlin · Bern · Bruxelles · New York ·
Oxford · Warszawa · Wien

Diese Publikation wurde begutachtet.

www.peterlang.com

Vorwort

Die vorliegende Arbeit wurde im Wintersemester 2017/2018 von der Rechtswissenschaftlichen Fakultät der Christian-Albrechts-Universität zu Kiel als Dissertation angenommen.

Mein besonderer Dank gilt Herrn Prof. Dr. Rudolf Meyer-Pritzl für die Betreuung während der Anfertigung der Arbeit und die Erstellung des Erstgutachtens. Herrn Prof. Dr. Werner Schubert danke ich für die Erstellung des Zweitgutachtens.

Zum allergrößten Dank bin ich meinen Eltern verpflichtet, die mir durch ihre ununterbrochene Unterstützung das Schreiben dieser Arbeit ermöglicht haben. Ihnen widme ich die Arbeit.

Lübeck, im Juni 2018 Gero von Alvensleben

Inhaltsverzeichnis

Einleitung: Der Gegenstand der Untersuchung

In den heutigen Kommentaren und Lehrbüchern zum Sachenrecht wird im Zusammenhang mit dem Sachbegriff die Einteilung der Sachen in unbewegliche und bewegliche, teilbare und unteilbare, vertretbare und unvertretbare Sachen dargestellt, wie es nach §§ 90 f. BGB der geltenden Rechtslage entspricht.[1] Zugleich fällt auf, dass in diesem Kontext eine Kategorie von Sachen thematisiert wird, die in den §§ 90 ff. BGB nicht ausdrücklich geregelt sind: Sie werden mit dem lateinischen Ausdruck *res extra commercium* bezeichnet.[2] Die heutige Literatur unterteilt diese so genannten *res extra commercium* in öffentliche Sachen, Sachen im öffentlichen Gebrauch, allen gemeinsame Sachen, heilige Sachen und sakrale Sachen.[3] Ihnen ist gemeinsam, dass sie dem Privatrechtsverkehr zwischen Privatleuten entzogen sein sollen,[4] zum Teil in einem besonderen, sogenannten „öffentlichen Eigentum", also nicht-zivilrechtlichen Eigentum stehen sollen.[5]

Diese Erwähnung und Erläuterung der *res extra commercium* in der heutigen Kommentierung ist auf den ersten Blick verwunderlich, denn die Väter des BGB haben sich bei dessen Entstehung bewusst gegen eine Aufnahme der Kategorie der *res extra commercium* entschieden.[6] Es gibt dort keine Einteilung der Sachen in verkehsfähige und verkehrsunfähige. Warum wird also in der Literatur an dem Ausdruck *res extra commercium* festgehalten? Die vorhandene Kommentierung zeigt, dass ein Bedürfnis nach einer solchen Kategorie noch heute besteht und die römisch-rechtliche Vorstellung der *res extra commercium* jedenfalls als Denkfigur noch immer von Interesse ist.[7] Es sind immer wieder Ansätze erkennbar, bestimmte Sachen als *res extra commercium* zu bezeichnen oder einem besonderen Schutz zu unterstellen, um sie dem freien Privatrechtsverkehr zu entziehen oder auf Grund ihrer Einzigartigkeit der Allgemeinheit zugänglich

---

1 Zum Sachbegriff und zur Einteilung der Sachen vgl. *Wieling*, S. 53 ff.; Staudinger-*Jickeli/Stieper*, § 90 BGB, Rn. 1 ff. ; MüKo-*Stresemann*, § 90 BGB Rn. 1 ff.

2 So etwa *Wieling*, S. 62; Staudinger-*Jickeli/Stieper*, § 90 Rn. 40.

3 *Wieling*, S. 62 ff.; ebenso ausführlich Staudinger-*Jickeli/Stieper*, § 90 Rn. 40 ff.

4 Staudinger-*Jickeli/Stieper*, § 90 Rn. 40.

5 Vgl. hierzu Staudinger-*Jickeli/Stieper*, § 90 Rn. 51 m.w.N.; MüKo-*Stresemann*, § 90 Rn. 34; *Wieling*, S. 66.

6 HKK-*Rüfner*, S. 322; *Jakobs/Schubert*, S. 426 und S. 431 ff.; Staudinger-*Jickeli/Stieper*, § 90 Rn. 40.

7 Siehe nur MüKo-*Stresemann*, § 90 Rn. 24 ff. zu „Sonderfällen" und Rn. 35 ff. zur eingeschränkten Verkehrsfähigkeit von Sachen.

zu halten. Die Motive mögen dabei unterschiedlicher Natur sein, so können sie zum Beispiel religiös bedingt sein oder sich aus der Besonderheit der betreffenden Sachen ergeben.[8] Manche Vorstellungen knüpfen dabei an überlieferte römisch-rechtliche Beispiele an.[9] Andererseits wurden in der Literatur auch immer wieder neue Gegenstände als *res extra commercium* diskutiert.[10] Das macht den Begriff zum Gegenstand rechtsgeschichtlichen Interesses. Es stellt sich die Frage nach Umfang und Bedeutung des Begriffs im antiken römischen Recht. Die letzten, relativ knappen Abhandlungen hierzu stammen aus dem Ende des 19. Jahrhunderts.[11] Mit Ausnahme eines kurzen Überblicks über die diesbezüglichen römisch-rechtlichen Quellentexte in der Dissertation von *Weidner* gibt es jedoch keine neuere Untersuchung, die sich dieses rechtsgeschichtlichen Themas annimmt.[12]

Die vorliegende Arbeit befasst sich daher mit den Quellentexten zu dem Begriff der *res extra commercium* im römischen Recht. Die römischen Juristen selbst benutzten diesen Begriff allerdings so nicht. Vielmehr wurden verschiedene Ausdrücke verwandt, die heute üblicherweise unter dem Begriff der *res extra commercium* zusammengefasst werden. So waren bei den römischen Juristen die Redewendungen *res extra patrimonium*[13], *res cuius non est commercium*[14] und *res nullius in bonis esse*[15] gebräuchlich, um diesen Status einer Sache zu beschreiben, wobei – wie sich zeigen wird – die Redewendungen *extra patrimonium* und *nullius in bonis* nicht exakt dieselbe Bedeutung haben wie der Ausdruck *extra commercium.*

Diese Arbeit untersucht die *res extra commercium* anhand der römisch-rechtlichen Quellen, insbesondere des Corpus Iuris Civilis und der Institutionen des Gaius, umfassend und systematisch. Die Untersuchung hat das Ziel, den lateinischen Originalwortlaut vor Augen zu stellen und zu erschließen und durch

8 Vgl. beispielsweise die Dissertation von *Weidner* zur Frage, ob bzw. wie Kulturgüter als *res extra commercium* besonders geschützt werden könnten. Zum Meeresstrand als *res communes omnium* in der heutigen Rechtsprechung vgl. Staudinger-*Jickeli/Stieper*, § 90 Rn. 46 m. w. N.; *Wieling*, S. 68.

9 Etwa die der *res sacrae* und *res religiosae*, siehe *Wieling*, S. 69 f.; Staudinger-*Jickeli/Stieper*, § 90 Rn. 55 ff.

10 Beispiele bei HKK-*Rüfner*, S. 306 ff., sind etwa der Strom und der Leichnam.

11 Dies sind die Monographien von *Kollath* (1894), *Kaufmann* (1887) und *Wappäus* (1867).

12 Vgl. nur die Literaturempfehlungen bei *Kaser/Knütel*, S. 112.

13 Gai. Inst. 2,1.

14 Vgl. Inst. Iust. 2,20,4; D. 18,1,6 pr.

15 So etwa Gai. Inst. 2,9 und Gai. Inst. 2,11.

ihre systematische Zusammenordnung einerseits zentrale Vorstellungen hervortreten zu lassen, andererseits unterschiedliche Rechtspositionen sichtbar zu machen.

Der Gang der Darstellung vollzieht sich in drei Stufen: Zunächst wird ein Überblick über die Quellenlage gegeben und auf dessen Grundlage bestimmt, welche Sachen und Gegenstände unter den *res extra commercium* tatsächlich zu verstehen sind. In einem zweiten Schritt werden diese dann einzeln betrachtet und dargestellt. In einem dritten Schritt wird auf den besonderen rechtlichen Status dieser Sachen und auf die daraus resultierenden Rechtsfolgen eingegangen.

Teil 1: Systematischer Überblick über die *res extra commercium*

I. Der Begriff *res extra commercium* in den Quellen

Auf der Suche nach einem systematischen Überblick über die *res extra commercium* wird man in den verschiedenen juristischen Quellentexten nicht fündig, wenn nur die Textstellen betrachtet werden, in denen der gesamte Begriff verwendet wird. Eine zentrale Begriffsbestimmung oder Behandlung des Begriffs der *res extra commercium* erscheint in keiner der römischen Quellen, obwohl es dort verschiedene Einteilungen der Sachen gibt.[16]

Der Begriff *res*, für sich genommen, kommt in unterschiedlicher Bedeutung in den juristischen Texten vor. Zum einen kann *res* im weitesten Sinne als jedes Ereignis, jeder Zustand oder jede rechtliche Beziehung verstanden werden. *Res* ist dann einfach der Gegensatz zu *persona*.[17] Zuweilen ist *res* aber auch als Gesamtvermögensmasse zu verstehen. *Res* hat dann die gleiche Bedeutung wie *bona*.[18] Gewöhnlich wird der Begriff aber enger verstanden. *Res* bedeutet dann einen Gegenstand, der greifbar ist. *Res* kann dann als eine einzelne abgrenzbare Sache verstanden werden.[19]

Das Wort *commercium* taucht nur vereinzelt und an den unterschiedlichsten Stellen in den juristischen Quellen auf. In den Digesten findet sich das Wort *commercium* insbesondere in den folgenden Fragmenten:

> *D. 18,1,6 pr. Pomponius libro quinto ad Sabinum:*
> *Sed Celsus filius ait hominem liberum scientem te emere non posse nec cuiuscumque rei si scias alienationem <prohibitam>[20] esse: ut sacra et religiosa loca aut quorum commercium non sit, ut publica, quae non in pecunia populi, sed in publico usu habeantur, ut est campus Martius.*

> *D. 18,1,34,1 Paulus libro trigensimo tertio ad Sabinum:*
> *Omnium rerum quas quis habere vel possidere vel persequi potest, venditio recte fit: quas vero natura vel gentium ius vel mores civitatis commercio exuerunt[21], earum nulla venditio est.*

---

16 Vgl. die Einteilungen der Sachen in D. 1,8,1 ff., Inst. Iust. 2,1 ff. und Gai. Inst. 2,1 ff.

17 Vgl. D. 50,16,23 und *Leonhard*, „Res", Sp. 616.

18 Vgl. *Leonhard*, „Res", Sp. 616. Vgl. im Übrigen die Ausführungen über *bona* weiter unten.

19 *Kaser*, Commercium, S. 131; *ders.*, RP I, S. 376.

20 Konjektur <*prohibitam*> eingefügt bei *B/K/K/S*, III, S. 441.

21 *Guarino*, S. 296, vermerkt in Fn. 27.9, dass dort statt *exuerunt* auch *exemerunt* stehen könnte.

D. 20,3,1,2 Marcianus libro singulari ad formulam hypothecariam:
Eam rem, quam quis emere non potest, quia commercium eius non est, iure pignoris accipere non potest, ut divus Pius Claudio Saturnino rescripsit. Quid ergo, si praedium quis litigiosum pignori acceperit, an exceptione summovendus sit? Et Octavenus putabat etiam in pignoribus locum habere exceptionem: quod ait Scaevola libro tertio variarum quaestionum procedere, ut in rebus mobilibus exceptio locum habeat.

Ulpian. Reg. XIX, 5.
Commercium est emendi vendendique invicem ius.

D. 45,1,34 Ulpianus libro quadragensimo octavo ad Sabinum:
Multum interest, utrum ego stipuler rem, cuius commercium habere non possum, an quis promittat: si stipuler rem, cuius commercium non habeo, inutilem esse stipulationem placet: Si quis promittat, cuius non commercium habet, ipsi nocere, non mihi.

In den Institutionen erscheint das Wort *commercium* hauptsächlich an zwei Stellen:

Inst. Iust. 2,20,4:
Non solum autem testatoris vel heredis res, sed et aliena legari potest: ita ut heres cogatur redimere eam et praestare vel, si non potest redimere, aestimationem eius dare.
Sed si talis res sit, cuius non est commercium, nec aestimatio eius debetur, sicuti si campum Martium vel basilicas vel templa vel quae publico usui destinata sunt legaverit: nam nullius momenti legatum est.

Inst. Iust. 3,19,2:
Idem iuris est, si rem sacram aut religiosam, quam humani iuris esse credebat, vel publicam, quae usibus populi perpetuo exposita sit, ut forum vel theatrum, vel liberum hominem, quem servum esse credebat, vel cuius commercium non habuit, vel rem suam dari quis stipuletur. Nec in pendenti erit stipulatio ob id, quod publica res in privatum deduci et ex libero servus fieri potest et commercium adipisci stipulator potest et res stipulatoris esse desinere potest: sed protinus inutilis est.

Anhand dieser Textstellen hat bereits *Kaser* in seinem Aufsatz „Vom Begriff des ‚*commercium*'" herausgearbeitet, dass das Wort *commercium* sowohl eine allgemeine, umgangssprachliche Bedeutung hat als auch im spezifischen juristischen Sprachgebrauch eine besondere Bedeutung haben kann.[22]

---

22 Hinsichtlich der genauen Entwicklungsgeschichte der juristischen Bedeutung des Begriffs *commercium* besteht Unklarheit. Es bleibt festzuhalten, dass auf Grund der geringen Anzahl von Quellen aus klassischer Zeit eine Datierung des Beginns des Sprachgebrauchs in Bezug auf die *res extra commercium* kaum möglich ist. Dies ist insbesondere deshalb nicht möglich, weil die römischen Juristen unterschiedliche Redewendungen verwandten und nicht einheitlich von *res extra commercium* sprachen. Die benutzten Begriffe können aber nach *Kaser*, Commercium, S. 161, teilweise schon in vorklassischer Zeit vorgekommen sein.

Im allgemeinen Sprachgebrauch bedeutet *commercium* danach „Handel", „also entweder das einzelne auf Güterumsatz gerichtete Geschäft, insbesondere der Kauf, oder der Inbegriff solcher Geschäfte."[23] In dieser Bedeutung kommt das Wort *commercium* jedoch in keiner klassischen Juristenschrift vor.[24] *Kaser* unterscheidet vielmehr anhand der oben bereits zitierten Textstellen drei unterschiedliche Bedeutungen des Wortes im juristisch-technischen Sinne:

Zunächst kann sich das Wort *commercium* auf den zwischenstaatlichen Rechtsverkehr (zwischen Römern und Ausländern) beziehen, indem einer Person das *commercium* zugesprochen wird. In dieser Bedeutung gebraucht es nach *Kaser* Ulpian in Reg. XIX,4.[25] *Commercium* bedeutet in diesem Sinne die Fähigkeit, Rechtsgeschäfte vornehmen zu können. *Kaser* folgend geht es dabei zunächst um das Recht der Ausländer, *res mancipi* durch Manzipation zu erwerben.[26] Die Verleihung des *commercium* befähigte somit zusammengefasst Ausländer dazu, Geschäfte nach dem *ius civile* vorzunehmen, die sonst nur den Römern möglich waren.[27]

In einer weiteren Bedeutung kommt laut *Kaser* das Wort *commercium* in Textstellen vor, die dem Verschwender (*prodigus*) die Befähigung zur Vornahme aller Verpflichtungs- und Verfügungsgeschäfte abspricht. Danach konnte durch Interdiktion ein Vermögen vor dem Verschwender geschützt werden, indem es unter die Verwaltung eines *curator* gestellt wurde.[28]

Zuletzt erscheint das Wort in dem in den vorzitierten Texten verwendeten Sinn. Dabei fällt auf, dass das Wort *commercium* dort erneut in unterschiedlichem Sinn gebraucht wird: In Inst. Iust. 3,19,2 geht es um die Frage der Wirksamkeit einer Stipulation. Die anfängliche Wendung „dasselbe Recht gilt" bezieht sich auf Inst. Iust. 3,19,1, wo es heißt, dass unter den dort genannten Umständen eine Stipulation unwirksam sein wird (*inutilis erit stipulatio*). In diesem Text wird zunächst die Unwirksamkeit einer Stipulation einer *res sacra*, *res religiosa*, *res publica* und eines *homo liber* festgestellt. Im Anschluss folgt der Zusatz, dass auch dann eine Stipulation unwirksam ist, wenn *cuius commercium non habuit.* Mit diesem Halbsatz wird ausgedrückt, dass einer Person das *commercium* fehlt.[29] In dieser Form kommt es in den Digesten an mehreren Stellen vor, etwa

23 *Kaser*, Commercium, S. 131.

24 So *Kaser*, Commercium, S. 132, anders in der Nachklassik, vgl. Quellennachweise bei *Kaser*, Commercium, S. 132 mit Fn. 6.

25 *Kaser*, Commercium, S. 134.

26 *Kaser*, Commercium, S. 134 ff., insbesondere S. 139.

27 Vgl. *Kaser*, Commercium, S. 150. Im Gegensatz zum *ius gentium*, dass für alle Menschen verbindlich und anwendbar ist, vgl. zur Unterscheidung *Kaser/Knütel*, S. 35 m. w. N.

28 Siehe dazu ausführlich, *Kaser*, Commercium, S. 152–161 mit Quellenbelegen.

29 Ebenso bereits *Kaser*, Commercium, S. 165.

in D. 20,3,2, D. 31,49,2, D. 31,49,3, D. 41,1,62, D. 30,40 und D. 45,1,34. Auch in der letztgenannten Stelle findet sich wieder der aus der Institutionenstelle bekannte Ausdruck *cuius commercium non habeo*, mit dem ausgedrückt wird, dass nur die betreffende Person vom *commercium* mit der Sache ausgeschlossen ist. *Kaser* fasst zusammen, dass es in allen diesen Texten um Fälle von Erwerbsverboten geht.[30]

Demgegenüber ist in D. 18,1,6 pr. und D. 18,1,34,1 von Sachen (*res*) die Rede, die nicht Teil des *commercium* sind: Nach D. 18,1,6 pr. handelt es sich dabei um Orte, die in einer bestimmten Weise öffentlich sind (*ut sacra et religiosa loca aut quorum commercium non sit, ut publica, quae non in pecunia populi, sed in publico usu habeantur*). D. 18,1,34,1 spricht allgemeiner von Sachen, die dem *commercium* entzogen sind. Im gleichen Sinn und mit dem gleichem Beispiel wie in D. 18,1,6 pr. kommt das Wort auch in Inst. Iust. 2,20,4 vor. Den Texten ist gemein, dass sie die Kommerzialität von Sachen bzw. Orten verneinen. Es muss sich dabei um eine andere Bedeutung handeln als etwa in Inst. Iust. 3,19,2, denn die in D. 18,1,6 pr., D. 18,1,34,1 und Inst. Iust. 2,20,4 genannten *res* werden der Verwendung des Wortes *commercium* in derselben Institutionenstelle vorangestellt.[31] Mithin kann festgehalten werden: Der Begriff des *commercium* kann in einem absoluten und in einem relativen Sinne gebraucht werden.[32] Soweit es darum geht, dass nur einer bestimmten Person das *commercium* abgesprochen wird, erhält das Wort die Bedeutung eines relativen Erwerbsverbotes.[33] Im anderen Fall wird das *commercium* an einer *res* ohne Bezug auf eine Person generell und absolut verneint. Diese Texte, welche das *commercium* bezogen auf *res* und nicht bezogen auf eine Person verneinen, sind die Grundlage für den Begriff der *res extra commercium*, der sich für diese Sachen gebildet hat. In diesem Sinne wird der Ausdruck seither auch heute noch verstanden.[34]

---

30 Vgl. *Kaser*, Commercium, S. 164 f. mit weiteren Quellennachweisen in Fn. 106. Ferner kann hierzu auch die Stelle D. 49,16,13 pr. gezählt werden. Soweit einzelnen Provinzbeamten kraft Kaiserrechts verboten worden ist, an Grundstücken ihrer Provinz Eigentum zu erwerben, fehlt ihnen die notwendige Erwerbsbefugnis. Gleiches findet sich auch in D. 18,1,62 pr., vgl. dazu *Kaser*, RP I, S. 377 und *ders.*, Commercium, S. 166 mit weiteren Quellennachweisen.

31 So bereits *Kaser*, Commercium, S. 165.

32 *Scialoja*, S. 124; *Kaser*, Commercium, S. 161. Nach *Scialoja* ist diese Unterscheidung, weil sie nicht ausdrücklich bei der Unterscheidung der Sachen in den Quellen vorkommt, nicht grundlegend.

33 Die geschichtliche Entwicklung insbesondere dieser Bedeutung versucht *Kaser*, Commercium, S. 131 ff., darzustellen.

34 Vgl. etwa *Holthäuser*, S. 16; *Kaser/Knütel*, S. 112 f. Zur Anwendung des Begriffs im 19. Jahrhundert auch auf den Leichnam vgl. HKK-*Rüfner*, S. 307 ff., insbesondere

Von den bei Kaser herausgearbeiteten drei unterschiedlichen Anwendungsfällen des Wortes im juristisch-technischen Sinn soll daher im Folgenden nur ein Fall Gegenstand dieser Arbeit sein. Untersucht werden sollen die Sachen, die in D. 18,1,6 pr. und D. 18,1,34,1 erwähnt werden. Es geht um die Sachen, die nach D. 18,1,34,1 *natura vel gentium ius vel mores civitatis commercio exuerunt.* Das heutige Verständnis des Begriffs der Extrakommerzialität kommt also in D. 18,1,6 pr. und D. 18,1,34,1 zum Ausdruck.[35]

Das Fragment D. 18,1,34,1 benennt allerdings nicht konkret die Sachen, um die es sich dabei handelt. Es wird nur gesagt, dass es Sachen gibt, die im Blick auf die Natur selbst oder das allen Völkern gemeinsame Rechtsverständnis oder die Sitten der Gemeinschaft extrakommerziell sind.[36]

Nach der deutschen Übersetzung von *Behrends*, *Knütel*, *Kupisch* und *Seiler* enthält dagegen das Fragment D. 18,1,6 pr. Beispiele: „(…) wie öffentliche Plätze, die nicht zum Geldvermögen des Volkes zählen, sondern dem Gemeingebrauch gewidmet sind, wie das Marsfeld."[37]

Tatsächlich kann die Stelle viel grundsätzlicher verstanden werden. Das Fragment D. 18,1,6 pr. ist der letzte Teil einer Zusammenstellung von drei Texten, in denen es um die Problematik des Kaufs eines freien Menschen oder bestimmter Sachen geht.[38]

Der Text lautet:

D. 18,1,6 pr. Pomponius libro quinto ad Sabinum:
Sed Celsus filius ait hominem liberum scientem te emere non posse nec cuiuscumque rei si scias alienationem <prohibitam>[39] *esse: ut sacra et religiosa loca aut quorum commercium non sit, ut publica, quae non in pecunia populi, sed in publico usu habeantur, ut est campus Martius.*

Pomponius gibt eine Aussage von Celsus (dem Jüngeren) wieder. Dieser setzt in Analogie zu einem freien Menschen, den man nicht wissentlich kaufen kann, jede Sache, von der man weiß, dass es bei ihr eine Veräußerung nicht gibt. Er

---

S. 319. Erst bei der Entstehung des BGB wurde von einer Aufnahme dieser Kategorie von Sachen Abstand genommen, vgl. dazu überblicksweise HKK-*Rüfner*, S. 322; *Jakobs/Schubert*, S. 426 und S. 431 ff.

35 *Scialoja*, S. 124.

36 Vgl. D. 18,1,34,1: „*natura vel gentium ius vel mores civitatis*".

37 *B/K/K/S*, III, S. 441.

38 Die Frage, inwieweit das Wissen oder Nichtwissen des Käufers dabei eine Rolle spielt, wird im Rahmen des Kapitels über das Kaufvertragsrecht noch ausführlich zu erörtern sein.

39 Konjektur <*prohibitam*> eingefügt bei *B/K/K/S*, III, S. 441.

fährt fort mit dem Wort *ut*, das nicht nur „wie (zum Beispiel)", sondern auch „(in der Eigenschaft) als" bedeutet und kausalen Sinn haben kann:

„(...) nämlich weil es sich um sakrale und religiose Stätten handelt oder (Stätten), die extrakommerziell sind, weil sie solche öffentliche sind, die nicht im Geldvermögen des Volkes, sondern im öffentlichen Gebrauch stehen, wie (zum Beispiel) das Marsfeld."

In seinem sehr komprimierten, elliptischen und verschränkten Satz hat Celsus zunächst die im jeweiligen Einzelfall gegebene Sache (*cuiuscumque rei* im Singular) im Blick und benennt dann in einer *constructio ad sensum* (*loca* im Plural) die Gesamtmenge derartiger Sachen.

Fraglich ist, ob eine Ergänzung des Textes – wie etwa die sinngemäß vorgenommene Einfügung des Wortes *prohibitam* – notwendig ist oder ob nach römischem Sprachgebrauch eine Negation (*nec*) ausreicht, wo für uns logisch zwei erforderlich sind.[40] Wenn aber ein Wort ausgefallen ist, dann wohl am ehesten das Wort *non*, eben weil dieser Teilsatz schon mit einer Negation (*nec*) beginnt. Außerdem wäre der Ausdruck *cuiuscumque rei alienationem non esse* parallel zu dem gedanklich entsprechenden Ausdruck *quorum commercium non sit*. Denn die Aussage, dass die *alienatio* ‚verboten' sei, trifft nicht ganz den Sinn der Stelle. Es geht hier vielmehr um Unmöglichkeit im Sinne von *te emere non posse*.

So gelesen, werden hier von Celsus systematisch und abschließend Kategorien von Sachen benannt, deren Veräußerung (*alienatio*) es nicht gibt. Dazu zählen erstens sakrale und religiöse Stätten als Sachen *divini iuris*[41] und zweitens, aus dem Bereich des *ius humanum*, ein bestimmter, präzise abgegrenzter Teil der *res publicae*[42], für die das Marsfeld als Beispiel genannt wird. Dieser zuletzt mit dem Wort *ut* hinzugefügte Teilsatz (*ut est campus Martius)* steht im Indikativ und ist damit nicht Teil des Zitats von Celsus.

Dieses Fragment bezeichnet also als *res extra commercium* öffentliche Sachen (*res publicae*), die im öffentlichen Gebrauch (*in publico usu*) stehen. Davon zu unterscheiden seien die *res in pecunia populi*.

---

40 Im lateinischen Satz erscheint auch *res* nur einmal als Genitivattribut zu *alienationem*, während wir „Sache" auch als Akkusativobjekt zu dem Ausdruck *te emere non posse* ergänzen müssen.

41 Zu dieser Kategorie und der Unterscheidung von den *res humani iuris* siehe ausführlich das Kapitel zu den *res divini iuris*.

42 Zu dieser Kategorie siehe ausführlich das Kapitel zu den *res publicae*.

Diese Kategorie der *res publicae* erscheint sowohl in den Digesten als auch in den Institutionen Justinians als auch in den Institutionen des Gaius.[43]

Allerdings sind die *res publicae in publico usu* nicht die einzigen *res extra commercium*. Das Digestenkapitel über das Kaufrecht enthält neben dem Fragment D. 18,1,6 pr. weitere Stellen, in denen die *res publicae*, *res sacrae* und *res religiosae* stets gemeinsam als drei Glieder einer Einheit aufgezählt werden und gleich behandelt werden:

> *D. 18,1,62,1 Modestinus libro quinto regularum:*
> *Qui nesciens loca sacra vel religiosa vel publica pro privatis comparavit, licet emptio non teneat, ex empto tamen adversus venditorem experietur, ut consequatur quod interfuit eius, ne deciperetur.*

> *D. 18,1,22 Ulpianus libro vicensimo octavo ad Sabinum:*
> *Hanc legem venditionis ‚si quid sacri vel religiosi est, eius venit nihil' supervacuam non esse, sed ad modica loca pertinere. Ceterum si omne religiosum vel sacrum vel publicum venierit, nullam esse emptionem.*

Eine solche dreigliedrige Aufzählung findet sich ebenso in den Institutionen Justinians:

> *Inst. Iust. 3,23,5:*
> *Loca sacra vel religiosa, item publica, veluti forum basilicam, frustra quis sciens emit, quas tamen si pro privatis vel profanis deceptus a venditore emerit, habebit actionem ex empto, quod non habere ei liceat, ut consequatur, quod sua interest deceptum eum non esse. Idem iuris est, si hominem liberum pro servo emerit.*

Auch in Inst. Iust. 2,20,4 werden unter den Beispielen für extrakommerzielle Sachen (*res cuius non est commercium*) neben *res publicae* auch *templa* genannt:

> *Inst. Iust. 2,20,4:*
> *Non solum autem testatoris vel heredis res, sed et aliena legari potest: ita ut heres cogatur redimere eam et praestare vel, si non potest redimere, aestimationem eius dare.*
> *Sed si talis res sit, cuius non est commercium, nec aestimati eius debetur, sicuti si campum Martium vel basilicas vel templa vel quae publico usui destinata sunt legaverit: nam nullius momenti legatum est.*

Ein *templum* ist ein den heidnischen Göttern geweihtes Gebäude und damit eine *res divini iuris*.[44] Dies bedeutet, dass nach Inst. Iust. 2,20,4 nicht nur *res publicae*, sondern auch *res divini iuris* extrakommerziell sind. Dies steht im Einklang mit der Tatsache, dass diese Sachen in den oben zitierten Stellen immer als eine

---

43 Zu der Differenzierung zwischen *res publicae in usu publico* und *res publicae in pecunia populi* vergleiche das Kapitel über die *res publicae* mit Textstellen.

44 *Heumann/Seckel*, S. 581 („*Templum*").

dreigliedrige Einheit erscheinen. Sie haben gemeinsam, was in Inst. Iust. 3,23,5 formuliert ist als *non habere (...) liceat.*

Bestimmendes Merkmal der *res extra commercium* ist also, dass man sie nicht besitzen kann. Das wird prinzipiell von Paulus in D. 18,1,34,1 gesagt. Er unterscheidet von den Sachen, die das *commercium* abgelegt haben, alle die Sachen, bei denen *habere vel possidere vel persequi* möglich ist. Um solche Sachen geht es in dem gedanklichen Zusammenhang von D. 18,1,4–6,pr. Das wird mit Bezug auf den in D. 18,1,4 thematisierten Typ von *locus* ausdrücklich gesagt: *qui haberi non potest.*

Diesem Fall ist in D. 18,1,6 pr. der Fall gegenüber gestellt (*sed*), dass der Käufer nicht gutgläubig ist (*ab ignorante*), sondern über die Sachlage Bescheid weiß (*te scientem / si scias*). Beiden Fällen liegt dieselbe Sachlage zugrunde: es geht um Kauf eines Objekts, das der Käufer nicht haben kann, bei dem es also nach Paulus kein *commercium* gibt. In diesem Sinn spricht Celsus von „jeder Sache, bei der es keine *alienatio* gibt".[45] *Alienatio* ist hier also als Veräußerung in dem strengen juristischen Sinn zu verstehen, dass wirkliche Übergabe der Sache in fremden Besitz stattfindet.[46] Extrakommerziell in diesem Sinn ist neben der Gesamtheit der *res sacrae* und *res religiosae* auch die eine der zwei Unterarten von *res publicae*, die *res publicae in usu publico.* So wird der Begriff *res extra commercium* auch in der heutigen Literatur allgemein gebraucht.[47]

II. Die Einteilung der Sachen bei Gaius und im Corpus Iuris Civilis

In den Institutionen des Gaius wird der Begriff des *commercium* in dem oben herausgearbeiteten Sinn nicht gebraucht. Dies bedeutet jedoch nicht automatisch, dass Gaius die *res*, welche *extra commercium* gewesen sind, nicht kannte. Vielmehr benutzt Gaius andere Unterscheidungskriterien. Dies geht aus seiner Einteilung der Sachen zu Beginn des zweiten Buches seiner Institutionen hervor:

---

45 D. 18,1,6 pr.

46 Im Unterschied zur *venditio*, so *Georges*, Spalte 305, „*alieno*", 2) a) unter Bezugnahme auf D. 50,16,67 pr. (Ulpian): *„alienatum" non proprie dicitur, quod adhuc in dominio venditoris manet: „venditum" tamen recte dicetur.* Vgl. zu „*alienatio*" ebenso noch *Georges*, Spalte 304, mit Verweis auf D. 18,1,67 (Pomponius): *Alienatio cum fit, cum sua causa dominium ad alium transferimus, (...).*

47 So z. B. *Scialoja*, S. 121 ff.; *Kaser*, RP I, S. 377; *Zimmermann*, S. 241 f.*Holthöfer*, S. 16 mit Fn. 30.

Gai. Inst. 2,1:
Superiore commentario de iure personarum exposuimus; modo videamus de rebus, quae vel in nostro patrimonio sunt vel extra nostrum patrimonium habentur:

Gai. Inst. 2,2:
Summa itaque rerum divisio in duos articulos diducitur; nam aliae sunt divini iuris, aliae humani.

Im zweiten Buch der Institutionen teilt Gaius die Sachen also zunächst in solche *in patrimonio* und in solche *extra patrimonium* (Gai. Inst. 2,1) und sodann in solche des göttlichen Rechts und des menschlichen Rechts ein (Gai. Inst. 2,2). Die Sachen, die unter das göttliche Recht fallen, unterteilt er anschließend in drei Gruppen: heilige Sachen (*res sacrae*), religiöse Sachen (*res religiosae*) und sakrosankte Sachen (*res sanctae*).[48] Bei den Sachen, die unter das menschliche Recht fallen, unterscheidet er zwischen öffentlichen und privaten Sachen:

Gai. Inst. 2,10:
Haec autem, quae humani iuris sunt, aut publicae sunt aut privatae.

Aus dieser Aufgliederung wird ersichtlich, dass Gaius zwei Unterteilungen der Sachen vornimmt, die mehr oder weniger nebeneinander stehen. Die eine Unterteilung richtet sich nach der Zugehörigkeit zum *patrimonium*, während die andere zwischen Sachen göttlichen (*divini iuris*) und menschlichen Rechts (*humani iuris*) differenziert.

Die Verknüpfung zwischen beiden Unterscheidungen besteht darin, dass diejenige zwischen Sachen göttlichen und menschlichen Rechts ein entscheidendes Kriterium für die Einteilung der Sachen *in patrimonio* und *extra patrimonium* ist. Die Sachen, die dem *ius divinum* unterliegen, sind danach immer *extra patrimonium*, während die *res humani iuris* teilweise *in patrimonio* stehen und teilweise nicht.[49]

Vergleicht man nun diese Einteilung der Sachen bei Gaius mit denen in den Textstellen D. 18,1,6 pr. und D. 18,1,34,1, so fällt auf, dass die Kategorie der *res extra patrimonium* mit der der *res extra commercium* kongruent zu sein scheint. Ein ähnlicher Eindruck ergibt sich auch bei einem Überblick über die Einteilung der *res* in den Digesten und in den Institutionen Justinians.

In den Digesten wird die gaianische Unterteilung der Sachen nur teilweise gleich vorgenommen. Der Grund dafür ist, dass in den Digesten neben der

48 Gai. Inst. 2,3; 2,8.
49 Dies ergibt sich aus den Aussagen von Gai. Inst. 2,1 und Gai. Inst. 2,10.

Einteilung durch Gaius noch eine weitere Einteilung der Sachen aus den Institutionen Marcians fragmentarisch erhalten geblieben ist. Dessen Einteilung ist relativ kurz. Bereits auf den ersten Blick ist erkennbar, dass diese sich von der Einteilung der Sachen bei Gaius unterscheidet:

D. 1,8,2 pr. Marcianus libro tertio institutionum:
Quaedam naturali iure communia sunt omnium, quaedam universitatis, quaedam nullius, pleraque singulorum, quae variis ex causis cuique adquiruntur.

Marcian hat eine Unterteilung in vier Arten der *res* vorgenommen. Auch in den Institutionen Justinians wird eine andere Einteilung als in den Institutionen des Gaius vorgenommen:

Inst. Iust. 2,1 pr.:
Quaedam enim naturali iure communia sunt omnium, quaedam publica, quaedam universitatis, quaedam nullius, pleraque singulorum, quae variis ex causis cuique adquiruntur, sicut ex subiectis apparebit.

Die Institutionen Justinians haben mit der Einteilung von Gaius und Marcian gemeinsam, dass zu der Gruppe der Sachen, die keinem gehören, diejenigen Sachen gehören, die unter das göttliche Recht fallen.[50]

Der Unterschied zwischen der Fassung Marcians und den Institutionen Justinians liegt darin, dass in Inst. Iust. 2,1 pr. scheinbar eine weitere Art von Sachen aufgenommen worden ist, nämlich die *res publicae*, die von Marcian nicht erwähnt werden. Die Einteilung der Sachen durch Gaius ist aber in den Digesten auch in gleicher Art bei Ulpian zu finden. Etwa in

D. 43,1,1 pr. Ulpianus libro sexagensimo septimo ad edictum:
Videamus, de quibus rebus interdicta competunt. Et sciendum est interdicta aut de divinis rebus aut de humanis competere. Divinis, ut de locis sacris vel de locis religiosis. De rebus hominum interdicta redduntur aut de his, quae sunt alicuius, aut de his, quae nullius sunt. Quae sunt nullius, haec sunt: liberae personae, de quibus exhibendis ducendis interdicta competunt. Quae sunt alicuius, haec sunt aut publica aut singulorum. Publica: de locis publicis, de viis deque fluminibus publicis. Quae autem singulorum sunt, aut ad universitatem pertinent, ut interdictum quorum bonorum, aut ad singulas res, ut est interdictum uti possidetis, de itinere actuque.

Es drängt sich nach diesen Einteilungen die Frage auf, ob die in den verschiedenen Quellentexten als *res extra patrimonium* oder *res quae sunt nullius in bonis* tatsächlich allgemein mit den *res extra commercium* gleichgesetzt werden können.

50 Vergleiche Inst. Iust. 2,1,7, Gai. Inst. 2,3 und D. 1,8,6,2.

1. *Res extra patrimonium*

Auf den ersten Blick scheint es, als ob Gaius den Begriff des *commercium* im oben genannten Sinne schlicht gegen den des *patrimonium* getauscht hat und damit beide inhaltsgleich sind.[51]

Der Begriff des *patrimonium* ist aber nicht identisch mit dem des *commercium*.[52] *Patrimonium* erscheint an mehreren Stellen.[53] Die ursprüngliche Bedeutung des Wortes ergibt sich wohl aus den Digestenstellen D. 10,2,38 und D. 12,6,61. Es bezeichnet zunächst das vom Vater ererbte Vermögen. Im weiteren Sprachgebrauch erscheint es dann auch in der Bedeutung des gesamten privaten Vermögens[54] und insbesondere des privaten Eigentums[55]. Zuletzt kann es auch das Staatsvermögen (*patrimonium fisci*) bezeichnen.[56]

Die von Gaius in Gai. Inst. 2,1 vorgenommene Unterscheidung findet sich wieder in Inst. Iust. 2,1 pr. Diese Stelle wurde bereits von *Heumann/Seckel* als Beispiel für die Bezeichnung als privates Eigentum genannt. In dieser Bedeutung ist das Wort *patrimonium* schon allein in der deutschen Übersetzung nicht deckungsgleich mit der oben herausgearbeiteten Bedeutung von *commercium*.

In der Literatur wurde daraus abgeleitet, dass die beiden Begriffe nicht deckungsgleich sind, sondern sich überschneiden.[57] Zum Beispiel vertritt *Scialoja* diese Auffassung und unterscheidet danach die *res extra patrimonium* von den *res extra commercium* wie folgt: Es gebe Sachen, die entweder dem Handel unterworfen sind oder nicht (*res extra commercium*). Dabei handele es sich um eine Unterscheidung, die etwas über die Möglichkeit von Rechtsverhältnissen über eine Sache im Abstrakten aussage.[58] Zum anderen gebe es aber Sachen,

---

51 Dieser Ansicht ist offenbar *Guarino*, S. 297: „‚*Res extra commercium*‘ (o ‚*res extra patrimonium*‘) furono definite le cose sottratte alla disponibilità privata e quindi idonee a far parte di un *patrimonium* privato.“ Ebenso fasst *Kunkel/Mayer-Maly* beide Ausdrücke zusammen, vgl. die Darstellung zur Einteilung der Sachen auf S. 83 mit Fn. 18.

52 *Vegting*, S. 5.

53 Vgl. Nachweise bei *Heumann/Seckel*, S. 410 f. („*patrimonium*“).

54 In diesem Sinn u.a. D. 37,1,3,2 und D. 31,77,19. Vgl. *Heumann/Seckel*, S. 410 f. („*patrimonium*“).

55 D. 46,6,9; D. 50,16,5 und in Inst. Iust. 2,1 pr.

56 *Heumann/Seckel*, S. 410 f. („*patrimonium*“). Näheres zu den *res in patrimonium fisci* vgl. noch unten bei den *res publicae*.

57 *Wappäus*, S. 6 f.; *Scialoja*, S. 123 f.; *Holthöfer*, S. 16 Fn. 30 (mwN).

58 *Scialoja*, S. 124.

die nicht im Privatvermögen (oder Privateigentum) einer Person stünden (*res extra patrimonium*). In den Gaius-Stellen stehe aber nur, dass diese Sachen derzeit nicht im Privateigentum seien und nicht, dass sie niemals im Privateigentum stehen könnten. Die Unterscheidung von *res extra patrimonium* und *res extra commercium* sei daher so zu verstehen, dass es einmal um den tatsächlichen Status der Sachen gehe und einmal um die Möglichkeit einer Veränderung dieses Status.[59]

Es bleibt festzuhalten, dass mit den Wörtern *patrimonium* und *commercium* zwei unterschiedliche Aussagen zum rechtlichen Status einer Sache getroffen werden. Während der erste Ausdruck die Aussage trifft, dass eine Sache entweder im privaten Eigentum steht oder nicht, befasst sich der zweite Ausdruck damit, dass sich Sachen entweder im privaten Rechtsverkehr befinden können oder dass sie dies eben nicht können. Im zweiten Fall geht es also um die generelle und abstrakte Handelbarkeit einer Sache.

2. *Res quae nullius in bonis sunt*

Die Einteilung von Gaius enthält noch eine weitere Unterteilung der Sachen, auf die er aber nicht explizit hinweist. Er spricht mehrmals von *res quae nullius in bonis sunt* und im Gegensatz dazu von solchen, die *in bonis alicuius sunt*.[60] Die Formulierung *in bonis esse* erscheint an verschiedensten Stellen in den römischen Quellen.

Der Begriff der *bona* kann zunächst als Güter verstanden werden.[61] In diesem Sinne existiert eine Definition in D. 50,16,49. In weiteren Digestenstellen wird *bona* aber durchaus unterschiedlich verstanden. Einmal beschreibt es das Gesamtvermögen einer Person, das Forderungen und Schulden mitumfasst (D. 49,14,1,1), an anderer Stelle wird unter *bona* nur das Vermögen nach Abzug aller Schulden erfasst (D. 49,14,11).[62] Nach *Kaser* bezeichnet der Ausdruck *in*

---

59 *Scialoja*, S. 125. Anderer Auffassung ist etwa *Wappäus*, S. 6, der meint, dass es Sachen gebe, die dem Verkehr entzogen seien, „ohne *extra patrimonium* der Privatperson zu sein, während andererseits zu den *res extra patrimonium* von den Römern auch solche Gegenstände gerechnet werden, welche gar nicht Sachen im juristischen Sinne sind, mit welchen also die Lehre von den *res extra commercium* es gar nicht zu thun hat […]“. Dieser Ansicht von *Wappäus* liegt aber möglicherweise ein anderer Sachbegriff zugrunde. Ähnlich *Holthöfer*, S. 16 Fn. 30.

60 Vgl. Gai. Inst. 2,9 und Gai. Inst. 2,11.

61 Heumann/Seckel, „*bona*“, S. 48.

62 *Heumann/Seckel*, „*bona*“, S. 49.

bonis esse „die Zugehörigkeit zu einem Vermögen, wenn dieses als ein Ganzes einem bestimmten rechtlichen Schicksal unterworfen ist".[63]

Die Formulierung *nullius in bonis esse* ist somit die Verneinung der Zugehörigkeit einer Sache zu einem Vermögen einer bestimmten Person. Dass sich der Ausdruck nur auf eine Privatperson bezieht, ergibt sich aus mehreren Umständen:

Zum einen werden die *res publicae* von Gaius als *res nullius* bezeichnet. Damit ist aber nicht gesagt, dass sie nicht einer Gesamtheit gehören können: Die *res publicae* werden von Gaius einer Gesamtheit (*universitas*) zugeordnet.[64]

Zum anderen kann der Gegensatz zum Ausdruck *nullius in bonis esse* sowohl *in bonis esse* sein als auch *in bonis alicuius esse*.[65] *Nullius* ist hier als Gegensatz zu *alicuius* zu verstehen, wobei *aliquis* eine Person bezeichnet.[66]

Im direkten Bezug auf die Einteilungen der Sachen verweist *Pool* darauf, dass unterschiedliche Ansichten zur Übersetzung des Begriffs *nullius in bonis esse* bestehen. So gebe es in der Literatur vier verschiedene Deutungsmöglichkeiten zum *nullius-in-bonis*-Begriff der Gaiusstellen 2,9 und 2,11[67]:

> *Gai. Inst. 2,9:*
> *Quod autem divini iuris est, id nullius in bonis est: id vero, quod humani iuris est, plerumque alicuius in bonis est; potest autem in nullius bonis esse: nam res hereditariae, antequam aliquis heres existat, nullius in bonis sunt.*

> *Gai. Inst. 2,11:*
> *Quae publicae sunt, nullius videntur in bonis esse; ipsius enim universitatis esse creduntur. Privatae sunt, quae singulorum hominum sunt.*

Eine Ansicht vertrete die Auffassung, dass im klassischen römischen Recht ein Unterschied zwischen *res nullius* und *res nullius in bonis* bestanden habe. Die *res nullius in bonis* seien privater Rechte, Rechtsgeschäfte und privater Klagen nicht fähig. Eine zweite Sichtweise übersetze die Stelle Gai. Inst. 2,9 mit „Das, was göttlichen Rechts ist, kann in niemandes Vermögen sein". Als dritte Möglichkeit übersetze *de Zululeta* den Text mit „cannot belong to anyone", was bedeutet, dass nach seiner Ansicht diese Sache niemandem gehören kann oder in niemandes Eigentum sein kann.[68] Zuletzt wird von *Pool* die spanische Übersetzung der

63 *Kaser*, SZ (RA) 78 (1961), S. 177.
64 So etwa Gai. Inst. 2,11.
65 Zu den verschiedenen Erscheinungsformen von *in bonis „alicuius" esse* vgl. *Pool*, SZ (RA) 102 (1985), S. 472.
66 *Vegting*, S. 5 und 15f.; *Pool*, SZ (RA) 105 (1988), S. 362 f.
67 *Pool*, SZ (RA) 105 (1988), S. 361.
68 *Pool*, SZ (RA) 105 (1988), S. 360.

Gaiusstelle im Sinne von „das, was göttlichen Rechts ist, gehört niemandem“ oder „ist niemandes Eigentum“ wiedergegeben.[69]

Nach *Pool* sind die erste und die dritte Deutung nicht vertretbar. Dies ergebe sich aus einem Vergleich der Textstellen Gai. Inst. 2,9–11. Denn die drei anderen Ausdrücke *in bonis nullius esse* und der Ausdruck *alicuius in bonis est*, welche in Gai. Inst. 2,9–11 im Anschluss gebraucht werden, müssten mit der ersten Stelle kohärent sein. Dies ist bei der ersten und dritten Variante nicht der Fall, wie *Pool* anhand der gaianischen Erklärung über die *res privatae* plausibel herausfindet.[70] Eine unterschiedliche Deutung der *in bonis*-Ausdrücke zur Ermöglichung einer Übersetzung nach der ersten oder dritten Variante lehnt *Pool* zu Recht ab.

Als ein weiteres Argument gegen ein Verständnis des Ausdrucks „*nullius in bonis* esse“ im Sinne von „kann in niemandes Eigentum stehen“ dient weiterhin D. 41,1,3 pr. In diesem Fragment wird von Gaius die Eigentumsfähigkeit wilder Tiere bejaht, sofern sie von einem Menschen gefangen worden sind.[71] Im Zusammenhang mit D. 41,1,3 pr. wird auch deutlich, dass die in Gai. Inst. 2,9 erwähnten *res hereditariae* von Gaius nur beispielhaft und nicht abschließend erwähnt werden.

Daher steht fest, dass durch die Worte *nullius in bonis esse* nicht erklärt wird, dass die *res divini iuris* und die *res publicae* dem Rechtsverkehr entzogen sind.[72] Diese Sichtweise erscheint auch in Hinblick auf die von Gaius zuerst vorgenommene Einteilung der Sachen in solche *in patrimonio* und solche *extra patrimonium* stimmig. Gaius gibt nur eine allgemeine Erklärung über den das Vermögen betreffenden Rechtszustand ab und äußert sich mit beiden Begriffen nicht über die Kommerzialität dieser Sachen.[73]

---

69 *Pool*, SZ (RA) 105 (1988), S. 360.

70 *Pool*, SZ (RA) 105 (1988), S. 361: „Niemand kann vertreten, daß man die Fortsetzung des § 9 wie folgt interpretieren muss: ‚Das, was menschlichen Rechts ist, kann meistens in jemandes Vermögen sein‘ (oder ‚jemandem gehören‘), es ist jedoch auch möglich, daß es in niemandes Vermögen sein kann‘ (oder ‚niemandem gehören kann‘), (…)“

71 *Vegting*, S. 5.

72 *Pool*, SZ (RA) 105 (1988), S. 361. Auf seine Annahme, dass die *res divini iuris* und die *res publicae* allgemein dem Privatrechtsverkehr entzogen sind und privater Rechte unfähig sind, wird noch unten genauer eingegangen.

73 Zu den Deutungsmöglichkeiten der Begriffe *in bonis esse* und *in bonis habere* vgl. die ausführliche Untersuchung von *Ankum*, *van Gessel-de Roo* und *Pool*, SZ (RA) 104 (1987), S. 238 ff.; SZ (RA) 105 (1988), S. 334 ff.; SZ (RA) 107 (1990), S. 155 ff.

Aus diesem Grund hält *Kaser* den Ausdruck *res extra commercium* für vorzugswürdig, weil Gaius eine Systematisierung versuche, aber *res extra patrimonium* und *res nullius in bonis* auch *in commercio* sein können.[74]

Zu den *res extra commercium* sind somit diejenigen *res* zu zählen, die in den vorzitierten Texten entweder als Kategorien oder beispielhaft genannt werden. Dabei handelt es sich um die von Gaius beschriebenen *res divini iuris* und den Teil der *res humani iuris*, welche *publicae* sind und *usibus publico destinata sunt*.

---

74 *Kaser, Commercium*, S. 163f. Damit hat er Recht, denn auch herrenlose Sachen fallen in den Kategorien von Gaius unter die Kategorie der *res extra patrimonium*, obgleich sie nicht *extra commercium* stehen, wie sich im Folgenden noch zeigen wird.

Teil 2: Die einzelnen *res extra commercium*

I. Die *res divini iuris*

Wie aufgezeigt, lassen sich die Sachen in solche des göttlichen und des menschlichen Rechts unterteilen. Diese Unterscheidung in *res divini iuris* und *res humani iuris* wird von Teilen der Literatur als die grundsätzlich wichtigste Unterteilung der Sachen angesehen.[75] Es fällt in der Tat auf, dass diese Abgrenzung von *res divini iuris* und *res humani iuris* sowohl in den juristischen Quellentexten als auch in den literarischen Quellen äußerst häufig vorgenommen wird und dabei (fast ausnahmslos[76]) die *res divini iuris* vor den *res humani iuris* genannt werden.[77]

Diese Reihenfolge ist wohl der besonderen Bedeutung der *res divini iuris* geschuldet. Die *res divini iuris* unterstehen dem *ius divinum*, dem göttlichen Recht.[78] Nach der altrömischen Glaubensvorstellung steht das *ius divinium* als das gottgegebene Recht aber über dem *ius humanum* und wird von diesem daher auch getrennt.[79]

Zu den Sachen göttlichen Rechts sind nach den Digesten und Institutionen Justinians die *res religiosae*, *res sacrae* und *res sanctae* zu zählen:[80]

> *D. 1,8,6,2 Marcianus libro tertio institutionum:*
> *Sacrae res et religiosae et sanctae in nullius bonis sunt.*

> *Inst. Iust. 2,1,7:*
> *Nullius autem sunt res sacrae et religiosae et sanctae: quod enim divini iuris est, id nullius in bonis est.*

---

75 Vgl. *Fabbrini*, S. 517.

76 Die umgekehrte Nennung findet sich etwa in D. 43,1,2,1 und in C. 9,32,4 pr.

77 Als Fundstellen seien hier nur beispielhaft genannt: D. 43,1,1 pr.; Gai. Inst. 2,2; C. 1,17,1,1; D. 1,1,10,2 und D. 8,4,4. Eine Auflistung von nicht-juristischen Quellen findet sich bei *Fabbrini*, S. 514 mit Fn. 1.

78 *Fabbrini*, S. 515.

79 *Fabbrini*, S. 515. Literarische Quellennachweise zur Unterscheidung von *ius divinium* und *ius humanum* finden sich ebenda, S. 515 Fn. 8.

80 Dies ist auch die herrschende Auffassung in der Literatur: *Kaser*, RP I, S. 377; *Holthöfer*, S. 17; *Weidner*, S. 16. Vgl. auch die Zusammenfassung bei *Fantetti*, S. 96 ff., zur italienischen und französischen Literatur (u.a. *Bonfante*, S. 13 ff., S. 17; *Branca*, S. 242, 246 ff.). Zur Gegenauffassung, derzufolge die *res sanctae* nicht zu den *res divini iuris* zu zählen sind, vgl. den Überblick zur italienischen Literatur bei *Fantetti*, S. 98 mwN. *Watson*, S. 1 f., behält die Unterscheidung in *res humani iuris* und *res divini iuris* bei, folgt aber dem Wortlaut von Gai. Inst. 2,3 und spricht von den *res sanctae* als nur „*quodam modo divini iuris*".

Die Aufzählungen in den Textstellen legen dabei nahe, dass zwischen den genannten *res divini iuris* Unterschiede bestehen. Auf den ersten Blick wird diese Dreiteilung in *res sacrae*, *religiosae* und *sanctae* jedoch nicht in allen römischen Quellen in gleicher Weise vorgenommen, denn sie findet sich zum Beispiel bei Gaius in Gai. Inst. 2,3 nicht ausdrücklich wieder.[81] Gaius nennt dort nur die *res sacrae* und die *res religiosae.*

Dies hat dazu geführt, dass in der Literatur auch die Auffassung vertreten wird, die *res sanctae* seien nicht zu den *res divini iuris* hinzuzuzählen, zum Beispiel von *Solazzi*: Gaius bezeichne in Gai. Inst. 2,3 nur die *res sacrae* und die *res religiosae* als *res divini iuris.*[82] Ebenso werde in den meisten anderen einschlägigen Textstellen im Corpus Iuris Civilis nur eine Abgrenzung der *res humani iuris* von den *res sacrae* und *religiosae* vorgenommen.[83]

Und in der Tat fällt bei der Betrachtung etwa der Textstellen Gai. Inst. 2,3, Gai. Inst. 3,97[84], D. 18,1,62,1[85], D. 43,1,1 pr.[86], D. 43,1,2,1[87], D. 44,7,1,9[88], D. 45,1,83,5[89] und Inst. Iust. 3,19,2[90] auf, dass bei der Frage, ob eine *res sacra vel religiosa vel publica*, also eine *res extra commercium* vorliegt, die *res sanctae* von den römischen Juristen Gaius, Modestin, Paulus und Ulpian nicht angesprochen werden.[91]

Als weitere Argumente gegen die Zugehörigkeit der *res sanctae* zu den *res divini iuris* bringt *Solazzi* vor, dass sich die *res sanctae* zum einen noch von den anderen *res divini iuris* dadurch unterscheiden, dass sie, anders als die anderen (wie etwa in Gai. Inst. 2,4 beschrieben), nicht einem oder mehreren Göttern (als

---

81 *Gai. Inst. 2,3: Divini iuris sunt veluti res sacrae et religiosae.* Vgl. *Bonfante*, S. 17 Fn. 2.
82 *Solazzi*, S. 109 ff.
83 *Solazzi*, S. 110 und S. 111.
84 *Gai. Inst. 3,97: (…) locum sacrum vel religiosum, quem putabat humani iuris esse, (…).*
85 *D. 18,1,62,1: Qui nesciens loca sacra vel religiosa vel publica pro privatis comparavit (…).*
86 *D. 43,1,1,pr.: de divinibus rebus aut de humanibus: divinis, ut de locis sacris vel de locis religionibus (…).*
87 D. *43,1,2,1: interdicta autem competunt vel hominum causa vel divini iuris aut de religione (…).*
88 D. *44,7,1,9: (…) idem iuris est, si quis locum sacrum aut religiosum dari sibi stipulatus fuerit.*
89 *D. 45,1,83,5: Sacram vel religiosam rem vel usibus publicis in perpetuum relictam (…) inutiliter stipulor (…).*
90 *Inst. Iust. 3,19,2: (…) si rem sacram aut religiosam, quam humani iuris esse credebat, (…) quis stipuletur (…).*
91 So bereits *Solazzi*, S. 111.

Eigentum) zugeordnet seien.[92] Zum zweiten werde von Ulpian in D. 43,1,1 pr. und D. 43,1,2,1 nur der Interdiktenschutz für die *res religiosae* vel *sacrae* auf der einen Seite und der *res publicae* auf der anderen Seite beschrieben, nicht jedoch ein Interdiktenschutz bezogen auf die *res sanctae*.[93]

Solazzi hält die Formulierung von Gai. Inst. 2,8 „*quodam modo*" daher insgesamt für verfälscht: Die *res sanctae* seien nicht Teil der *res divini iuris*. Die Aussage von Marcian in D. 1,8,6,2 gebe die klassische Auffassung wieder, die *res sacrae, religiosae* und *sanctae* hätten gemeinsam, dass sie „*nullius in bonis sunt*".[94]

Auch wenn *Solazzi* nur gegen die Zuordnung der *res sanctae* zu den *res divini iuris* ist und ihre Eigenschaft als *res extra commercium* davon unberührt lässt, steht seiner Aufassung und den in die gleiche Richtung gehenden Auffassungen entgegen, dass Gaius an anderer Stelle die *res sanctae* auch den *res divini iuris* zuordnet.[95]

Weiterhin gibt es Textstellen, die zwischen den *res sacrae* und den *res sanctae* deutlich differenzieren. So unterscheidet Gaius in D. 41,3,9[96] zwischen *res sacrae, res sanctae* und *res publicae*. Ebenso existiert die Dreiteilung auch bei dem bereits bekannten Marcian-Fragment D. 1,8,6,2, in D. 11,7,2,4[97] (Ulpian) und in D. 39,3,17,3[98] (Paulus). Dabei fällt auf, dass Paulus die *res sanctae* den *res publicae*

---

92 *Solazzi*, S. 109 f. Dass eine Zuordnung der *res sanctae* zu einer Gottheit kaum möglich ist, erkennt auch *Fabbrini* an, vgl. *ders.*, S. 517 mit Fn. 4.

93 *Solazzi*, S. 110.

94 *Solazzi*, S. 113. Dagegen etwa *Fantetti*, S. 98 ff., mit mehreren Argumenten.

95 Vgl. *Gai. Inst. 2,8: Sanctae quoque res, velut muri et portae, quodam modo divini iuris sunt.*
Eine ähnliche Aussage findet sich auch in Inst. Iust. 2,1,10, der Text nimmt jedoch nicht die Zuordnung der *res sanctae* zu den *res divini iuris* vor und hilft in diesem Zusammenhang daher nicht weiter.

96 *D. 41,3,9: Usucapionem recipiunt maxime res corporales, exceptis rebus sacris, sanctis, publicis populi romani et civitatium, item liberis hominibus.*

97 *D. 11,7,2,4: Purus autem locus dicitur, qui neque sacer neque sanctus est neque religiosus, (...).*

98 *D. 39,3,17,3: Sic et si non proximo meo praedio servitutem vicinus debeat, sed ulteriori, agere potero ius esse mihi ire agere ad illum fundum superiorem, quamvis servitutem ipse per fundum meum non habeam, sicut interveniente via publica vel flumine quod vado transiri potest. sed loco vel religioso vel sancto interveniente, quo fas non sit uti, nulla eorum servitus imponi poterit.*

gegenüberstellt und auch Gaius zwischen den *res sanctae* und den *res publicae* differenziert.[99]

Zudem ist die Aufzählung in Gai. Inst. 2,3 wohl gerade nicht abschließend gemeint, denn das Wort „*veluti*" („(wie) etwa") zeigt an, dass Gaius die *res sacrae* und die *res religiosae* nur exemplarisch anführt.[100] Ebenso spricht auch Ulpian in D. 43,1,1 pr. nur beispielhaft von *locis sacris* und *locis religiosis* (*ut de locis sacris vel de locis religiosis*) und nicht abschließend über den Schutz durch Interdikte.[101]

Als weitere Argumente gegen die Sichtweise *Solazzis* führt *Fantetti* unter anderem an, dass die von ihm behauptete einzige Gemeinsamkeit der *res sacrae, res religiosae* und *res sanctae* darin besteht, *res nullius in bonis* zu sein. Diese Gemeinsamkeit schließt die *res sanctae* aber als *res privatae* aus.[102] Andererseits hat Gaius die *res sanctae* aber auch in Gai. Inst. 2,11 nicht zu den *res publicae* gezählt.[103] Gaius unterscheidet aber in seinen Institutionen zu Beginn zwischen *res divini iuris* und *res humani iuris*. Die *res sanctae* sind daher aufgrund von Gai. Inst. 2,3 und Gai. Inst. 2,8 zu den *res divini iuris* zu zählen. Das spricht dafür, dass in Bezug auf den Umfang der *res divini iuris* in den römischen Quellen zunächst keine Differenzen bestehen, auch wenn in manchen Fragmenten nur von *res sacrae* und *religiosae* gesprochen wird.

Andererseits bedeutet das jedoch nicht, dass die Definitionen der einzelnen *res divini iuris* in allen vorhandenen römisch-rechtlichen Quellen dieser Einteilung Beachtung schenken. Auf der Suche nach einer Definition von *res sacrae, religiosae* und *sanctae* wird man auch in den nichtjuristischen Quellen fündig.

Dabei fällt auf, dass die Nennung von entweder nur den *res sacrae* und *religiosae* oder auch den *res sanctae* als eigenständiger Gruppe dem Umstand zuzuschreiben ist, dass verschiedene Definitionen im Hinblick auf die *res divini iuris* bestehen.

Die eindeutige Einteilung der Sachen in *res sacrae, sanctae* und *religiosae* fällt angesichts der unterschiedlichen Definitionen in der Literatur schwer. So sind

---

99 *Fantetti*, S. 95.

100 Ähnlich *Fantetti*, S. 100 f.

101 *Fantetti*, S. 100 f.; allerdings ist nach Auffassung von *Karlowa*, S. 1057 (dort explizit gegen *Lenel*, EP, S. 366), eine Anwendung der auf die *res sacrae* und *res religiosae* bezogenen Interdikte auf die *res sanctae* nicht möglich.

102 Vgl. *Fantetti*, S. 101.

103 *Fantetti*, S. 101.

Texte vorhanden, in denen *sanctum* manchmal dasselbe wie *sacrum*, manchmal dasselbe wie *religiosum* und manchmal etwas von beiden Begriffen Unterschiedliches bedeuten soll.[104] Die bekanntesten Definitionen der Begriffe in nichtjuristischen Quellen finden sich bei Macrobius[105], Gellius[106], Festus[107], Arnobius[108] und bei Cicero[109]:

Nach Macrobius soll Servius Sulpicius überliefert haben, dass als religiös das bezeichnet wird, was wegen seiner Heiligkeit entfernt und getrennt von uns sei und quasi als „zurückgelassen" bezeichnet wird, wie das Wort *caerimonia* (Zeremonie) sich von dem Wort *carere* ableite. In ähnlicher Weise wird von Gellius unter Berufung auf Masurius Sabinus gesagt, wie sich das Wort *caerimonia* von *carere* ableite, so stamme das Wort *religiosus* von *relinquere* her und es bedeute, in Verbindung mit einem Gegenstand gebraucht, dass dieser wegen seiner Heiligkeit von uns (*nobis*) entfernt und getrennt sei. Von Macrobius existiert zugleich auch eine Abgrenzung zwischen *res sanctae* und den übrigen *res divini iuris*.[110]

Nach Festus ist dasjenige religiös und sakral, wie *templa* und *aedes*, die auch *sacratae* genannt werden, was für sich religiös ist, nicht wie dasjenige, was sakral ist, wie Gräber, weil diese nicht sakral, sondern religiös sind. Der Satz impliziert, dass die sakralen Sachen die religiosen umfassen, aber nicht die religiösen Sachen umgekehrt auch die sakralen. Ähnlich verhält es sich nach Festus zwischen

104 *Scialoja*, S. 138.

105 *Macrobius, Sat. 3,3,8: Servius Sulpicius religionem esse dictam tradidit, quae propter sanctitatem remota ac seposita a nobis sit, quasi a relinquendo dicta, ut a carendo caerimonia.*

106 *Gellius, Noctes Atticae, 4,9,8: Masurius autem Sabinus in commentariis, quos de indigenis composuit:"Religiosum", inquit,"est quod propter sanctitatem aliquam remotum ac sepositum a nobis est; verbum a relinquendo dictum, tamquam caerimoniae a carendo".*

107 *Festus: Religiosum ac sacrum est ut templa omnia atque aedes, quae etiam sacratae dicuntur, ad quod per se religiosum est, non uti (que sacrum est, ut sepulchra), quod ea non (sacra, sed religiosa sunt).*

108 Vgl. *Watson*, S. 4.

109 Cic., de domo sua 12,33; 41,103 und Folgende; Cic., de harusp. resp. 6,12; 14,31. Dazu vgl. *Fantetti*, S. 94 mit Fn. 2.

110 *Macrobius, Sat. 3, 3, 5: (Trebaz)*
Sanctum est...interdum idem quod sacrum, idemque quod religiosum; interdum aliud, hoc est, nec sacrum nec religiosum est.

den religiösen zu den sakrosankten Sachen.[111] Die religiösen Sachen umfassen auch die sakrosankten Sachen, aber nicht jede sakrosankte Sache ist religiös.

Letztlich können anhand dieser nichtjuristischen Quellen die Begriffe *sacer*, *religiosus* und *sanctus* nicht sauber voneinander unterschieden werden. Denn teilweise werden alle drei Begriffe fast synonym, teilweise werden die Wörter *sacer*, *religiosus* und *sanctus* uneinheitlich gebraucht.[112] Diese Konfusion ist den zitierten unterschiedlichen nichtjuristischen Quellen und auch der zeitlichen Entwicklung geschuldet. So haben alle drei Begriffe zwischen altrömischer, klassischer und nachklassischer Zeit eine Wandlung ihrer Bedeutung erlebt.[113]

Hier soll genügen, dass die Dreiteilung in *res sacrae*, *res religiosae* und *res sanctae* in den juristischen Texten, den Digesten, enthalten ist und eine solche Unterscheidung auch zumindest in der Weise möglich ist, dass den *res sacrae*, *religiosae* und *sanctae* verschiedene Orte und Gegenstände jeweils ausschließlich zugeordnet werden können und diese zusammen die Gruppe der *res divini iuris* bilden. Den Gegensatz zu den religiösen und den sakralen Sachen bilden die profanen Sachen.[114]

Im Folgenden sollen nun zunächst die einzelnen *res divini iuris* dargestellt und erläutert werden. Dabei soll es insbesondere um die Frage gehen, wie eine solche Sache zu einer göttlichen wird.

---

111 *Festus, S. 348: Religiosus est non mod[ic]o deorum sanctitatem magni aestimans, sed etiam... Dies autem religiosi, quibus, nisi quod necesse est, nefas habetur facere sunt: quales sunt sex et triginta atri qui appellantur, et Aliiensis, atque [h]i, quibus mundus patet. <Religiosum> ait esse Gallus Aelius, quod homini ita facere non liceat, ut si id faciat, contra deorum voluntatem videatur facere. Quo in genere sunt haec: in aedem Bonae deae virum introire, adversus auspicia legem ad populum ferre, die nefasto apud praetorem lege agere. Inter sacrum autem, et sanctum, et religiosum differentias bellissime refert: sacrum aedificium, consecratum deo; sanctum murum, qui sit circum oppidum; religiosum sepulchrum, ubi mortuus sepultus aut humatus sit, satis constare ait; sed ita portione quadam, et temporibus eadem videri posse. Siquidem quod sacrum est, idem lege aut instituto maiorum sanctum esse puta[n]t, <ut> violari id sine poena non possit...Similiter de muro, et sepulchro debere observari, ut eadem et sacra, et sancta, et religiosa fiant, sed quomodo [quod] supra expositum est, cum de sacro diximus.*

112 Vgl. *Fantetti*, S. 94; *Watson*, S. 4 ff.; *Fabbrini*, S. 518 und bereits *Meurer*, S. 159 ff., insbesondere S. 161 und ihm folgend *Vegting*, S. 4.

113 Zur Etymologie und Wandlung der Begriffe *sacer*, *religiosus* und *sanctus* in den juristischen und nichtjuristischen Quellen vgl. ausführlich *Fabbrini*, S. 518 ff., insbesondere S. 519 (*sacer*), S. 522 (*religiosus*), S. 523 (*sanctus*).

114 *Macrobius, Sat. 3,3,2: Profanum omnes paene consentiunt id esse, quod extra fanaticam causam sit, quasi porro a fano et a religione secretum.*

1. Die *res sacrae*

a) *Der Begriff und die Voraussetzungen ihrer Entstehung*

Zu den *res sacrae*[115] gibt es nur wenige Textstellen im Corpus Iuris Civilis und in den Institutionen des Gaius. In den Institutionen des Gaius findet man zunächst eine Abgrenzung zwischen *res religiosae* und *res sacrae*:

> *Gai. Inst. 2,4:*
> *Sacrae sunt, quae diis superis consecratae sunt; religiosae, quae diis Manibus relictae sunt.*

Gaius unterscheidet die *res sacrae* und die *res religiosae* danach, welchen Göttern, den *dii superi* oder den *dii inferi* (Manen) als Unterweltsgöttern, sie jeweils geweiht worden sind. Eine vergleichbare Differenzierung ist in den Digesten und Institutionen zwar nicht zu finden. Dort werden jedoch die Voraussetzungen für die Schaffung einer *res sacra* genannt:

> *D. 1,8,6,3 Marcianus libro tertio institutionum:*
> *Sacrae autem res sunt hae, quae publice consecratae sunt, non private: si quis ergo privatim sibi sacrum constituerit, sacrum non est, sed profanum. semel autem aede sacra facta etiam diruto aedificio locus sacer manet.*

In D. 1,8,6,3 nennt Marcian als erste Voraussetzung eine öffentliche Konsekration (*res, quae publicae consecratae sunt*), während ein privat geschaffenes Heiligtum eine *res profana* bleibt. Diese Voraussetzung wird in D. 1,8,9,2 von Ulpian, in Inst. Iust. 2,1,8 und von Gaius in Gai. Inst. 2,5 ebenfalls genannt:

> *D. 1,8,9,2 Ulpianus libro sexagensimo octavo ad edictum:*
> *Illud notandum est aliud esse sacrum locum, aliud sacrarium. sacer locus est locus consecratus, sacrarium est locus, in quo sacra reponuntur, quod etiam in aedificio privato esse potest, et solent, qui liberare eum locum religione volunt, sacra inde evocare.*

> *Inst. Iust. 2,1,8:*
> *Sacra sunt, quae rite et per pontifices deo consecrata sunt, veluti aedes sacrae et dona, quae rite ad ministerium dei dedicata sunt, quae etiam per nostram constitutionem alienari et obligari prohibuimus, excepta causa redemptionis captivorum. si quis vero auctoritate sua quasi sacrum sibi constituerit, sacrum non est, sed profanum. locus autem, in quo sacrae aedes aedificatae sunt, etiam diruto aedificio adhuc sacer manet, ut et Papinianus scripsit.*

> *Gai. Inst. 2,5:*
> *Sed sacrum quidem hoc solum existimatur, quod ex auctoritate populi Romani consecratum est, veluti lege de ea re lata aut senatus consulto facto.*

---

115 Zur Etymologie des Wortes vgl. eingehend *Fabbrini*, S. 519 f., mit weiteren Literaturnachweisen und erneut *Fabbrini*, BIDR 73 (1970), S. 207.

Alle drei Textstellen verlangen eine Konsekration. Daneben wird in Inst. Iust. 2,1,8 eine weitere, zweite Voraussetzung genannt: Die *res* muss nicht nur „*rite et per pontifices*" dem Gott konsekriert werden, sondern sie muss auch „*rite ad ministerium dei*" dediziert worden sein. Dass die Dedikation den zweiten wesentlichen Gesichtspunkt darstellt, folgt auch aus den unmittelbar dem Ulpian-Fragment vorhergehenden Textstellen D. 1,8,9 pr.-1, die ebenfalls Ulpians Auffassung wiedergeben:

D. 1,8,9 pr. Ulpianus libro sexagensimo octavo ad edictum:
Sacra loca ea sunt, quae publice sunt dedicata, sive in civitate sint sive in agro.

D. 1,8,9,1 Ulpianus libro sexagensimo octavo ad edictum:
Sciendum est locum publicum tunc sacrum fieri posse, cum princeps eum dedicavit vel dedicandi dedit potestatem.

Durch die Zeremonie von *consecratio* und *dedicatio* wird somit eine *res sacra* geschaffen.[116] Innerhalb der Literatur ist umstritten, ob es sich dabei um eine zweiaktige Zeremonie, aufgeteilt in Dedikation und Konsekration, oder um eine einheitliche Zeremonie handelt.[117] Eine eindeutige Beantwortung dieser Frage durch die juristischen Quellen ist nicht möglich. Soweit einige Autoren in der Literatur zwischen Konsekration und Dedikation etwa dergestalt differenzieren, dass das eine die sakral-religiöse Weihung und das andere die weltlich-politische Entscheidung zum Überlassen des Ortes oder Gebäudes an die Gottheit(en) sei, hat diese Unterteilung keine juristische Bedeutung.[118]

---

116 Ebenso *Fabbrini*, S. 551.

117 Zu der gleichen Diskussion bei den *res religiosae* siehe dort.

118 Vgl. dazu etwa *Fabbrini*, S. 551 mit Fn. 1, der von einer zusammenhängenden Zeremonie ausgeht. Nach *Karlowa*, S, 1040, bezeichnet „*Dedicare* […] wohl mehr die Entlassung *ab humano iure*, das *consecrare* positiv die Bestimmung zum Dienst der Gottheit […]", sodass allein die Dedikation die Sache zu einer *res extra commercium* mache. *Mommsen*, StR II,1, S. 60 f., vergleicht demgegenüber die Konsekration mit der Manzipation als einen besonderen Fall eines sakralen Erwerbungsakts, während die Dedikation die Weggabe des vorher im öffentlichen oder privaten Eigentums bedeute, vgl. *ders.*, S. 61. *Wissowa* unterscheidet anhand von der bei Festus vorkommenden Definition des Gallus Aelius (vgl. oben) und mit Hilfe von Gai. Inst. 2,5, dass die Dedikation die bloße Weggabe der Sache ist, durch die sich „[…] der Verpflichtete des Eigentumsrechtes an der gelobten Sache entäußert und sie an die Gottheit aufläßt; geschieht diese Überantwortung an die Gottheit von Staats wegen, so ist die Dedication zugleich Consecration, d. h. das geweihte Objekt wird Göttergut, *res sacra* (…)", so *ders.*, S. 385 mit Fn. 3 und 5. Richtig erscheint, dass nur Dedikation und Konsekration zusammen einem Gegenstand den Status einer *res sacra* verleihen können und dieser dadurch zu einer *res extra commercium* wird.

Von den Textstellen aus den Digesten lässt sich insoweit nur herleiten, von wem eine öffentliche Konsekration vorzunehmen war oder zumindest wessen Beteiligung dafür zwingend erforderlich war. Aus D. 1,8,9 pr.-1 ergibt sich, dass die Konsekration durch den Kaiser oder einen vom Kaiser Ermächtigten vorgenommen wird. Nach Gai. Inst. 2,5 wird dagegen etwas nur dann *sacer*, wenn dazu die Ermächtigung des Volkes, sei es durch ein dazu ergangenes Gesetz oder durch Senatsbeschluss, vorliegt. Von einer Ermächtigung durch den Kaiser ist hier nicht die Rede. Damit wird Gaius die Rechtsauffassung des klassischen Rechts und die Digestenstelle die neuere Entwicklung vertreten. Aus den Textstellen lässt sich somit entnehmen, dass die Autorität vom römischen Volk, repräsentiert durch den Senat, auf den Kaiser übergegangen ist.[119] Die konkrete Ausgestaltung oder Handlungsweise dieser Zeremonie lässt sich dagegen aus den juristischen Quellen des Corpus Iuris Civilis allein nicht entnehmen. Der Ablauf und die Voraussetzungen einer wirksamen *consecratio* und *dedicatio* können insoweit nur aus nichtjuristischen Texten erschlossen werden.[120]

In den nichtjuristischen Quellen wird die Konsekration einer profanen Sache insbesondere von Cicero in seiner Rede „Über das eigene Haus" (*De domo sua*) thematisiert. In dieser Rede versucht Cicero geltend zu machen, dass sein Haus nicht zu einer *res sacra* geworden ist, weil die entscheidenden Voraussetzungen fehlten. Im Verlauf der Rede nennt er dann die erforderlichen Mitwirkungsakte, damit eine *res sacra* entstehen kann. Die entscheidenden Textstellen sind folgende:

Cicero, De domo sua,127:
Quid? In dedicatione nonne et quis dedicet et quid et quo modo quaeritur? An tu haec ita confundis et perturbas ut, quicumque velit, quod velit quo modo velit possit dedicare? Quis eras tu qui dedicabas? Quo iure? qua lege? quo exemplo? qua potestate? Ubi te isti rei populus Romanus praefecerat?
Video enim esse legem veterem tribuniciam quae vetet iniussu plebis aedis, terram, aram consecrari; neque tum hoc ille Q. Papirius, qui hanc legem rogavit, sensit, neque suspicatus est fore periculum ne domicilia aut possessiones indemnatorum civium consecrarentur. Neque enim id fieri fas erat, neque quisquam fecerat, neque erat causa cur prohibendo non tam deterrere videretur quam admonere.

Cicero, De domo sua,128:
Sed quia consecrabantur aedes, non privatorum domicilia, sed quae sacrae nominantur, consecrabantur agri, non ita ut nostra praedia, si qui vellet, sed ut imperator agros de

---

Dies folgt sowohl aus den juristischen Texten als auch aus Ciceros Argumentation bezüglich des rechtlichen Status seines Hauses, vgl. dazu sogleich.

119 *Scialoja*, S. 142.

120 *Fabbrini*, S. 551.

hostibus captos consecraret, statuebantur arae, quae religionem adferrent ipsi ei loco quo essent consecratae, haec nisi plebs iussisset fieri vetuit. (...)

Cicero, De domo sua,128:
(...) Lex Papiria vetat aedis iniussu plebis consecrari. (...)

Aus diesen Textstellen und aus einigen Texten von Livius lässt sich der gesamte Ablauf einer Konsekration und Dedikation ungefähr rekonstruieren. *Fabbrini* hat bereits eine solche Zeremonie im Detail beschrieben.[121] Er unterteilt sie dabei in sechs einzelne Schritte:

Zunächst musste ein zu weihendes Gebäude erbaut werden.[122] Der Senat musste dafür eine Genehmigung vom Pontifikalkollegium zur Konsekration verlangen und die Pontifices mussten eine gemeinsame, wenn auch nicht notwendig einstimmige Stellungnahme abgeben.[123]

Sofern die Stellungnahme positiv ausfiel, durfte im zweiten Schritt der Staat durch die Komitien seine Genehmigung erteilen, wobei die *lex Papiria* bindend feststellte,[124] dass nur das Volk die Konsekration beschließen konnte. Die Genehmigung des Volkes erforderte allerdings die Zustimmung des Senats und der Mehrheit der Volkstribunen.[125] Die Zustimmung des Volkes war auch erforderlich, wenn der zu weihende Boden einem Privatmann gehörte.[126] Für die Weihung einer beweglichen Sache genügte eventuell ein einfacher Beschluss des Senats oder der Beamten, aber auch hier war im Regelfall eine *lex* erforderlich.[127] Nach D. 1,8,9,1 bedurfte es in der Kaiserzeit der Genehmigung des Kaisers.

Als dritten Schritt bestimmten der Senat und die Volkstribunen nach erfolgter Genehmigung einen weihenden Beamten. Dieser konnte entweder ein höherer Beamte sein (Diktator, Konsul, Prätor, Zensor und wohl auch ein Ädil[128]) oder die

121 Vgl. hierzu und zur folgenden Beschreibung *Fabbrini*, S. 551 f.; *Stambaugh*, S. 558 ff. Ähnlich auch *Mommsen*, StR II,1, S. 60 f. und StR II,1, S. 618 ff. Alle drei Autoren stützen sich im Wesentlichen auf dieselben Quellentexte.

122 Zu den einzelnen *res sacrae* vgl. die Aufzählung unten.

123 *Fabbrini*, S. 551 unter Verweis u.a. auf Livius, 27, 25, 7 und Cicero, de domo 130,132,136.

124 Vgl. Cicero, de domo 127, 128, 136.

125 *Fabbrini*, S. 551, unter Berufung u.a. auf Livius 9,46,7.

126 *Fabbrini*, S. 551 mit Cicero, de domo 127, 128; Cicero, ad attic. 4,2,3.

127 So *Fabbrini*, S. 551, unter Verweis auf Livius 4,20,4. Nach Auffassung von *Wissowa*, S. 385, war sowohl bei unbeweglichen als auch bei beweglichen Sachen jeweils eine Zeremonie mit Dedikation und Konsekration notwendig.

128 Nach Livius 9,46 führte die Konsekration durch einen Ädil aber zu Protest durch den Pontifex Maximus.

duoviri aedis dedicandae, zwei Beamte, deren Amt eigens für den Einzelfall der Dedikation geschaffen und durch Wahl vergeben wurde.[129]

Als viertes fertigte das Pontifikalkollegium das Gesetz des Heiligtums, die sogenannte *lex aedis*, im Einvernehmen mit den Beamten oder den *duoviri aedis dedicandae* an, die sich verpflichteten, die *lex aedis* für immer zu respektieren.[130]

Darauf folgte schließlich der eigentliche Ritus der Konsekration, der sich in zwei Teilen vollzog und an dem die Magistrate und alle Pontifices teilnahmen[131]: Zunächst trat der Pontifex Maximus oder ein anderer Pontifex mit verhülltem Haupt vor das gesamte Kollegium und berührte mit der Hand die Pfosten der Tür des Heiligtums und sprach zugleich die Formel der Dedikation.[132] Sodann berührte der dedizierende Magistrat den Pfosten ebenfalls und sprach die feierlichen Worte. Sofern die Beamten zu zweit waren, berührte jeder einen Pfosten. Ein Fehler beim Aussprechen der Formel führte zur Nichtigkeit des ganzen Ritus.[133] Zuletzt schlossen sich an die Zeremonie öffentliche Spiele an.[134]

Aus den Textstellen ergibt sich daher, dass eine profane Sache durch den Akt der Konsekration und Dedikation zu einer *res sacra* wird. Dieser kann nicht von einer Privatperson durchgeführt werden, sondern er erfordert die oben dargestellte Mitwirkung der Pontifices und der hoheitlichen Entscheidungsträger. Die Konsekration durch eine Privatperson lässt die Sache nicht sakral werden. Sie ist weiterhin profan.[135]

Sowohl in den juristischen als auch in den nichtjuristischen Texten wird als Gegenstück zur Entstehung auch die Zerstörung einer *res sacra* problematisiert. Die Texte stimmen in der sich aus der Zerstörung ergebenden Rechtsfolge für

---

129 Zu den Einzelheiten und den in Betracht kommenden Personen vgl. *Mommsen*, StR II,1, S. 618 ff.; *Fabbrini*, S. 551 mit Fn. 6, jeweils mit weiteren Quellennachweisen.

130 Für Textnachweise und Beispiele zum Inhalt einer *lex aedis* (auch *lex dedicationis* oder *lex templi*) vgl. *Karlowa*, S. 1040 f. und *Fabbrini*, S. 553–554.

131 Cicero, de domo 117, 118, 119.

132 Vgl. *Fabbrini*, S. 552, mit Cicero, de domo 121,122,123. Zum Weihungsakt vgl. noch *Karlowa*, S. 1039.

133 Vgl. Cicero, de har. respons. 11,23; *Karlowa*, S. 1039; *Fabbrini*, S. 552 m. w. N. in Fn. 3.

134 *Fabbrini*, S. 552.

135 Ebenso *Meurer*, S. 174; *Stambaugh*, S. 559. Nach *Wissowa*, S. 385, wird eine von einer Privatperson dedizierte Sache zwar nicht zu einer *res sacra*, wohl aber zu einer *res religiosa*, sodass daran kein *sacrilegium* begangen werden kann, vgl. *ders.*, S. 386 mit Fn. 2. Nach *Kaser*, RP I, S. 378 mit Fn. 22, ruft eine private Dedikation allerdings die sakralrechtliche Folge hervor, dass der anschließende profane Gebrauch der Sache ein Sakralvergehen darstellt.

den Status der Sache überein: Ein Grundstück, auf dem ein Tempel oder ein anderes Heiligtum gestanden hat, wird durch den Einsturz und die Zerstörung des Gebäudes nicht profan. Diese Rechtsauffassung wird sowohl von Marcian als auch von Papinian in den Digesten geteilt:

> *D. 1,8,6,3 Marcianus libro tertio institutionum:*
> *Sacrae autem res sunt hae, quae publice consecratae sunt, non private: si quis ergo privatim sibi sacrum constituerit, sacrum non est, sed profanum. semel autem aede sacra facta etiam diruto aedificio locus sacer manet.*

> *D. 18,1,73 pr. Papinianus libro tertio responsorum:*
> *Aede sacra terrae motu diruta locus aedificii non est profanus et ideo venire non potest.*

Die Aussage von D. 1,8,6,3 und D. 18,1,73 pr. findet sich zudem unter Bezugnahme auf Papinian in Inst. Iust. 2,1,8 wieder.[136] Auch in der nichtjuristischen Literatur wird das Problem, das offenbar nicht ganz selten gewesen ist, angesprochen und entsprechend gelöst. So fragt Plinius der Jüngere in einem Brief an Kaiser Trajan nach dessen Rechtsauffassung hinsichtlich der Frage, ob die Bewohner der Stadt Prusa in der von ihm verwalteten Provinz Bithynien ein Bad an der Stelle errichten dürfen, wo vorher ein mittlerweile eingestürzter Tempel (*templum*) steht:

> *Plin. Ep. 10,70: C. Plinius Traiano Imperatori:*
> *(1) Quaerenti mihi, domine, Prusae ubi posset balineum quod indulsisti fieri, placuit locus in quo fuit aliquando domus, ut audio, pulchra, nunc deformis ruinis. Per hoc enim consequemur, ut foedissima facies civitatis ornetur, atque etiam ut ipsa civitas amplietur nec ulla aedificia tollantur, sed quae sunt vetustate sublapsa relaxentur in melius.*
> *(2) Est autem huius domus condicio talis: legaverat eam Claudius Polyaenus Claudio Caesari iussitque in peristylio templum ei fieri, reliqua ex domo locari. Ex ea reditum aliquamdiu civitas percepit; deinde paulatim partim spoliata, partim neglecta cum peristylio domus tota collapsa est, ac iam paene nihil ex ea nisi solum superest; quod tu, domine, sive donaveris civitati sive venire iusseris, propter opportunitatem loci pro summo munere accipiet.*
> *(3) Ego, si permiseris, cogito in area vacua balineum collocare, eum autem locum, in quo aedificia fuerunt, exedra et porticibus amplecti atque tibi consecrare, cuius beneficio elegans opus dignumque nomine tuo fiet.*

Die kaiserliche Antwort an Plinius fällt zweiteilig aus: Zunächst erklärt der Kaiser, es sei grundsätzlich möglich, an dem Ort das Bad zu erbauen. Im zweiten Satz kommt er aber auf das Problem des einmal vorhanden gewesenen Tempels (*aedes*) zurück und er entscheidet mit der in den Digesten enthaltenen

---

136 *Inst. Iust. 2,1,8: Locus autem, in quo sacrae aedes aedificatae sunt, etiam diruto aedificio, adhuc sacer manet, ut et Papinianus scripsit.*

Rechtsauffassung konform, dass das Grundstück, auf dem der Tempel stand, auch nach dessen Einsturz noch von der *religio* besetzt sei:

> *Plin. Ep. 10,71: Traianus Plinio:*
> *Possumus apud Prusenses area ista cum domo collapsa, quam vacare scribis, ad exstructionem balinei uti. Illud tamen parum expressisti, an aedes in peristylio Claudio facta esset. Nam, si facta est, licet collapsa sit, religio eius occupavit solum.*

Der letzte Halbsatz bedeutet nichts weniger, als dass das Grundstück noch immer der Gottheit überlassen ist und dieser Umstand daher einer Bebauung entgegensteht.

b) Gegenstände, die res sacrae *werden können*

In dem oben bereits zitierten Fragment Cicero, De domo sua, 49,127[137] nennt Cicero drei Bauten und Orte, die für den Akt der Konsekration in Betracht kommen und damit *res sacrae* werden können: Tempel (*aedes*), Land (*terra*) und *arae* (Altäre). Weitere *res sacrae* waren zum Beispiel offene heilige Orte wie Quellen, heilige Haine oder Wasserstellen für rituelle Waschungen. Diese offenen Areale waren meistens mit heiligen Gebäuden bebaut, etwa in Form von Altären (*arae*), Tempeln (*aedes*), kleineren Tempeln (*aediculae*) und anderen kleinen Heiligtümern (*sacellae* und *donaria*).[138] Als weitere *loci sacri* zählt *Fabbrini curiae*, *atria* und zwei Arten von Räumen auf: die *favissae*, unterirdische Zellen, Krypten, und die *sacraria*, Räume im hinteren Teil eines Heiligtums, wo der Tempelschatz verwahrt wurde.[139]

Als wichtigstes Kultgebäude erscheint die *res sacra* in der Gestalt des Tempels, der lateinisch jedenfalls ursprünglich *aedes* und nicht *templum* heißt.[140] Das Wort *aedes* bezeichnet zunächst die Feuerstelle und bezeichnet im römischen Privathaus im weiteren Sinne das Wohnzimmer.[141] Abgeleitet davon wurde dann der Ort, an dem das Bild einer Gottheit aufgestellt worden war, *aedes* genannt und schließlich wurde das Wort auf das gesamte Gebäude bezogen.[142] Die *aedes* können auch zugleich *templa* sein, müssen es aber nicht zwangsläufig: Notwendigerweise sind sie auch *templa*, wenn sie als Ort für Senatssitzungen dienen

---

137 [...] *Video enim esse legem veterem tribuniciam quae vetet iniussu plebis aedis, terram, aram consecrari [...].*

138 *Fabbrini*, S. 544 ff.

139 Vgl. die Aufzählung bei *Fabbrini*, S. 544.

140 Eine namentliche Auflistung aller bekannten Tempel Roms (117 insgesamt) findet sich bei *Fabbrini*, S. 545 Fn. 2.

141 *Georges*, „*aedes*", S. 166.

142 Vgl. *Rüpke*, S. 34; *Stambaugh*, S. 557; *Fabbrini*, S. 546.

mussten und wenn ein Ritus eines besonderen Kults vorschrieb, dass er in einem *templum* ausgeführt werden musste.[143] Im Gegensatz dazu bezeichnet *templum* eine Fläche, die von den Auguren inauguriert worden ist.[144] Sie ist *sacra* und *sancta* und in ihr werden priesterliche und magistrale Handlungen vorgenommen.[145] Es gibt auch *templa*, die nur magistralen Aufgaben gewidmet waren und damit überhaupt nicht *sacer* waren oder nur zum Teil zur *res sacra* umgewandelt wurden.[146] Aufgrund der Tatsache, dass in der Regel die *aedes* im vorgenannten Sinne auch *templa* waren, verloren die Begriffe im umgangssprachlichen Gebrauch ihre technische Bedeutung und wurden beide synonym gebraucht.[147]

Neben den sakralen Orten gab es auch sakrale bewegliche Sachen, deren Aufzählung im Detail den Rahmen dieser Arbeit aber sprengen würde. Als Überblick soll genügen, dass es insbesondere bei den *res sacrae* zunächst zwei Arten von Sachen zu unterscheiden gilt: das *instrumentum* und das *ornamentum* des Heiligtums.[148]

Zum *instrumentum* sind die Gegenstände zu zählen, die für die Kulthandlungen notwendig waren, also Altäre (*arae* und *altaria*), Feuerstellen (*foci*), Tische (*mensae*), heilige Gefäße (*vasi sacri*) und weitere Werkzeuge und Gefäße wie Messer, Beile, Leuchter, Kelche, Töpfe, Schalen und ähnliches mehr.[149]

Das *ornamentum* war der Tempelschatz, der aus Geld, Votivgaben, wertvollen Statuen und ähnlichen Objekten bestehen konnte, wobei die Gegenstände jeweils für sich bei Aufnahme in den Schatz konsekriert werden mussten.[150] Neben diesen beiden Arten von *res sacrae* gibt es weitere Objekte und weiteres Vermögen, die nicht konsekriert werden und damit profan bleiben. Dazu zählen zum Heiligtum gehörende Grundstücke, wie etwa die heiligen Haine (*luci sacri*), das Haingeld (zu entrichten bei Eintritt in den Hain), Gaben und Ausstattung für die Pontifices und andere Priester sowie die Löhne, Lebensmittel und

---

143 Vgl. *Gellius, Noct. Attic.*, 14,7,7; *Fabbrini*, S. 546.

144 *Rüpke*, S. 34; *Fabbrini*, S. 540 ff. Zur Inauguration vgl. die Darstellung unten zu den *res sanctae*.

145 So *Fabbrini*, S. 541.

146 Zu den Funktionen eines Tempels vgl. ausführlich Stambaugh, S. 555 ff.; weiterhin *Fabbrini*, S. 541 mit Beispielen für Tempel, in denen nur magistrale Aufgaben erledigt wurden.

147 *Fabbrini*, S. 546.

148 So differenziert *Macrobius, Saturn.* 3,11,5–6.

149 Vgl. die Aufzählung mit einzelnen Quellennachweisen bei *Fabbrini*, S. 547–548; zur Unterscheidung zwischen den *res sacrae* und den profan bleibenden Gegenständen vgl. noch *Mommsen*, StR II, 1, S. 59 ff.

150 So *Fabbrini*, S. 548.

Behausungen für die untergebenen Arbeiter und Sklaven und weitere verschiedene Einkünfte aus privaten Spenden und Abgaben.[151]

2. Die *res religiosae*

a) Der Begriff der res religiosae

Als eine *res religiosa*[152] wird hauptsächlich eine Grabstätte, lateinisch *sepulchrum* behandelt. Die Errichtung eines Grabes und die Bestattung eines Toten machten einen Ort, der bis zu diesem Zeitpunkt eine kommerzielle Sache des Privatrechtsverkehrs war, zu einer extrakommerziellen. Erforderlich für diesen Wechsel des Status ist eine an einige Voraussetzungen geknüpfte Bestattung nach dem römischen Grabrecht. Die Bestattung hat als Konsequenz, dass der Ort, auf dem sich das Grab befindet, sakralrechtliches Eigentum der *dii Manes*, der Manen, wird. Die Manen sind nach den altrömischen, heidnischen Glaubensvorstellungen die vergöttlichten Seelen der Verstorbenen und damit Totengötter.[153] Ihnen ist die Grabstätte nun geweiht. Der Übergang des Grabes in einen neuen privatrechtlichen Zustand als eine *res extra commercium* ist damit Ausdruck eines besonderen Schutzes für göttliche Orte.

b) Voraussetzungen einer Gründung eines religiösen Ortes

Einen wesentlichen Teil der Voraussetzungen für die Schaffung eines *locus religiosus* nennt bereits das Digestenfragment D. 1,8,6,4 :

> *D. 1,8,6,4 Marcianus libro tertio institutionum:*
> *Religiosum autem locum unusquisque sua voluntate facit, dum mortuum infert in locum suum. in commune autem sepulchrum etiam invitis ceteris licet inferre. sed et in alienum locum concedente domino licet inferre: et licet postea ratum habuerit quam illatus est mortuus, religiosus locus fit.*

Dieselben Gedanken finden sich bei Gaius[154] und in den Institutionen Justinians[155] wieder. Insbesondere unter Bezugnahme auf Gai. Inst. 2,6 hat bereits *Taubenschlag* dargestellt, dass ein Stück Boden danach die Eigenschaft einer *res*

---

151 Eine Auflistung findet sich bei *Fabbrini*, S. 548–549; zu den heiligen Hainen und zum Haingeld siehe auch *Mommsen*, StR II, 1, S. 59 ff.

152 Zur Bedeutung des Wortes *religiosus* vgl. *Fabbrini*, BIDR 73 (1970), S. 208.

153 Zu den *manes* vgl. bereits *Meurer*, S. 165 f.

154 *Gai. Inst. 2,6: Religiosum vero nostra voluntate facimus mortuum inferentes in locum nostrum, si modo eius mortui funus ad nos pertineat.*

155 Eine mit dem Digestentext identische Aussage trifft Inst. Iust. 2,1,9.

religiosa erlangt, sofern vier Voraussetzungen erfüllt sind. Ein *locus religiosus* entstehe, „wenn ein Eigentümer eines Stück Bodens (1) den Leichnam einer Person (2), deren Begräbnis ihm obliegt (3), darin bestattet (4)".[156] Der *locus religiosus* entsteht damit nicht durch einen Rechtsakt, sondern durch eine bloße Handlung (*mortui illatio*).[157]

Die von Taubenschlag genannten Voraussetzungen werden allerdings nach Meinung anderer noch erweitert: Die Umwandlung in den neuen privatrechtlichen Zustand der Extrakommerzialität erfolgt nicht allein durch eine Grabbelegung, also Bestattung, sondern sie erfordert auch eine rechtmäßige Grabgründung.[158] Sowohl die Grabgründung als auch die Bestattung müssen von einem Berechtigten vorgenommen werden.[159] Da die Grabgründung der Bestattung zeitlich vorausgeht, seien deren Voraussetzungen hier kurz vorangestellt, wobei diese sich aufgrund der unterschiedlichen Arten der römischen Gräberformen zum Teil voneinander unterscheiden. Es lassen sich aber dennoch gemeinsame Erfordernisse darstellen, die für die Umwandlung in eine *res religiosa* beachtet werden müssen. Diese sind das Errichten einer Grabinschrift (1) und die Grabgründung durch einen Berechtigten (2). In der Literatur wird zum Teil als weitere Bedingung einer rechtmäßigen Grabgründung auch die Genehmigung und Beaufsichtigung durch die Pontifices genannt (3).[160]

Nach *Watson* sind die genannten Voraussetzungen zur Gründung eines *locus religiosus* und damit zur Entstehung einer *res extra commercium* noch zu erweitern.[161] Einige nichtjuristische Quellentexte, insbesondere Cicero, De leg. 2,22,57[162] und Cicero, De leg. 2,22,55, lassen ihn vermuten, dass ein

156 *Taubenschlag*, S. 424.

157 *Meurer*, S. 168.

158 Anders *Taubenschlag*, S. 424: Gestützt auf die Institutionenstelle des Gaius seien nur die genannten vier Voraussetzungen für eine Umwandlung in den Status der Extrakommerzialität erforderlich.

159 *Kaser*, SZ (RA) 95 (1978), S. 28 und 34 f.

160 Vgl. *Kaser*, SZ (RA) 95 (1978), S. 26, mit weiteren Literaturnachweisen.

161 *Watson*, S. 8.

162 *Cicero, De leg. 2,22,57: (...) declarat enim Ennius de Africano: „Hic est ille situs." Vere, nam siti dicuntur ii, qui conditi sunt. Nec tamen eorum ante sepulchrum est, quam iusta facta et porcus caesus est. Et quod nunc communiter in omnibus sepultis venit usu ut humati dicantur, id erat proprium tuum in iis, quos humus iniecta gleba est, locus ius pontificale confirmat. Nam priusquam in ossa iniecta gleba est, locus ille, ubi crematum est corpus, nihil habet religionis. Iniecta gleba tum et illic humatus est, et sepulchrum vocatur: ac tum denique multa religiosa iura complecitur (...).*

bestimmtes Opfer (eines Schweins) und weitere Riten hinzukommen müssen.[163] Ob diese Kulthandlungen bei der Umwandlung des privatrechtlichen Status des *locus purus* in einen *locus religiosus* aber maßgeblich und notwendig waren, lässt sich den Digestenstellen nicht entnehmen. Das in dem Text Ciceros, De leg. 2,22,57, enthaltene Erfordernis des Bedeckens des Leichnams mit Erde stimmt aber mit der in den oben zitierten juristischen Quellentexten enthaltenen Aussage überein, dass eine Bestattung erforderlich ist.

aa) Errichtung einer Grabinschrift

Die Errichtung von Grabinschriften als Erfordernis für die Grabgründung ist relativ spekulativ. In der Literatur zum römischen Grabrecht wird aber davon ausgegangen, dass die Grabinschrift ein rechtsschöpfender Akt der juristischen Selbstgestaltung sei, dessen Wirkung sich weniger im Privat-, sondern vielmehr im Sakralrecht zeige.[164] Die Grabinschrift hatte danach nicht nur die Funktion des heutigen Grabsteins, die Position eines Grabes zu kennzeichnen und den Namen eines Bestatteten in Erinnerung zu behalten. Es soll durch die Grabinschrift als einseitige Willenserklärung auch Recht gesetzt worden sein, indem der Grabgründer diesen Ort dauerhaft als Grabort bestimmt hat. Die uns heute noch überlieferten Grabinschriften beinhalten weiterhin bestimmte Gebote und Verbote, die gegenüber anderen auch Rechtswirkung erzeugt haben. Die Verbote richteten sich zum Beispiel gegen das Betreten der Grabanlage durch Unbefugte, das Bestatten von Unbefugten, gegen Veräußerung oder gegen Beschädigungen.[165]

bb) Grabgründung durch den Berechtigten

Die Errichtung einer Grabinschrift allein führt nicht zu einer erfolgreichen Grabgründung. Natürlich ist es nicht erlaubt, an jedem Ort eine Grabstelle zu erbauen. Berechtigt ist der Grabgründer aber dann, wenn ihm das Grundstück gehört, er also Eigentümer ist. Gräber wurden mit Inschriften und gegebenenfalls weiteren Anlagen errichtet.[166] Sie konnten als Familiengräber (*sepulchra familiaria*) oder Einzelgräber (*sepulchra hereditaria*) gestaltet sein. Der rechtliche Unterschied zwischen beiden Grabformen und die Entwicklungsgeschichte ist

---

163 Vgl. *Watson*, S. 8.

164 *Kaser*, SZ (RA) 95 (1978), S. 23 mit Verweis auf *Düll*, Studien 2, S. 170.

165 *Kaser*, SZ (RA) 95 (1978), S. 22. Dass die Grabinschriften durch die darin enthaltenen Verbote den Ort zu einem *locus religiosus* machen, wird in der Literatur nicht behauptet. Weitere Literaturnachweise zu den Grabinschriften finden sich u. a. bei *Kaser*.

166 *Kaser*, SZ (RA) 95 (1978), S. 28.

in der Forschung nicht gänzlich geklärt. Beide Grabformen führen aber zu der Umwandlung in einen *locus religiosus*, sodass eine Differenzierung hier noch nicht erforderlich ist. Erst bei der Berechtigung zur Bestattung ist die Art des Grabes von Bedeutung.[167] Eine weitere Form der Grabgründung, insbesondere für die ärmere Bevölkerungsschicht, war die Bestattung in Grabgewölben (*columbaria*) in Urnen (*ollae*). Die Urnenplätze wurden von der reichen Bevölkerungsschicht oder dem Kaiser gegründet und konnten einzeln für eine Person oder auch für ihre Familienangehörigen gekauft werden.[168] Die Grabgründung konnte im Übrigen auf eigenem Boden des Grabgründers oder auf fremdem Boden erfolgen.[169]

In der Literatur wird zum Teil versucht, das bereits bei den *res sacrae* behandelte Begriffspaar von *dedicatio* und *consecratio* auch auf die *res religiosae* zu übertragen. Es wird gemutmaßt, dass die Begriffe *dedicatio* und *consecratio* vielleicht genau die beiden Entwicklungsschritte der Grabgründung und der späteren eigentlichen Bestattung darstellen könnten.[170] So soll die *dedicatio* bereits mit Grabgründung geschehen sein und nichts anderes als die Widmung eines Ortes für Gottheiten bedeuten, während mit der *consecratio*, bewirkt durch die Bestattung, den Göttern, den Manen, ein Grundstück vollständig übereignet wird, sodass der Ort *locus religiosus* und damit extrakommerziell wird.[171]

Ob diese Differenzierung tatsächlich so getroffen werden kann, ist aber wiederum nicht nachweisbar. Bloß einen Anhaltspunkt für die Richtigkeit dieser These liefert D. 2,14,61. Dort wird immerhin zwischen der *dedicatio* eines Grundstücks und der Bestattung auf einem Grundstück unterschieden.[172] Weiterhin

---

167 Vgl. unten zur Rechtmäßigkeit der Bestattung. Zum Stand der Forschung und den Unterschieden siehe im Übrigen *Kaser*, SZ (RA) 95 (1978), S. 37 ff.: Es soll eine Vereinheitlichung von Familien- und Erbgrab stattgefunden haben, die auf Gründen der Vereinfachung beruhe. Es soll sich zum Schluss eine Mischform durchgesetzt haben, die auch von Justinian nicht mehr verändert worden sei.

168 *Kaser*, SZ (RA) 95 (1978), S. 28 f.

169 Eine genauere Behandlung der Einzelheiten zur Berechtigung zur Grabgründung würde den Rahmen dieser Arbeit überschreiten, vgl. dazu *Mommsen*, SZ (RA) 16, (1895), S. 216 f.; *Kaser*, SZ (RA) 95 (1978), S. 28 ff.

170 *Kaser*, SZ (RA) 95 (1978), S. 32, mit weiteren Nachweisen.

171 *Kaser*, SZ (RA) 95 (1978), S. 32.

172 *D. 2,14,61 Pomponius libro nono ad Sabinum: Nemo paciscendo efficere potest, ne sibi locum suum dedicare liceat aut ne sibi in suo sepelire mortuum liceat aut ne vicino invito praedium alienet.*
Vgl. auch *Kaser*, SZ (RA) 95 (1978), S. 32 und 77 Fn. 269; *Ders.*, FG Sontis, S. 16 und S. 29 Fn. 89. Anderer Auffassung ist aber *Wissowa*, S. 477 ff.

spricht dafür, dass bei den *res sacrae* ebenfalls zwischen den zwei Akten der *dedicatio* und der *consecratio* differenziert worden ist.[173] Es erscheint konsequent, wenn für die Begründung von *res sacrae* und von *res religiosae* vergleichbare Handlungen erforderlich waren.[174] Andererseits hat die obige Darstellung zu den *res sacrae* gezeigt, dass die Zeremonie der *consecratio* und *dedicatio* dort ein einheitlicher Akt war. Diese Unterscheidung und Zuordnung des Begriffspaars ist daher fragwürdig.

Dagegen spricht auch, dass in den juristischen Texten, die die *res religiosae* thematisieren, ansonsten nicht von *dedicatio* und *consecratio* gesprochen wird. So wird zum Beispiel noch von Gaius in Gai. Inst. 2,7 die Aussage getroffen, dass der Provinzboden *pro religioso* oder auch *pro sacro* behandelt wird, obwohl er es nicht ist: Gaius spricht in diesem Zusammenhang nur bei *res sacrae* über *consecratio*, er vermeidet das gleiche Vokabular hinsichtlich des *locus religiosus*, obwohl er hier beide *res divini iuris* vergleichend betrachtet.

cc) Genehmigungs- und Aufsichtspflicht der Pontifices

In der älteren Literatur wird zum Teil angenommen, dass die Pontifices die Aufsicht über die Grabgründungen führten und eine Genehmigungspflicht bestand.[175] *Kaser* betrachtet diesen Standpunkt als pure Spekulation. Es sei kein Nachweis für eine solche Annahme vorhanden.[176] Eine solche Aufsichts- und Genehmigungspflicht stelle zudem eine Überforderung der Pontifices dar. Eine Buchführung und überhaupt ein geordnetes Verfahren zur Durchführung der Genehmigung mit Einrichtung eines Gräberarchivs nach griechischem Vorbild hätten die Pontifices nicht bewältigen können.[177] Es erscheint plausibel, dass eine Genehmigungspflicht nur in Sonderfällen bestanden hat. Dies legen die Textstellen nahe, die eine Genehmigung hauptsächlich bei nachträglichen Veränderungen an der einmal geschaffenen Grabanlage thematisieren. Denn es befassen sich überhaupt nur zwei Digestenstellen mit dem Erfordernis von Erlaubnis und

---

173 Vgl. oben zu den *res sacrae*.

174 Anderer Auffassung ist *Karlowa*, S. 1040, der bereits den Akt der Dedikation ausreichen lässt, weil mit dieser das privatrechtliche Eigentum der Person an dem Grundstück aufgehoben werde. Die Auffassung von *Karlowa* beruht dabei insgesamt sowohl auf einem anderen Verständnis von Dedikation und Konsekration und auch auf einem anderen Verständnis von *locus religiosus* und *sepulcrum* als dem hier dargestellten.

175 So u.a. *Wissowa*, S. 479 und ihm folgend *Düll*, Studien 2, 168.

176 *Merkel*, S. 94; *de Visscher*, S. 121 f.

177 *Kaser*, SZ (RA) 95 (1978), S. 26.

Genehmigung.[178] Als Belege können für den Fall von Änderungs- und Ausbesserungsarbeiten an einer Grabstätte die Digestenstelle D. 11,8,5 pr.-1 und für den Fall der Umbettung die Stelle D. 11,7,8 pr. dienen.[179]

> *D. 11,8,5 pr-1: Ulpianus libro primo opiniorum:*
> *Si in eo monumento, quod imperfectum esse dicitur, reliquiae hominis conditae sunt, nihil impedit quominus id perficiatur.*
> *Sed si religiosus locus iam factus sit, pontifices explorare debent, quatenus salva religione desiderio reficiendi operis mendendum sit.*

> *D. 11,7,8 pr. Ulpianus libro vicensimo quinto ad edictum:*
> *Ossa quae ab alio illata sunt vel corpus an liceat domino loci effodere vel eruere sine decreto pontificum seu iussu principis, quaestionis est: et ait Labeo exspectandum vel permissum pontificale seu iussionem principis, alioquin iniuriarum fore actionem adversus eum qui eiecit.*

Aus D. 11,8,5 pr. und D. 11,7,8 pr. folgt zugleich, dass nicht nur die Pontifices, als Wächter des göttlichen Rechts, für die Erteilung der Erlaubnis zuständig waren, sondern auch Genehmigungen durch den Kaiser möglich waren.[180] Aus Plinius, Epistulae 10,68 und 69 ist weiterhin bekannt, dass die Erlaubnis auch durch die Statthalter erfolgen konnte:

> *Plinius Ep. 10,68: C. Plinius Traiano Imperatori:*
> *Petentibus quibusdam, ut sibi reliquias suorum aut propter iniuriam vetustatis aut propter fluminis incursum aliaque his similia quocumque secundum exemplum proconsulum transferre permitterem, quia sciebam in urbe nostra ex eius modi causa collegium pontificum adiri solere, te, domine, maximum pontificem consulendum putavi, quid observare me velis.*

> *Plinius, Ep. 10,69: Traianus Plinio:*
> *Durum est iniungere necessitatem provincialibus pontificum adeundorum, si reliquias suorum propter aliquas iustas causas transferre ex loco in alium locum velint. Sequenda ergo potius tibi exempla sunt eorum, qui isti provinciae praefuerunt, et ut causa cuique, ita aut permittendum aut negandum.*

Plinius berichtet in seinem Brief Kaiser Trajan, er werde von den Provinzbewohnern gebeten, notwendige Umbettungsarbeiten zu erlauben. Als Beispielsfälle führt er auf, dass Gräber auf Grund ihres Alters oder wegen Überschwemmungen

---

178 Weitere Belege geben Grabinschriften, vgl. Nachweise bei *Kaser*, SZ (RA) 95 (1978), S. 27 Fn. 45, 46, 47 und 48.

179 Zu beachten ist insbesondere D. 11,8,5,1 (fehlerhafter Verweis von *Kaser*, SZ (RA) 95 (1978), S. 27 Fn. 45 und 48, auf D. 11,8,5 pr.).

180 Zum Fall der Umbettung vergleiche im Übrigen noch die unten thematisierte Problematik, ob überhaupt ein *locus religiosus* entsteht bzw. entstanden ist.

eines Flusses beschädigt worden sind. Er ist sich aber nicht sicher, ob er diese Erlaubnis erteilen kann. Er beruft sich auf den Grundsatz, dass in Rom die Pontifices zu befragen seien. Er erhält jedoch die pragmatische Antwort, er solle wie seine Vorgänger je nach Sachlage die Erlaubnis selbst erteilen oder verweigern.

Die Plinius-Stellen handeln im Übrigen nur von der Umbettung. Ebenso wie die von *Kaser* im Zusammenhang mit der Erlaubnis für Ausbesserungsarbeiten angeführte Digestenstelle D. 47,12,7[181] trifft sie keine Aussage über das Erfordernis oder die Möglichkeit einer Erlaubnis durch die Pontifices. Aus der Stelle D. 47,12,7 geht aber hervor, dass die Veränderung eines Grabes im Nachhinein grundsätzlich verboten ist und wiederholt die in D. 11,8,5,1 erwähnte Möglichkeit der Ausbesserung.

Mit der Bestattung wird der *locus profanus* zu einem *locus religiosus*, sofern auch die übrigen Voraussetzungen vorliegen. In diesem Zusammenhang ist die Digestenstelle D. 11,8,5 pr. -1 auch ein Hinweis auf die Entbehrlichkeit einer pontifikalen Erlaubnis zur Graberrichtung.

Der Unterschied zwischen den aufeinander folgenden Fragmenten D. 11,8,5 pr.-1 besteht darin, dass im ersten Fall das Grabmal noch nicht fertiggestellt worden ist (*quod imperfectum esse dicitur*), während es im zweiten Fall um die Instandsetzung (*reficiendi operis*), also eine Erneuerung eines bereits einmal vollendeten Grabmals geht.

Aus dem Zusammenhang von D. 11,8,5 pr. und D. 11,8,5,1 muss gefolgert werden, dass eine Grabstätte nicht bereits mit der Bestattung eines Menschen religiös wird. Denn sofern mit der Bestattung aus dem Ort ein religiöser wird, scheint immer D. 11,8,5,1 anwendbar zu sein. Der Fall, dass der Ort trotz Bestattung des Menschen offenbar nicht religiös geworden ist, wird gegen diese Annahme hingegen in D. 11,8,5 pr. behandelt.

Für den Fall der Fertigstellung ist daher keine Erlaubnis erforderlich. Der Grund dafür kann nur sein, dass der Ort erst mit der vollständigen Errichtung der Grabstätte religiös wird. Die Bestattung des Menschen muss also die anschließende Errichtung von Bauwerken, die Teil des *locus religiosus* werden, mit umfassen.

Indem das Grab durch Gründung aber sakralrechtliches Eigentum der Manen wird, sind die Pontifices für den Schutz der Gräber und die Rechtsprechung zuständig. Denn in ihre Zuständigkeit fällt das Sakralrecht. Die Pontifices haben

---

181 *D. 47,12,7 Marcianus libro tertio institutionum: Sepulchri deteriorem condicionem fieri prohibitum est: sed corruptum et lapsum monumentum corporibus non contactis licet reficere.*

zumindest auch bei schweren Verletzungen des Grabes und schwerwiegenden Störungen der den Göttern geweihten Stätten eingegriffen.[182]

c) *Die rechtmäßige Bestattung (nach Gai. Inst. 2,6)*

Wie bereits oben angedeutet, hat sich der rechtliche Zustand des Ortes, an dem ein Grab gegründet worden ist, noch nicht allein durch die Gründung verändert.

Der Kauf oder sonstige rechtsgeschäftliche Handlungen in Bezug auf ein solches Grundstück, auf dem sich ein unbelegtes Grab befand, war also uneingeschränkt wirksam und möglich, sofern die Grabinschriften nicht Veräußerungsverbote enthielten. Für die Umwandlung eines Stückes Boden in eine *res religiosa* waren die bereits oben genannten vier Voraussetzungen zu erfüllen.

aa) Die Bestattung des Leichnams einer Person

Ein religiöser Ort entsteht also durch die Bestattung eines Toten. Wie Düll zutreffend bemerkt[183], wird auch in den nichtjuristischen Quellen das Erfordernis der tatsächlichen Bestattung erwähnt.[184] Ob ein freier Mensch oder ein Sklave der Verstorbene ist, ist dafür offenbar nicht von Belang. Auch das Begräbnis eines toten Sklaven führt dazu, dass der Ort ein religiöser wird. Zumindest erklärt Ulpian in Fragment D. 11,7,2 pr., dass es nach Ansicht von Aristo nicht auf die Unterscheidung zwischen freiem Menschen und Sklaven ankomme.[185]

bb) Die Berechtigung zur Bestattung

Hinsichtlich der Befugnis zum Bestatten gilt, dass es nach D. 1,8,6,4 und ebenso nach Inst. Iust. 2,1,9 grundsätzlich nur dort erfolgen darf, wo der Eigentümer des Grundstücks mit der Bestattung einverstanden ist. Dies ist im einfachsten Fall – so wie Gaius es darstellt[186] – der Eigentümer, der auf seinem eigenen Grundstück bestattet. Daneben gibt es aber auf Grund der verschiedenen Formen der Gräber und Bestattungsweisen auch kompliziertere Konstellationen. So waren zum einen etwa solche denkbar, in denen mehrere Personen (Mit-) Eigentümer des bisherigen *locus purus* oder des bereits zum Teil belegten Begräbnisplatzes waren.

---

182 So plausibel bereits *Kaser*, SZ (RA) 95 (1978), S. 26 ff.

183 *Düll*, S. 195.

184 Vgl. etwa Cic., De leg. 2,22,57 und im Unterschied dazu die Behandlung des nur vorübergehend belegten Grabes in D. 11,7,40 (siehe unten).

185 *D. 11,7,2 pr. Ulpianus libro vicensimo quinto ad edictum: Locum in quo servus sepultus est religiosum esse Aristo ait.*

186 Vgl. oben, Gai. Inst. 2,6.

Weiterhin gab es solche, wo an dem Begräbnisplatz neben dem Eigentümer andere Personen ein beschränktes dingliches Recht innehatten, sodass sich die Frage stellte, ob und inwiefern mehrere Personen zur Bestattung in einer Grabstätte berechtigt waren.

Zwei zentrale Digestenstellen zur Mitberechtigung mehrerer Personen sind zunächst die Fragmente D. 11,7,41 und D. 11,7,43:

> *D. 11,7,41 Callistratus libro secundo institutionum:*
> *Si plures sint domini eius loci, ubi mortuus infertur, omnes consentire debent, cum extranei inferantur: nam ex ipsis dominis quemlibet recte ibi sepeliri constat etiam sine ceterorum consensu, maxime cum alius non sit locus in quo sepeliretur.*

> *D. 11,7,43 Papinianus libro octavo quaestionum:*
> *Sunt personae, quae, quamquam religiosum locum facere non possunt, interdicto tamen de mortuo inferendo utiliter agunt, ut puta dominus proprietatis, si in fundum, cuius fructus alienus est, mortuum inferat aut inferre velit: nam si intulerit, non faciet iustum sepulchrum, sed si prohibeatur, utiliter interdicto, qui de iure dominii quaeritur, aget. Eademque sunt in socio, qui in fundum communem invito socio mortuum inferre vult. Nam propter publicam utilitatem, ne insepulta cadavera iacerent, strictam rationem insuper habemus, quae nonnumquam in ambiguis religionum quaestionibus omitti solent: Nam summam esse rationem, quae pro religione facit.*

Aus diesen beiden Fragmenten folgt, dass grundsätzlich alle Miteigentümer zustimmen müssen, damit ein *locus religiosus* entstehen kann. Dieser Grundsatz wird jedoch durch Papinians Rechtsauffassung in D. 11,7,43 insofern relativiert, als der die Bestattung durchführende Miteigentümer gegen andere (unwillige) Miteigentümer mithilfe des Interdiktenschutzes eine Bestattung erzwingen kann. Auch wenn aus D. 11,7,43 nicht zu entnehmen ist, dass der Ort ein religiöser wird, wenn eine Bestattung mit Hilfe des im Text erwähnten Interdiktes vollzogen wird, ist doch anzunehmen, dass das Interdikt eine entsprechende Wirkung entfaltet.[187]

Hinsichtlich der Zustimmungsbedürftigkeit von mehreren Berechtigten am Grundstück gilt nach D. 11,7,43 Gleiches für den Fall, dass jemand einen Nießbrauch an dem vom Eigentümer zur Bestattung vorgesehenen Grundstück hat. Ohne Zustimmung des Ususfructuars ist keine Umwandlung in einen *locus religiosus* möglich.[188] In D. 11,7,2,7 wird die Situation beim Bestehen eines Nießbrauchsrechts am Grundstück von Ulpian in den zwei denkbaren Konstellationen thematisiert:

---

187 Dazu *Karlowa*, S. 1051.

188 Es sei denn, das im Digestentext erwähnte Interdikt vermag diesen Mangel zu beheben (s.o.).

D. 11,7,2,7 Ulpianus libro vicensimo quinto ad edictum:
Si usum fructum quis habeat, religiosum locum non facit. Sed et si alius proprietatem, alius usum fructum habuit, non faciet locum religiosum nec proprietarius, nisi forte ipsum qui usum fructum legaverit intulerit, cum in alium locum inferri tam oportune non posset: et ita Iulianus scribit. Alias autem invito fructuario locus religiosus non fiet: sed si consentiat fructuarius, magis est ut locus religiosus fiat.

Zuerst behandelt Ulpian die im Verhältnis zu D. 11,7,43 umgekehrte Situation: Wenn jemand einen Nießbrauch hat, ist er deshalb nicht berechtigt, einen *locus religiosus* durch Bestattung herzustellen. Diese Aussage ist aufgrund der verschiedenen Texte, die ein Eigentum an dem Grundstück erfordern, verständlich und stimmt mit diesen überein. Im Anschluss folgt Ulpians Rechtsauffassung zu der mit D. 11,7,43 identischen Situation. Sie unterscheidet sich grundsätzlich nicht von Papinians Sichtweise: Der Eigentümer soll das Recht des Nießbrauchers prinzipiell nicht durch die Bestattung beinträchtigen dürfen.[189]

Mit der Belastung des Grundstücks durch einen Nießbrauch vergleichbar sind die Konstellationen, in denen das Grabgrundstück mit einer Dienstbarkeit belastet ist oder ein Pfandrecht an ihm besteht. Damit beschäftigen sich D. 11,7,2,8 und D. 11,7,2,9:

D. 11,7,2,8 Ulpianus libro vicensimo quinto ad edictum:
Locum qui servit nemo religiosum facit, nisi consentiat is cui servitus debetur. Sed si non minus commode per alium locum servitute uti potest, non videtur servitutis impediendae causa id fieri, et ideo religiosus fit: et sane habet hoc rationem.

D. 11,7,2,9 Ulpianus libro vicensimo quinto ad edictum:
Is qui pignori dedit agrum si in eum suorum mortuum intulerit, religiosum eum facit: sed et si ipse inferatur, idem est: ceterum alii concedere non potest.

Nach D. 11,7,2,8 kann grundsätzlich niemand als Eigentümer eines dienenden Grundstücks dieses zu einem religiösen machen, wenn nicht der Inhaber der Dienstbarkeit zustimmt. Allerdings schränkt Ulpian diese Ausage wiederum ein, indem er das Grundstück zu einem *locus religiosus* werden lässt, wenn

189 Als Ausnahme wird von Ulpian unter Bezugnahme auf die Rechtsauffassung von Julian eine Bestattung des den Nießbrauch Vermachenden erlaubt. Bei der Begründung dieser Ausnahme folgt Ulpian – wie es auch Papian in D. 11,7,43 zum Ausdruck bringt – nicht der reinen Rechtslogik (*strictam rationem*, vgl. D. 11,7,43), sondern religiösen Überlegungen (*cum in alium locum inferri tam oportune non posset*, vgl. D. 11,7,2,7). Allerdings erklärt damit Ulpian nur, dass eine solche Bestattung aus religiösen Gesichtspunkten dort möglich sein muss, wenn sonst anderenorts keine akzeptable Lösung möglich ist.

der durch die Dienstbarkeit Berechtigte dieselbe an anderer Stelle ebensogut ausüben kann.

Nach D. 11,7,2,9 kann der Eigentümer eines Grundstücks, an dem ein Pfandrecht besteht, ohne die Zustimmung des Pfandrechtsinhabers seine Angehörigen bestatten und selbst dort bestattet werden, während er andere Personen nicht eigenmächtig bestatten darf. In diesen beiden Texten Ulpians kommt damit erneut eine sowohl praktische als auch religiöse Sichtweise zum Ausdruck. Entgegen dem strikten Prinzip, dass der Eigentümer nur entweder dann bestatten darf, wenn das Grundstück frei von Belastungen ist oder eine Zustimmung des (dinglich) Berechtigten vorliegt, ist in den vorgenannten Fällen eine Bestattung möglich.

Ein weiterer Sonderfall, in dem es allerdings nicht um eine dingliche Berechtigung eines Dritten an dem Grabgründstück geht, wird in D. 11,7,4 von Ulpian behandelt:

> *D. 11,7,4 Ulpianus libro vicensimo quinto ad edictum:*
> *Scriptus heres prius quam hereditatem adeat patrem familias mortuum inferendo locum facit religiosum, nec quis putet hoc ipso pro herede eum gerere: finge enim adhuc eum deliberare de adeunda hereditate. Ego, etiamsi non heres eum intulerit, sed quivis alius herede vel cessante vel absente vel verente, ne pro herede gerere videatur, tamen locum religiosum facere puto: plerumque enim defuncti ante sepeliuntur, quam quis heres eis existet. Sed tunc locus fit religiosus, cum defuncti fuit: naturaliter enim videtur ad mortuum pertinere locus in quem infertur, praesertim si in eum locum inferatur, in quem ipse destinavit: usque adeo, ut, etiamsi in legatum locum sit illatus ab herede, inlatione tamen testatoris fit religiosus, si modo in alium locum tam oportune inferri non potuit.*

Ulpian thematisiert das Problem der Bestattung eines Erblassers durch den Erben, der die Erbschaft noch nicht angetreten hat. Der Erbe soll durch die Bestattung den Ort zu einem *locus religiosus* machen können. Gleiches soll auch für einen Dritten, der nicht Erbe ist, gelten. Die Voraussetzung sei nur, dass der Erblasser Eigentümer des Grabortes gewesen ist. Diese Rechtsauffassung ist erneut an praktischen und religiösen Kriterien ausgerichtet. Die Bestimmung des letzten Satzes von D. 11,7,4 ist mit den teilweise identischen, teilweise ähnlichen Gedanken in D. 11,7,2,7, D. 11,7,41 und D. 11,7,43 vergleichbar, insbesondere die Formulierung des letzten Halbsatzes im Vergleich mit dem letzten Satz Callistrats in D. 11,7,41 (*maxime cum alius non sit locus in quo sepeliretur*) und mit dem zweiten Satz Ulpians in D. 11,7,2,7 (*cum in alium locum inferri tam oportune non posset*).

Den hier wiedergegebenen Digestenstellen ist damit gemeinsam, dass sie im Bezug auf die mögliche Recht- bzw. Unrechtmäßigkeit auf praktische Erwägungen abstellen. Dabei werden zwei Aspekte in den Vordergrund gerückt.

Zum einen ist wichtig gewesen, dass der Totenkult und die dafür erforderlichen Voraussetzungen möglichst gewahrt wurden. Zum anderen folgt aus den Stellen, dass aus Gründen der Praktikabilität eine unrechtmäßige Bestattung auch noch nachträglich rechtmäßig werden konnte.[190] Wie insbesondere bereits aus D. 11,7,41, D. 11,7,2,7 und D. 11,7,2,8 zu entnehmen ist, war es durch einen Konsens zwischen Eigentümer und (dinglich) Berechtigtem möglich, einen Ort zu einem religiösen zu machen. Ebenso wird die Möglichkeit der Konsenslösung auch von Paulus in D. 11,7,3 bejaht.[191]

Nach Ansicht von *Taubenschlag* wird zumindest in Bezug auf die beiden Stellen D. 11,7,41 und D. 11,7,43 ein christlicher Einfluss sichtbar.[192] Er meint, dass der klassische Text vermutlich einer strikteren Rechtsanschauung als der vorliegenden Fassung gefolgt sei. So soll es ursprünglich keine Möglichkeit für die Umwandlung in einen religiösen Ort gegeben haben, wenn die Zustimmung der Miteigentümer zur Bestattung fehlte. Erst die gesteigerte Religiosität des Christentums habe im Zweifel die Religiosität des Ortes befürwortet, wie es in D. 11,7,43 im letzten Halbsatz zum Ausdruck komme: Der Grabesfrieden des Leichnams ist zu gewährleisten, indem der Ort im Zweifel zu einem religiösen wird.[193]

Mit dieser Sichtweise ist allerdings schwer zu vereinbaren, dass nicht nur in D. 11,7,41 und D. 11,7,43 sondern in allen zuletzt behandelten Digestenstellen und nicht nur in denen von Ulpian, sondern auch in denen von Callistrat und Papian die Gesichtspunkte der Verwandtschaft, der Religiosität des Ortes und der Praktikabilität (wegen des Erfordernisses eines Begräbnisplatzes) eine Rolle gespielt haben. Die drei soeben aufgezählten Gesichtspunkte hängen aber miteinander zusammen.

Hinsichtlich der Mitberechtigung mehrerer Miteigentümer ist allerdings zwischen zwei Situationen zu differenzieren.[194] Bei einem Begräbnisplatz, der nicht nur ein Grab enthält, steht jedem Miteigentümer das Recht zur Bestattung jeweils für sich allein zu. Die übrigen Miteigentümer können die Umwandlung des *locus purus* in den Status einer *res extra commercium* nicht verhindern.[195]

---

190 Vgl. dazu *Karlowa*, S. 1051.

191 *D. 11,7,3 Paulus libro vicensimo septimo ad edictum: Ex consensu tamen omnium utilius est dicere religiosum posse fieri, idque Pomponius scribit.*

192 Vgl. *Taubenschlag*, S. 426 f.

193 So *Taubenschlag*, S. 426.

194 So bereits *Drosdowski*, S. 76.

195 *Drosdowski*, S. 76.

Dies folgt zunächst aus dem bereits bekannten Text D. 1,8,6,4[196] bzw. inhaltsgleich aus Inst. Iust. 2,1,9: Im zweiten Satz der Digestenstelle erklärt Marcian, dass jeder einen *locus religiosus* immer dann alleine schaffen kann, wenn es sich um eine gemeinschaftliche Grabanlage handelt.[197] Gleicher Rechtsauffassung wie Marcian ist auch Ulpian in D. 10,3,6,6:

> *D. 10,3,6,6 Ulpian libro nono decimo ad edictum:*
> *Si quis in communem locum mortuum intulerit, an religiosum fecerit videndum. Et sane ius quidem inferendi in sepulchrum unicuique in solidum competit, locum autem purum alter non potest facere religiosum. Trebatius autem et Labeo quamquam putant non esse locum religiosum factum, tamen putant in factum agendum.*

Ulpian thematisiert das Problem im Zusammenhang mit der Frage, ob einem Miteigentümer gegen den anderen die Klage auf Teilung der Gemeinschaft (*actio communi dividundo*) zusteht, wenn dieser ohne Zustimmung des oder der anderen bestattet. Dies ist davon abhängig, ob durch die eigenmächtige Bestattung des Einzelnen ein *locus religiosus* entstanden ist oder weiterhin ein *locus purus* geblieben ist. Nur im letzteren Fall wäre die Klage möglich.[198] Auch er meint, ob jemand durch Bestattung an einem gemeinschaftlichen Ort einen *locus religiosus*

---

196 *D. 1,8,6,4 Marcianus libro tertio institutionum: Religiosum autem locum unusquisque sua voluntate facit, dum mortuum infert in locum suum. in commune autem sepulchrum etiam invitis ceteris licet inferre. sed et in alienum locum concedente domino licet inferre: et licet postea ratum habuerit quam illatus est mortuus, religiosus locus fit.*

197 Vgl. D. 1,8,6,4 (*in commune autem sepulchrum etiam invitis ceteris licet inferre*). Dass die Grabstätte bereits zum Teil genutzt wird, folgt wohl schon aus der Wortwahl Marcians, der von „*sepulchrum*" spricht, was notwendig bereits eine Bestattung voraussetzt.

198 So Modestin in *D. 10,2,30 Modestinus libro sexto responsorum: Fundus mihi communis est pupillae coherendi: in eo fundo reliquiae sunt conditae, quibus religio ab utriusque patribus debebatur, nam parentes quoque eiusdem pupillae ibi sepulti sunt: sed tutores distrahere fundum volunt: ego non consentio, sed portionem meam possidere malo, cum universitatem emere non possim et velim pro meo arbitrio exsequi ius religionis. Quaero, an recte arbitrum communi dividundo ad hunc fundum partiendum petam an etiam is arbiter, qui familiae erciscundae datur, isdem partibus fungi possit, ut corporibus hereditariis pro iure cuique nobis partiatur. Herennius Modestinus respondit nihil proponi, cur familiae erciscundae iudicio addictus arbiter officium suum etiam in eius fundi de quo agitur divisionem interponere non possit: sed religiosa loca in iudicium non deduci eorumque ius singulis heredibus in solidum competere.* Dazu *Drosdowski*, S. 76.

geschaffen hat, hänge davon ab, ob der Ort bereits vorher Teil einer bereits genutzten Begräbnisstätte gewesen ist oder vorher *locus purus* war. Nur im ersten Fall entsteht ein *locus religiosus*, im zweiten dagegen nicht. Beim *locus purus* bleibt es damit bei dem aus D. 11,7,41 bekannten Erfordernis, dass ein Konsens aller Miteigentümer erforderlich ist.[199]

Eine unbefugte Bestattung macht den Begräbnisort nicht zum *locus religiosus*.[200] Falls ein Unberechtigter einen Leichnam bestattete, war es aber in der Regel möglich, den *locus purus* durch die Zustimmung des (oder der weiteren) Berechtigten noch in einen *locus religiosus* umzuwandeln. Dies folgt aus den bereits genannten Digestenstellen, die die Berechtigung des Bestattenden thematisieren: D. 11,7,41, D. 11,7,2,7, D. 11,7,2,8 und D. 11,7,3.

Darüber hinaus bestand offenbar auch im Falle fehlender Einigkeit unter den Miteigentümern die Möglichkeit, das Entstehen eines *locus religiosus* zu erzwingen: Dies wurde bereits anhand von D. 11,7,43 deutlich, in dem dem Bestattenden unter dem Gesichtspunkt des öffentlichen Interesses unter bestimmten Voraussetzungen wohl Interdiktenschutz gewährt wurde. Die Ersetzung der Zustimmung der Miteigentümer konnte aber auch auf andere Weise erfolgen: In den Digesten wird die Konstellation des auf einem im gemeinschaftlichen Eigentum stehenden *locus purus* bestattenden Miteigentümers durch die römischen Juristen Pomponius, Ulpian, Trebaz und Labeo auf unterschiedliche Weise gelöst.

Ausgehend von dem für alle gleichermaßen bestehenden Problem, dass der in seinem Miteigentumsrecht verletzte Miteigentümer den bestatteten Leichnam nicht einfach ohne Zustimmung der Pontifices[201] oder in den Provinzen ohne Zustimmung des Statthalters[202] wieder exhumieren durfte,[203] haben die Juristen dem verletzten Eigentümer drei unterschiedliche Rechtsbehelfe zur Klage gegen den verletzenden Miteigentümer gewährt: So hat Pomponius nach D. 17,2,39[204] die

---

199 Vgl. *Karlowa*, S. 1051 f.

200 Vgl. *Drosdowski*, S. 76.

201 Vgl. D. 11,7,44; dazu *Karlowa*, S. 1046 und noch im Folgenden unten.

202 Vgl. *Karlowa*, S. 1046 unter Verweis auf C. 3,44,1 und Plinius, Ep. 10,68, ihm folgend *Drosdowski*, S. 76; ähnlich *Gröschler*, S. 129 mit Fn. 44, der ebenso zutreffend auf D. 11,7,8 pr. (Ulpian) verweist: „*Ossa quae ab alio illata sunt vel corpus an liceat domino loci effodere vel eruere sine decreto pontificium seu iussu principis, quaestio est…*"

203 Vgl. *Gröschler*, S. 129; *Drosdowski*, S. 76.

204 *D. 17,2,39 Pomponius libro tertio decimo ad Sabinum: Si fundus mihi tecum communis sit et in eum mortuum intuleris, agam tecum pro socio.*

Gesellschaftsklage (*actio pro socio*) zugesprochen, während Ulpian in D. 10,3,6,6 am Ende die Rechtsauffassung von Trebaz und Labeo wiedergibt, wonach diese eine *actio in factum* angenommen haben.[205] Demgegenüber hat Ulpian zuletzt an anderer Stelle davon abweichend der *actio familiae erciscundae* bzw. der *actio communi dividundo* den Vorzug gegeben.[206]

In der Literatur wird mehrheitlich vertreten, dass dem Miteigentümer ein Wahlrecht zwischen diesen drei Rechtsbehelfen zustand und diese nebeneinander zur Verfügung standen.[207] Denn die *actio in factum* verfolgte ein anderes Rechtsziel als die *actio pro socio* und die *actio communi dividundo*: Anders als die *actio in factum* führten die Teilungsklage und die Gesellschaftsklage immer notwendig zur Aufhebung des Miteigentums bzw. zur Auflösung der Gesellschaft.[208] Demgegenüber gab die *actio in factum* einen Schadensersatzanspruch ohne Auflösung der Gesellschaft.[209]

Es wird daher angenommen, dass der Geschädigte sich diejenige *actio* aussuchen konnte, die ihm am interessengerechtesten erschien, je nachdem, ob er die Gemeinschaft beenden oder fortführen wollte.[210]

---

205 *D. 10,3,6,6 Ulpianus libro nono decimo ad edictum: (...) Trebatius autem et Labeo quamquam putant non esse locum religiosum factum, tamen putant in factum agendum.* Zur Textkritik bzgl. des Satzteils *„quamquam ... tamen"* vgl. *Gröschler*, S. 132 f.

206 *D. 11,7,2,1 Ulpianus libro vicensimo quinto ad edictum: Qui mortuum in locum alienum intulit vel inferre curavit, tenebitur in factum actione. „in locum alterius" accipere debemus sive in agro sive in aedificio. Sed hic sermo domino dat actionem, non bonae fidei possessori: nam cum dicat „in locum alterius", apparet de domino eum sentire, id est eo cuius locus est. Sed et fructuarius inferendo tenebitur domino proprietatis. An et socius teneantur, si ignorante socio intulerit, tractari potest: est tamen verius familiae erciscundae vel communi dividundo conveniri eum posse.*

207 So *Drosdowski*, S. 77 f.

208 *Drosdowski*, S. 77 f.

209 Zum Inhalt und zur Rechtsfolge der *actio in factum* vgl. *D. 11,7,7 pr. Gaius libro nono decimo ad edictum: (...) aut tollere id quod intulit aut loci pretium praestare cogitur per in factum actionem (...).* Auch insoweit besteht in der Literatur Uneinigkeit, ob die Klage alternativ auf den Geldwert der Exhumierung oder den Geldwert des Grabplatzes gerichtet war oder insoweit ein Stufenverhältnis bestand, demzufolge der Geldwert des Grabplatzes nur hilfsweise eingeklagt werden konnte. Für Alternativverhältnis *Drosdowski*, S. 77, dagegen etwa *Karlowa*, S. 1052; ihm folgend *Gröschler*, S. 131 mit Fn. 54 und 55.

210 So *Watson*, S. 6, ihm folgend *Drosdowski*, S. 77 f.; anders *Scialoja*, S. 462, der einen zeitlichen Entwicklungsprozess annimmt: zunächst *actio in factum*, später Teilungs- oder Gesellschaftsklage.

Ob hier wirklich eine solche Auswahlmöglichkeit bestand, bedarf keiner Entscheidung.[211] Rechtsfolge der jeweils gewählten Klagemöglichkeit war jedenfalls, dass der *locus purus* nachträglich noch zum *locus religiosus* wurde. Die fehlende Zustimmung des Miteigentümers wurde insoweit durch das Klageverfahren ersetzt: Im Falle der Teilungsklage wurde dem unrechtmäßig bestattenden Miteigentümer durch den Teilungsrichter das Alleineigentum an dem *locus purus* zugesprochen, sodass das Erfordernis der Zustimmung des anderen Eigentümers wegfiel und der Begräbnisplatz zum *locus religiosus* wurde.[212] Aber auch bei der *actio in factum* wurde der Platz nach erfolgter Schadensersatzzahlung zum *locus religiosus*.[213]

Die unterschiedlichen Grabanlagen waren darüber hinaus teilweise so konzipiert, dass nicht nur eine Person, sondern auch die Familienangehörigen oder andere Personen noch in derselben Grabstätte nach der ersten Bestattung beigesetzt werden konnten. Daneben existierten auch die bereits erwähnten Urnengräber (*ollaria*) als Bestattungsmöglichkeiten, für die auch eine Regelung der Bestattungsberechtigung erforderlich war.

Bei der Bestattung einer Person auf einem Grundstück, an dem der Bestattende nur bedingtes Eigentum zum Zeitpunkt der Bestattung hatte, entstand dagegen kein *locus religiosus*.[214]

> *D. 11,7,34 Paulus libro sexagensimo quarto ad edictum:*
> *Si locus sub condicione legatus sit, interim heres inferendo mortuum non facit locum religiosum.*

Nach der Rechtsauffassung von Paulus in D. 11,7,34 wird ein Grundstück, das unter einer Bedingung (einem Dritten) vermacht worden ist, nicht zu einem *locus religiosus*, wenn der Erbe vor Bedingungseintritt das Begräbnis vornimmt. Diese Rechtsauffasssung steht nicht notwendig im Widerspruch zu der Ulpians in D. 11,7,4, in der ein Erbe vor Antritt der Erbschaft mit der Bestattung des Erblassers auf einem vermachten Grundstück dasselbe zu einem *locus religiosus*

---

211 Dagegen *Gröschler*, S. 133 f., der der Auffassung ist, dass Ulpian in D. 11,7,2,1 eine allgemein gültige Lösung für die zuvor in D. 10,3,6,6 angeführte Kontroverse um Trebaz und Labeo über den statthaften Rechtsbehelf gegeben habe. *Gröschler* macht dies am Wortlaut in D. 11,7,2,1 fest: „(...) *est tamen verius (...)*". Allerdings lässt sich aus dem gesamten Schlusssatz in D. 11,7,2,1 nicht ableiten, ob diese Auffassung zutreffend ist, denn Ulpian stellt dort fest, dass diese Lösung dem Kläger konveniert. Die *actio communi dividundo* muss aber nicht allgemein der Interessenlage des Klägers am besten entsprochen haben.

212 So *Drosdowski*, S. 78.

213 *Karlowa*, S. 1052; ihm folgend *Drosdowski*, S. 78 mit Fn. 89.

214 Vgl. dazu *Düll*, S. 195.

macht. Auf den ersten Blick scheint es zwar, dass Ulpian einen *locus religiosus* trotz bestehenden, unbedingten Legats als entstanden ansieht, während Paulus die Begründung eines *locus religiosus* schon bei einem bedingten Legat verneint.[215] Aber entscheidend in Ulpians Äußerung ist der letzte Halbsatz des Fragments D. 11,7,4: *etiamsi in legatum locum sit illatus ab herede, inlatione tamen testatoris fit religiosus, si modo in alium locum tam oportune inferri non potuit.* Seine Rechtsauffassung ist auf einen Fall bezogen, in dem ein anderer Begräbnisort für den Erblasser nicht besteht und damit zwei der drei oben entwickelten Gesichtspunkte die ausschlaggebenden sind: das Erfordernis eines Grabplatzes (1) für ein Familienmitglied (in diesem Fall den Eigentümer selbst) (2) und die gesteigerte Religiösität dieses Ortes zumindest nach erfolgter Beerdigung.

d) Der Umfang des locus religiosus

In den Digesten wird als Rechtsfrage nicht nur behandelt, wann und unter welchen Voraussetzungen ein *locus religiosus* entsteht, sondern auch, welchen Umfang der *locus religiosus* hat.[216]

Nach D. 11,7,2,5 ist das *sepulchrum* der Ort, wo ein Leichnam begraben worden ist. Nach der in diesem Fragment enthaltenen Rechtsauffassung von Celsus wird aber nicht der gesamte Ort des *sepulchrum* zu einem *locus religiosus*, sondern nur der Teil, in den der Leichnam begraben worden ist:

> *D. 11,7,2,5 Ulpianus libro vicensimo quinto ad edictum:*
> *Sepulchrum est, ubi corpus ossave hominis condita sunt. Celsus autem ait: non totus, qui sepulturae destinatus est, locus religiosus fit, sed quatenus corpus humatum est.*

Im thematischen Zusammenhang mit diesem Problem meint Paulus in Fragment D. 11,7,44, dass bei mehreren unterschiedlichen Begräbnisorten eines (geteilten) Leichnams nur derjenige religiös werde, der den Kopf des Toten enthalte. Dieser sei der wichtigste Teil der Person und daher für die Bestimmung des *locus religiosus* entscheidend. Der Ort, welcher religiös wird, kann also nach den in D. 11,7,2,5 und D. 11,7,44 genannten Kriterien eindeutig bestimmt werden.[217]

---

215 Zum *locus legatus* vgl. *Düll*, S. 195. Nach *Mommsen*, SZ (RA) 16, (1895), S. 204, folgt aus D. 11,7,34 und D. 11,7,4 insbesondere auch, dass die *dii Manes* Eigentum an der Grabstätte vom Grundeigentümer kraft Vindikationslegats erhalten.

216 Dies wird insbesondere auch bei den noch unten behandelten Textstellen zur Unterscheidung der Begriffe des *monumentum* und des *sepulchrum deutlich.*

217 *Mommsen* meint im Übrigen, dass die römischen Gräber allgemein eine bestimmte rechteckige Form aufgewiesen haben, vgl. *ders.*, SZ (RA) 16, (1895), S. 204 (mit Quellennachweisen in Fn. 4 zu Ausnahmen).

Die Auffassung von Celsus in D. 11,7,2,5 zum begrenzten Umfang des *locus religiosus* wird an anderer Stelle in den Digesten wiederum relativiert. Denn weitere Abgrenzungsprobleme hinsichtlich des Umfangs des *locus religiosus* ergeben sich bei der Frage, inwieweit Bauwerke und Zubehörteile, die an ein Grab angebaut oder sonstwie angefügt worden sind, zum *locus religiosus* zu zählen sind.

Aus den Digesten geht hervor, dass der Ort, auf dem sich ein Grab befindet, selbst religiös wird. Recht allgemein bestimmt Paulus zu Beginn von D. 6,1,43, dass alle diejenigen Sachen, die mit religiösen verbunden sind, selbst religiöse Sachen sind:

> *D. 6,1,43 Paulus libro vicensimo septimo ad edictum:*
> *Quae religiosis adhaerent, religiosa sunt et idcirco nec lapides inaedificati postquam remoti sunt vindicari possunt [...].*

Die Übersetzung des Wortes *adhaerent* von *Wollschläger* in der Ausgabe von *Behrends*, *Knütel*, *Kupisch* und *Seiler* ist „verbunden sein mit".[218] Diese Übersetzung kann bezogen auf die anschließend als Beispiel erwähnten Steine nachvollzogen werden. Die Steine sind miteinander verbunden und bilden die Grabstätte. Die Nennung der Steine kann in diesem Zusammenhang als Indiz für das Erfordernis der direkten Verbindung ausgelegt werden. Zwingend ist dies aber nicht. Möglicherweise kann *adhaerent* auch in einem etwas weiteren Sinne verstanden werden. Wenn die Bedeutung des Wortes mit „zu etwas gehören" oder „mit etwas zusammenhängen" übersetzt wird, ist der Geltungsbereich der Aussage von Paulus erheblich größer, als wenn nur mit dem Grab direkt verbundene Sachen gemeint sind.[219] Der Wortlaut von D. 6,1,43 sagt nur aus, dass auf Grund der allgemeinen Regel auch Steine nicht vindiziert werden können. Diese werden in diesem Fragment nicht ausdrücklich als Auslegungshilfe für den Begriff *adhaerere* genannt.

Ein weiteres Beispiel, das für ein eher weites Verständnis von *adhaerere* spricht, ist

> *D. 47,12,2 Ulpianus libro secundo ad edictum praetoris:*
> *Si sepulchrum quis diruit, cessat Aquilia: quod vi tamen aut clam agendum erit: et ita de statua de monumento evolsa Celsus scribit. Idem quaerit, si neque adplumbata fuit neque adfixa, an pars monumenti effecta sit, an vero maneat in bonis nostris: et Celsus scribit sic esse monumenti ut ossuaria et ideo quod vi aut clam interdicto locum fore.*

---

218 Vgl. *B/K/K/S*, I, S. 572.

219 Diese drei verschiedenen Übersetzungsmöglichkeiten werden von *Heumann/Seckel* angegeben, vgl. S. 13 „*adhaerere*".

Wenn bei den Statuen für die Eigenschaft als Teil des Denkmals keine dauerhafte, feste Verbindung besteht, so gilt dies wohl auch für die anderen üblichen Gegenstände der Grabstätte. Eine feste Verbindung wie bei den in D. 6,1,43 genannten Steinen ist also nicht unbedingt erforderlich.[220]

Noch erheblich weiter wird der *locus religiosus* bei Venuleius verstanden. Zum Grab gehört nicht nur die von diesem bedeckte Erde, sondern auch ein Überbau, der in den Luftraum über dem Grab hineinragt:

> *D. 43,24,22,4 Venuleius libro secundo interdictorum:*
> *Si quis proiectum aut stillicidium in sepulchram immiserit, etiamsi ipsum monumentum non tangeret, recte cum eo agi, quod in sepulchro vi aut clam factum sit, quia sepulchri sit non solum is locus, qui recipiat humationem, sed omne etiam supra id caelum: eoque nomine etiam sepulchri violati agi posse.*

Jedoch werden die Teile eines Grundstückes, auf denen sich das Grab nicht selbst befindet, nicht religiös. Es wird aus mehreren Fragmenten sichtbar, dass bei römischen Gräberanlagen zumindest der wohlhabenden Familien als Zubehör zum Beispiel Gartenanlagen und Küchen in der Umgebung des Grabplatzes angelegt wurden. Diese waren erforderlich, um die Grabzeremonien und Kultveranstaltungen zu Ehren der Verstorbenen und der Götter überhaupt abhalten zu können. Hinweise auf diese Unterteilung von Grundstücken in einen religiösen Teil und einen nichtreligiösen Teil finden sich etwa in dem Fragment D. 18,1,22[221], das implizit aussagt, dass ein Grundstück sowohl teils aus einem *locus purus* als auch teils aus einem *locus religiosus* bestehen kann.[222]

In D. 18,1,73,1 wird von Papinian ebenfalls im Rahmen der rechtlichen Behandlung eines Kaufvertrags über eine Grabstätte mit den das Grab umgebenden Gärten und anderen Anlagen die Auffassung geteilt, dass diese Gärten und Anlagen als Gegenstand des Kaufs anzusehen sind und damit im Gegenschluss nicht zum *locus religiosus* zu zählen sind:

---

220 *Weidner*, S. 19, erklärt daher alle Kunstwerke und den gesamten Begräbnisplatz als Teil des *locus religiosus*. Das ist insofern nicht richtig, als der gesamte Begräbnisplatz auch Grundstücksteile umfassen kann, die nicht zum *locus religiosus* gezählt worden sind. Siehe sogleich Ausführungen zu D. 11,7,2,5 und C. 3,44,4,1 mit Differenzierung von *Karlowa*.

221 Zu diesem Fragment ausführlich im Kaufrecht (siehe unten).

222 *D. 18,1,22 Ulpianus libro vicensimo octavo ad Sabinum: Hanc legem venditionis ‚si quid sacri vel religiosi est, eius venit nihil' supervacuam non esse, sed ad modica loca pertinere. Ceterum si omne religiosum vel sacrum vel publicum venierit, nullam esse emptionem[.]*

D. 18,1,73,1 Papinianus libro tertio responsorum:
Intra maceriam sepulchrorum hortis vel ceteris culturis loca pura servata, si nihil venditor nominatim excepit, ad emptorem pertinent.

Die Zubehöreigenschaft der Gartenanlagen und anderer dienender Bauwerke als nichtreligiöse Orte kann weiterhin durch C. 3,44,4,1 belegt werden:

C. 3,44,4,1:
Profana tamen loca, quae circa id sunt, si semper vicinis aedificiis usui hominum destinatis cesserunt, eius sunt, cui illa, quorum partes esse visae sunt, ex divisione obtigerunt.

Karlowa vertritt daher die Auffassung, dass zwischen den Begriffen *locus religiosus* und *sepulchrum* auf Grund der bereits zitierten Fragmente unterschieden werden müsse. Der *locus religiosus* bezeichne nur denjenigen Platz, der tatsächlich *extra commercium* werde. Das *sepulchrum* könne dagegen aus einem *locus religiosus* und weiteren nichtreligiösen, nicht *extra commercium* stehenden Teilen bestehen.[223]

Die Unterscheidung zwischen der Grabanlage und den nur der Grabanlage dienenden Grundstücken hängt auch mit einem in der Literatur ebenfalls nicht einheitlichen Verständnis der Begriffe *sepulchrum* und *monumentum* zusammen. Nach *Kaser* ist der technische Begriff, der ein belegtes Grab bezeichnet, *sepulchrum*.[224] Als *monumentum* wird dagegen jedes Denkmal bezeichnet, sei es ein Grabdenkmal und sei es belegt oder nicht.[225] Verschiedene Stellen in den Digesten zeigen dabei auf, dass in dieser Frage unterschiedliche Rechtspositionen von den römischen Juristen vertreten worden sind. So definieren

D. 11,7,6,1 Ulpianus libro vicensimo quinto ad edictum:
Si adhuc monumentum purum est, poterit quis hoc et vendere et donare. si cenotaphium fit, posse hoc venire dicendum est: nec enim esse hoc religiosum divi fratres rescripserunt.

und

D. 11,7,42 Florentinus libro septimo institutionum:
Monumentum generaliter res est memoriae causa in posterum prodita: in qua si corpus vel reliquiae inferantur, fiet sepulchrum, si vero nihil eorum inferatur, erit monumentum memoriae causa factum, quod Graeci κενοτάφιον appellant.

den Begriff des *sepulchrum* im oben genannten Sinne. Aus

D. 1,8,6,5 Marcianus libro tertio institutionum:
Cenotaphium quoque magis placet locum esse religiosum, sicut testis in ea re est Vergilius.

223 *Karlowa*, S. 1043 f.
224 *Kaser*, SZ (RA) 95 (1978), S. 30 und 31, insbesondere Fn. 65.
225 So *Kaser*, SZ (RA) 95 (1978), S. 31.

folgt jedoch, dass es zumindest zu Lebzeiten Marcians, also in frühklassischer Zeit, eine andere Rechtsauffassung gab. In den Digesten wird dieser alten Sichtweise jedoch sogleich die neuere und herrschende Ansicht entgegengesetzt:

D. 1,8,7 Ulpianus libro vicensimo quinto ad edictum:
Sed divi fratres contra rescripserunt.

Ebenso definiert Ulpian auch den Begriff des *sepulchrum* in dem bereits bekannten Fragment D. 11,7,2,5 in gleicher Weise.[226] *Kaser* versucht die alte Rechtsauffassung mit der geschichtlichen Entwicklung der Glaubensvorstellungen zu erklären.[227] Die Benennung eines unbelegten Grabes als *res religiosa* bewirkt einen größeren Schutz, indem es nichtkommerziell wird. Diese Sichtweise sei durch das alte Sakralrecht beeinflusst. Das Grab soll durch die Erklärung zur *res religiosa* bereits unter dem Schutz der Manen stehen, auch bevor der Tote bestattet worden ist.[228]

Nach Auffassung von *Düll* hingegen haben die römischen Juristen nicht so strikt zwischen *sepulchrum* als *locus religiosus* und *monumentum* als *locus purus* unterschieden. Das *monumentum* könne ebenfalls Teil des *locus religiosus* sein, sofern es in unmittelbarer Beziehung zum *sepulchrum* stehe. Mit *monumentum* werde nicht nur das Leergrab, sondern auch eine Gedächtnisstätte neben dem Grab bezeichnet.[229]

Aus den bereits zitierten Texten wird zudem deutlich, dass der Gegenbegriff zum *locus religiosus* der *locus purus* ist. Dieser Gegensatz wird unter anderem in D. 11,7,2,4 aufgegriffen[230]:

D. 11,7,2,4 Ulpianus libro vicensimo quinto ad edictum:
Purus autem locus dicitur, qui neque sacer neque sanctus est neque religiosus, sed ab omnibus huiusmodi nominibus vacare videtur.

Aus diesem Fragment wird gleichzeitig ersichtlich, dass der *locus purus* nicht nur den Gegensatz zum *locus religiosus*, sondern auch den Gegensatz zu den anderen extrakommerziellen Orten, den *loci sacri* und *loci sancti*, bildet. Der Begriff *locus purus* steht nach der Aussage Ulpians in D. 11,7,2,4 allgemein für die Orte, die dem Privatrechtsverkehr offen sind.

---

226 *D. 11,7,2,5 Ulpianus libro vicensimo quinto ad edictum: sepulchrum est, ubi corpus ossave hominis condita sunt.*

227 *Kaser*, SZ (RA) 95 (1978), S. 31.

228 *Kaser*, SZ (RA) 95 (1978), S. 31.

229 *Düll*, S. 196ff. Ebenso unterscheidet *Weidner*, S. 19, nicht erkennbar zwischen *monumentum* und *sepulchrum*.

230 Ebenso differenziert z.B. D. 11,7,44, dazu sogleich.

e) *Fälle, in denen kein* locus religiosus *begründet wird*

Es gibt bestimmte Fälle, in denen ein *locus religiosus* nicht entsteht. Neben der bereits oben erörterten Konstellation von mehreren Berechtigten, die einer Bestattung zustimmen müssen, handelt es sich hierbei noch um folgende Fälle:

aa) Der locus publicus

Nach Cicero kann ein *locus religiosus* nicht auf einem *locus publicus* errichtet werden.[231]

> *Cicero, de legibus 2,23,58:*
> *Sed ut in urbe sepeliri lex vetat, sic decretum a pontificium collegio, non esse ius in loco publico fieri sepulchrum. Nostis extra portam Collinam aedem Honoris; Aram in eo loco fuisse memoriae proditum est. Ad eam cum lamina esset inventa, et in ea scriptum lamina ‚honoris', ea causa fuit, ut aedis haec dedicaretur. Sed quom multa in eo loco sepulchra fuissent, exarata sunt. Statuit enim collegium locum publicum non potuisse privata religione obligari. (…)*

Es ist verboten, in der Stadt zu bestatten. Der Einzelne kann durch Bestattung den *locus publicus* nicht religiös machen. Weiterhin besteht nach Cicero, De leg. 2,24,61, ein Verbot bezüglich der Errichtung eines neuen Grabes innerhalb von 60 Fuß Entfernung zum nächsten Haus.[232]

bb) Der Provinzialboden

Eventuell aufgrund des gleichen Rechtsgedankens wie in den vorgenannten Texten Ciceros gibt Gaius in Gai. Inst. 2,7 die Rechtsauffassung einer Mehrheit (*plerisque*) wieder, wonach der Provinzialboden nicht zum *locus religiosus* wird:

> *Gai. Inst. 2,7:*
> *Sed in provinciali solo placet plerisque locum religiosum non fieri, quia in eo solo dominium populi Romani est vel Caesaris, nos autem possessionem tantum vel usumfructum habere videmur; utique tamen, etiamsi non sit religiosus, pro religioso habetur. Item quod in provinciis non ex auctoritate populi Romani consecratum est, proprie sacrum non est, tamen pro sacro habetur.*

Die von Gaius angeführte Begründung ist, dass dieser Boden im Eigentum entweder des Staates (*populus Romanus*) oder aber im Eigentum des Kaisers stehe. Mit dem Zusatz, dass das Grab auf Provinzialboden zwar nicht religiös werde,

231 Vgl. *Watson*, S. 6 ff.; *Stambaugh*, S. 559 mit Fn. 42.

232 Dazu *Watson*, S. 9.

aber dennoch als religiös behandelt werde (*pro religioso habetur*) erfolgt freilich eine erhebliche Relativierung.[233]

cc) Der Fall der Umbettung

Weiterhin ist auch das von Paulus behandelte Problem der Umbettung des Leichnams unter diesem Aspekt zu berücksichtigen:

> *D. 11,7,40 Paulus libro tertio quaestionum:*
> *Si quis enim eo animo corpus intulerit, quod cogitaret inde alio postea transferre magisque temporis gratia deponere, quam quod ibi sepeliret mortuum et quasi aeterna sede dare destinaverit, manebit locus profanus.*

Nach Paulus bleibt der Ort, an dem ein Leichnam begraben wird, *locus profanus*, wenn von Beginn an der Wille besteht, dass diese Bestattung nicht dauerhaft, sondern nur vorübergehend sein soll. Von dem Fall des bereits bei dem Begräbnis des Leichnams vorhandenen Willens zur Umbettung ist der der nachträglichen Umbettung zu unterscheiden, wie er von Paulus in D. 11,7,44 behandelt wird:

> *D. 11,7,44 Paulus libro tertio quaestionum:*
> *Cum in diversis locis sepulchrum est, uterque quidem locus religiosus non fit, quia una sepultura plura sepulchra efficere non potest: mihi autem videtur illum religiosum esse, ubi quod est principale conditum est, id est caput, cuius imago fit, inde cognoscimur. cum autem impetratur, ut reliquiae transferantur, desinit locus religiosus esse.*

Der Fall der Umbettung ist somit in zwei verschiedenen Varianten denkbar. Entweder es ist von vornherein bestimmt, dass der Leichnam an dem zunächst auserwählten Ort nicht dauerhaft bleiben soll (so D. 11,7,40) oder aber es wird eine Erlaubnis für die Umbettung eingeholt, obwohl der Wille ursprünglich auf eine dauerhafte Bestattung an diesem Ort gerichtet ist (so D. 11,7,44).

Im ersten Fall wird der Ort nie ein *locus religiosus*. Anders ist es im zweiten Fall, der Ort ist zunächst nach der allgemeinen Regel zum *locus religiosus* geworden und wird duch die Umbettung wieder zum *locus purus*.[234]

dd) Das monumentum

Schließlich gehört hierher im weiteren Sinne auch die bereits oben bei der Abgrenzung zum *sepulchrum* dargestellte Unterscheidung zwischen *monumentum* und sepulchrum, wonach eine reine Gedächtnisstätte nicht *locus religiosus* wird.[235]

---

233 Vgl dazu *Düll*, S. 195.

234 Vgl. zum Fall der Umbettung noch C. 3,44,10.

235 Vgl. oben und *Düll*, S. 194 f.

f) Der Verlust des Status als res extra commercium

Die durch Dedikation und Konsekration zu *res sacrae* gewordenen Objekte konnten durch einen vergleichbaren Gegenakt, die *profanatio*, ihren besonderen rechtlichen Status wieder verlieren.[236] Die Profanation von *res sacrae* und *res religiosae* wird in den juristischen Quellentexten nicht thematisiert. Macrobius stellt den Gegensatz zwischen den profanen und den *res sacrae vel religiosae* unter Bezugnahme auf die Meinung von Trebaz heraus:

> *Macrobius, Sat. 3,3,4:*
> *eo accedit quod Trebatius profanum id proprie dici ait quod ex religioso vel sacro in hominum usum proprietatemque conversum est, quod apertissime poeta servavit cum ait,*
>
> > *Faune precor miserere, inquit, tuque optima ferrum*
> > *Terra tene, colui vestros si semper honores,*
> > *quos contra Aeneadae bello fecere profanos.*
>
> *dixerat enim:*
>
> > *sed stirpem Teucri nullo discrimine sacrum sustulerant…*
>
> *unde ostendit proprie profanatum, quod ex sacro promiscuum humanis actibus commodatum est.*

Die Art und Weise der *profanatio* richtete sich nach dem jeweiligen Objekt und gegebenenfalls danach, ob die einzelne (bewegliche) *res sacra* für die Ausübung des Kults unbrauchbar geworden war.[237] Im Fall von Geld scheint eine pragmatische, der Sicherheit des Rechtsverkehrs dienende Sichtweise vorgeherrscht zu haben, ähnlich der heutigen Regelung in § 935 BGB, die den gutgläubigen Eigentumserwerb an gestohlenem oder sonst abhanden gekommenem Geld ermöglicht: Es verlor seine Eigenschaft als *res sacra* im Moment des Wegschaffens und Verwendens zum profanen Gebrauch.[238]

Eine weitere Möglichkeit des Verlustes der Eigenschaft als *res sacra* oder *res religiosa*, die im Prinzip eine besondere Unterform der *profanatio* darstellt, ist der unfreiwillige Verlust der Objekte, wenn diese in Feindeshand gefallen sind. Dieses Problem wird in D. 11,7,36 von Pomponius thematisiert:

> *D. 11,7,36 Pomponius libro vicensimo sexto ad Quintum Mucium:*
> *Cum loca capta sunt ab hostibus, omnia desinunt religiosa vel sacra esse, sicut homines liberi in servitutem perveniunt: quod si ab hac calamitate fuerint liberata, quasi quodam postliminio reversa pristino statui restituuntur.*

---

236 *Fabbrini*, S. 552.
237 *Fabbrini*, S. 552.
238 *Fabbrini*, S. 552.

Nach Pomponius verlieren die in Feindeshand gefallenen Orte ihre Eigenschaft als (vormals) religiöse oder sakrale Orte. Sobald sie andererseits wieder aus der feindlichen Okkupation befreit sind, erhalten sie ihren vorherigen religiösen und sakralen Status zurück. Eine erneute Konsekration ist nicht erforderlich, bei ihrer Rückkehr aus Feindeshand findet lediglich eine bestimmte Reinigungszeremonie statt.[239]

Ob damit der Schluss gezogen werden kann, dass auch jede dieser Sachen, die ein solches in D. 11,7,36 beschriebenes Schicksal erleidet, den Status der Extrakommerzialität verliert, geht aus den Quellentexten nicht hervor. Immerhin haben die römischen Juristen die Orte nicht als gewöhnliche Orte angesehen, sondern dieses Rückkehrrecht des ursprünglich freien Menschen als Hilfsmittel benutzt, um dem schutzbedürftigen Charakter ausreichend Rechnung tragen zu können.[240]

Wie beispielsweise ein Kauf eines sich nun in Feindeshand befindlichen (ursprünglichen) *locus religiosus* durch einen römischen Privatmann von einem Feind letztlich rechtlich einzuordnen ist, ist nicht bekannt und vermutlich ein rein theoretisches Rechtsproblem. Daher wird in der Literatur die Ansicht vertreten, dass diese Digestenstelle D. 11,7,36 eine Möglichkeit des Verlustes des Status der Extrakommerzialität schildert,[241] und soweit die Eigenschaft als *res extra commercium* mit der Eigenschaft als *res sacra* oder *res religiosa* steht und fällt, ist diese Auffassung nicht zu widerlegen und erscheint richtig.

Anders als bei der Okkupation durch Feindeshand erfolgt allerdings bei den *res sacrae*, wie bereits dargestellt, keine *profanatio* durch den bloßen Verfall oder Gebäudeeinsturz.[242]

3. Die *res sanctae*

Die *res sanctae* werden in den juristischen Quellen des Corpus Iuris Civilis und in den Institutionen des Gaius relativ kurz behandelt.

---

239 Beispiele für die Rückkehr von *res sacrae* und *res religiosae* aus Feindeshand und für die Reinigungszeremonie finden sich nebst Quellennachweisen bei *Fabbrini*, S. 552 mit Fn. 7 und 8.

240 Zum Rückkehrrecht des vom Feind gefangen genommenen Bürgers vgl. noch D. 49,15,20 pr.-1.

241 *Wappäus*, S. 44.

242 Vgl. D. 1,8,6,3; D. 18,1,73 pr.; Plin. Ep. 10,70–71 (siehe oben).

In den Digesten finden sich mehrere Fragmente, die sich mit dem Begriff und der Natur der *res sanctae* auseinandersetzen. Die Textstellen stehen jedoch zum Teil im Bezug auf die *res sanctae* selbst im Widerspruch zueinander oder auch im Widerspruch im Verhältnis zu den oben vorgenommenen anderen Einteilungen der *res extra commercium* (*res sacrae*, *res religiosae* und *res publicae*).

Die Schwierigkeiten hinsichtlich der rechtlichen Einordnung der *res sanctae* zeigen sich in der Literatur insbesondere bei der Beantwortung der Fragen, ob sie *res divini iuris* sind (wie bereits oben dargestellt), ob sie überhaupt eine eigenständige Gruppe darstellen oder ob sie schließlich Teil der *res extra commercium* sind.

So gibt es in der Literatur die Auffassungen, dass die *res sanctae* nicht *res divini iuris* sind, dass sie die *res religiosae* und die *res sacrae* umfassen,[243] dass sie mit den *res publicae* gleichzusetzen sind[244] oder dass sie keine *res extra commercium* sind.[245]

Die unterschiedlichen Betrachtungsweisen und Einordnungen der *res sanctae* in der Literatur beruhen dabei sowohl auf den soeben angedeuteten Widersprüchen innerhalb der nur die *res sanctae* betreffenden Texte als auch auf der Schwierigkeit der Abgrenzung von *res sanctae*, *sacrae*, *religiosae* und *publicae*. So helfen die in den juristischen Quellentexten zu findenden Versuche, die Etymologie des Wortes *sanctus* zu erklären, kaum weiter:

> *D. 1,8,8,1 Marcianus libro quarto regularum:*
> *Sanctum autem dictum est a sagminibus: sunt autem sagmina quaedam herbae, quas legati populi Romani ferre solent, ne quis eos violaret, sicut legati Graecorum ferunt ea quae vocantur cerycia.*

Außerhalb des Corpus Iuris Civilis wird die Ableitung Marcians nicht aufgegriffen.[246]

Weiterhin verweist *Bonfante* auf die Ausführung von Festus bezüglich *sagmina*, der eine gegenteilige Auffassung vertreten soll. Die Etymologie von Marcian

243 So etwa *Wappäus*, S. 16; *Meurer*, S. 161; *Vegting*, S. 4.

244 Vgl. *Wappäus*, S. 16.

245 *Wappäus*, S. 8 ff., und S. 16, etwa hält unter Berufung auf die Definition von *sanctum* bei Festus (vgl. oben) die *res sacrae* und *res religiosae* zugleich für *res sanctae*. Die in D. 1,8,8 pr.-1, D. 1,8,9,3 und D. 1,8,11 genannten *res sanctae* seien „im Übrigen weder *divini iuris*, noch auch als solche *extra commercium*", so *ders.*, S. 16 unter Hinweis auf weitere, ältere Literatur.

246 Vgl. etwa Livius, 1,44.

sei daher sonderbar.[247] Die Ableitung Marcians des Wortes *sanctus* von den *sagmina* wird auch in

> *Inst. Iust. 2,1,10:*
> *[...] ideo autem muros sanctos dicimus, quia poena capitis constituta sit in eos, qui aliquid in muros deliquerint. ideo et legum eas partes, quibus poenas constituimus adversus eos qui contra leges fecerint, sanctiones vocamus.*

nicht aufgenommmen. Es wird lediglich die Strafe und damit die rechtliche Bedeutung und Stellung einer *res sancta* betont.

Ebensowenig hilfreich ist insoweit Ulpians Erklärung in D. 1,8,9,3, dass alle mit einer Sanktion geschützten Sachen *res sanctae* seien.[248] Die Probleme sind vielmehr am ehesten mit einer im Laufe der Zeit mehrfach abgewandelten Bedeutung des Wortes „*sanctus*" zu erklären: *Sanctus* meint zunächst *inauguratus*, also „feierlich geweiht".[249] Wie bereits oben bei der Differenzierung von *aedes* und *templum* ausgeführt wurde, wird eine Fläche, *templum*, inauguriert mithilfe des Auguralrechts durch die Auguren auf Anweisung des Magistrats.[250] Neben dem *templum* kann auch ein Streifen Land, eine Linie inauguriert werden, die besondere öffentliche oder religiöse Bedeutung hat, insbesondere das *pomerium*.[251] Das *pomerium* stellt die Grenze des *imperium*, also der Staatsgewalt, des römischen Staates bzw. seiner Gemeinde dar. Als Gegenstück zur Inauguration konnte mit der *exauguratio* der besondere Status der Fläche wieder aufgehoben werden.[252] In dieser Bedeutung erscheint das Wort *sanctus* allerdings nicht in den Digestenstellen. Vielmehr erscheint es erst mit einer abgewandelten Bedeutung des Wortes im Sinne von „garantiert (durch die Götter)", „sicher" oder „unveränderlich".[253]

---

247 *Bonfante*, S. 50 Fn. 3: „una curiosa etimologia di *sanctus* è presentata in Marcianus (...)".

248 D. 1,8,9,3 *Ulpianus libro sexagensimo octavo ad edictum: Proprie dicimus sancta, quae neque sacra neque profana sunt, sed sanctione quadam confirmata: ut leges sanctae sunt, sanctione enim quadam sunt subnixae. quod enim sanctione quadam subnixum est, id sanctum est, etsi deo non sit consecratum: et interdum in sanctionibus adicitur, ut qui ibi aliquid commisit, capite puniatur.*

249 *Fabbrini*, S. 540; *Catalano*, S. 467 ff., S. 477.

250 *Fabbrini*, S. 540 ff., zum genauen Ablauf und den genauen Voraussetzungen der Inauguration vgl. die Darstellung bei *Fabbrini*, S. 541–542 lit. a) – l).

251 *Fabbrini*, S. 542.

252 Vgl. *Fabbrini*, S. 542 mit Quellennachweisen; *Catalano*, S. 478.

253 *Fabbrini*, S. 542.

Unter den *res sanctae* werden von Marcian allgemein diejenigen Gegenstände und Einrichtungen verstanden, die zum Schutz der Menschen gebaut worden sind. So erklärt es zumindest D. 1,8,8 pr.:

D. 1,8,8 pr. Marcianus libro quarto regularum:
Sanctum est, quod ab iniuria hominum defensum atque munitum est.

Zu diesen Gegenständen und Einrichtungen gehören insbesondere die Mauern (*muri*) und Stadttore (*portae*). Diese werden von Marcian direkt im Anschluss an D. 1,8,8 pr. auch namentlich als *res sanctae* erwähnt:

D. 1,8,8,1 Marcianus libro quarto regularum:
In municipiis quoque muros esse sanctos Sabinum recte respondisse Cassius refert, prohiberique oportere ne quid in his immitteretur.

Und auch Gaius beschränkt sich in seinen Institutionen auf die Mauern und Stadttore:

Gai. Inst. 2,8:
Sanctae quoque res, velut muri et portae, quodam modo divini iuris sunt.

Diese Sichtweise wird im Übrigen zu Beginn von Inst. Iust. 2,1,10 mit einer fast identischen Formulierung wieder aufgenommen.[254] Und aus D. 1,8,8,2[255] und D. 1,8,9,3[256] folgt, dass nicht nur die Mauern der Stadt Rom, sondern auch die der anderen Municipien *res sanctae* sind.[257] Mauern und Tore sind miteinander verbunden. Die Garantie der Unveränderlichkeit stützt sich auf den Schutz durch Gottheiten, nämlich Jupiter Terminalis und wohl den Gott Quirinus für die Mauern und die Gottheiten Janus und Portunus für die Stadttore.[258] Dass

254 *Inst. Iust. 2,1,10: Sanctae quoque res, veluti muri et portae, quodammodo divini iuris sunt et ideo nullius in bonis sunt. (…)* Dazu *Fabbrini*, S. 544.

255 *D. 1,8,8,2 Marcianus libro quarto regularum: In municipiis quoque muros esse sanctos Sabinum recte respondisse Cassisus refert, prohiberique oportere ne quid in his immitteretur.*

256 *D. 1,8,9,4 Ulpianus libro sexagensimo octavo ad edictum: Muros autem municipales nec reficere licet sine principis vel praesidis auctoritate nec aliquid eis coniungere vel superponere.*

257 *Fabbrini*, S. 543, geht auf Grund von D. 1,8,8,2 plausibel davon aus, dass zunächst nur die Mauern Roms und später dann auch die Mauern der *municipia* und *coloniae* in den besonderen Status mit einbezogen worden sind.

258 Vgl. *Fabbrini*, S. 543, der aber darauf hinweist, dass das Verhältnis der Gottheiten zueinander bzw. die Identität der Gottheiten wohl letztlich nicht gänzlich sicher feststeht.

zu den *res sanctae* noch weitere Einrichtungen und Orte gezählt haben, deutet Hermogenian in einer Digestenstelle an:

> *D. 43,6,2 Hermogenianus libro tertio iuris epitomarum:*
> *In muris itemque portis et aliis sanctis locis aliquid facere, ex quo damnum aut incommodum irrogetur, non permittitur.*

Wenn Hermogenian von anderen *sanctis locis* spricht, ist allerdings fraglich, welche damit gemeint sein könnten. Auf den ersten Blick scheinen weitere *res sanctae* in Gai. Epit. 2,1,1 aufgezählt zu sein:

> *Gai. Epit. 2,1,1:*
> *Omnes itaque res aut nostri iuris sunt, aut divini, aut publici. Nostri iuris sunt, quae in proprietate nostra esse noscuntur. Divini iuris sunt ecclesiae, id est, templa dei, vel ea patrimonia ac substantiae, quae ad ecclesiastica iura pertinent. Publici iuris sunt muri, fora, portae, theatra, circus, arena, quae antiqui sancta appellaverunt, pro eo, quod exinde tolli aliquid aut contingi non liceret. Sed haec omnia in nullius bonis sunt, ideo publici iuris esse dicuntur. Sed et res hereditariae, antequam aliquis heres existat, id est, quando dubitatur, utrum scriptus esse videtur.*

Allerdings ist fraglich, ob die Aussage des Satzes *publici iuris sunt muri, fora, portae, theatra, circus, arena, quae antiqui sancta appellaverunt [...]* tatsächlich stimmt und neben den bereits genannten Mauern und Toren auch Plätze, Theater, Zirkus und Arenen zur klassischen Zeit als *res sanctae* behandelt wurden. Der Rechtsauffassung Marcians folgend, wären nur Mauern und Stadttore *res sanctae.*[259] Nach Marcian ist nur das *sanctum*, was *ab iniuria hominum defensum atque munitum* ist. Dies gilt nicht für die in Gai. Epit. 2,1,1 zusätzlich genannten Einrichtungen. Diese werden vielmehr zu den *res publicae in usu publico* gezählt, wie Gai. Epit. 2,1,1 auch andeutet.[260]

Nach *Fabbrini* zeigt sich in Gai. Epit. 2,1,1 ein weiterer Wandel in der Bedeutung des Wortes *sanctus* hin zu der Bedeutung „respektiert", „rein" oder auch „reserviert", und er meint, dass in den in Gai. Epit. 2,1,1 genannten Objekten teilweise auch *templa* zu finden waren und alle diese Objekte einem besonderen öffentlichen Interesse dienten.[261] Letztlich lässt sich feststellen, dass die *res sanctae* zunächst Orte oder Objekte von besonderer öffentlicher Bedeutung waren. Dies führte dazu, dass diese Objekte in einer eigenen Kategorie (der *res sanctae*) erfasst wurden, die von den *res divini iuris* und den *res publicae* getrennt waren

---

259 Offen gelassen von *Bonfante*, S. 50 mit Fn. 2.

260 Gai. Epit. 2,1,1: *Publici iuris sunt* (...). Näheres zu den *res publicae in usu publico* siehe unten im eigenen Kapitel.

261 *Fabbrini*, S. 544.

und dann später zu den *res divini iuris* hinzugezählt worden sind. So lässt sich erklären, dass Gaius bei der Einordnung der *res sanctae* in seinen Institutionen davon spricht, dass sie nur *quodam modo divini iuris* sind.[262] Am Ende erfolgte dann die Zuordnung der *res sanctae* zu den *res publicae* in Gai. Epit. 2,1,1.[263]

Der besondere Status der *res sanctae* kommt in den Digesten auf verschiedene Arten zum Ausdruck. Zum einem wird (unter Bezugnahme auf die Legende von Romulus und Remus) in D. 1,8,11 die Todesstrafe demjenigen angedroht, der die Mauern auf irgendeine Weise verletzt.[264] Zum anderen wird (und in diesem Punkte bestehen wieder Parallelen zu den anderen *res divini iuris* und auch zu den *res publicae)* das Erfordernis einer Genehmigung für Bau- und Instandsetzungsmaßnahmen an und auf den Mauern durch den Kaiser oder den Provinzstatthalter in D. 1,8,9,4[265] und in D. 43,6,3[266] sowohl von Ulpian als auch von Paulus thematisiert.

II. Die *res humani iuris*

Den soeben behandelten *res divini iuris* stehen, wie vorbeschrieben, die *res humani iuris* gegenüber. Die bereits zitierten Quellentexte lassen feststellen, dass nicht sämtliche *res publicae* zugleich auch *res extra commercium* sind, vielmehr zählen dazu nur die *res publicae in usu publico* im Sinne des Fragments D. 18,1,6 pr.

1. Der Begriff *publicus*

Bei der Bestimmung der *res publicae in usu publico* stellt das Wort *publicus* eine entscheidende Schwierigkeit dar. Denn *publicus* hat in den römischen juristischen Quellen unterschiedliche Bedeutungen. In der italienischen Literatur ist daher

---

262 Vgl. Gai. Inst. 2,8.

263 So *Fabbrini*, S. 544.

264 *D. 1,8,11 Pomponius libro secundo ex variis lectionibus: Si quis violaverit muros, capite punitur, sicuti si quis transcendet scalis admotis vel alia qualibet ratione. nam cives Romanos alia quam per portas egredi non licet, cum illud hostile et abominandum sit: nam et Romuli frater Remus occisus traditur ob id, quod murum transcendere voluerit.*

265 *D. 1,8,9,4 Ulpianus libro sexagensimo octavo ad edictum: Muros autem municipales nec reficere licet sine principis vel praesidis auctoritate nec aliquid eis coniungere vel superponere.*

266 *D. 43,6,3 Paulus libro quinto sententiarum: Neque muri neque portae habitari sine permissu principis propter fortuita incendia possunt.*

auch von einem „oszillierenden" Begriff die Rede.[267] Das Wort ist mehrdeutig, denn einerseits kann unter einer *res publica* eine Sache im Staatseigentum verstanden werden, andererseits aber auch eine Sache im öffentlichen Gebrauch.[268]

Um die Mehrdeutigkeit erklären zu können, wird im Schriftum versucht, entweder eine zeitliche Entwicklung nachzuweisen oder aber zu belegen, dass die Bedeutungen von *publicus* im Sinne von „Gemeingebrauch" und „Staatsvermögen / Staatseigentum" seit der frühklassischen Zeit nebeneinander bestehen.[269]

Tatsächlich beruht die Mehrdeutigkeit dieses Wortes darauf, dass die römischen Quellen die Unterscheidung von *res in usu publico* und *res in patrimonio populi* nur an den bereits zitierten Stellen vornehmen und in ihnen eine genauere Bestimmung der Sachen, die im Gemeingebrauch stehen, nicht enthalten ist.

Daher soll nun im Folgenden in zwei Schritten versucht werden, die Sachen zu bestimmen, welche *in publico usu* stehen. Im Anschluss sollen dann die einzelnen *res publicae* in dem zuerst festgestellten Sinne näher betrachtet werden. Dafür ist zunächst eine Eingrenzung der in Betracht kommenden Sachen erforderlich.

2. Die *res publicae* nach dem CIC und den Institutionen des Gaius

Nach der von Gaius in seinen Institutionen und inhaltsgleich in den Digesten[270] übernommenen Unterscheidung der *res humani iuris* sind *res publicae* die Sachen, die in niemandes Eigentum stehen, und *res privatae* solche, die im Eigentum der einzelnen Menschen stehen können:

> *Gai. Inst. 2,10:*
> *Hae autem, quae humani iuris sunt, aut publicae sunt, aut privatae.*

Diese Differenzierung erhält in Gai. Inst. 2,11 und in D. 1,8,1 pr. eine weitere Ergänzung:

> *Gai. Inst. 2,11:*
> *Quae publicae sunt, nullius videntur in bonis esse; ipsius enim universitatis esse creduntur. Privatae sunt, quae singulorum hominum sunt.*

---

267 Der von *Vassalli* gebrauchte Ausdruck wird u.a. aufgenommen von *Palma*, S. 857; *Capogrossi-Colognesi*, S. 2 mit weiteren Nachweisen; *Vegting*, S. 8.

268 Neben den Vorgenannten vgl. zur Bedeutung des Wortes *publicus* zudem *Scialoja*, S. 130 ff. und S. 204 ff.; *Bonfante*, S. 78 ff.; *Wappäus*, S. 21 f.; *Schermaier*, Mel. Humbert, S. 776 ff.; andeutend auch *Kaser*, SZ (RA) 95 (1978), S. 388.

269 *Palma*, S. 857 ff. Zur Frage des Staatseigentums an *res publicae* bzw. *res communes omnium* siehe auch *Schermaier*, Mel. Humbert, S. 776 ff.

270 Vergleiche sogleich D. 1,8,1 pr.

D. 1,8,1 pr. Gaius libro secundo institutionum:
[…][271] *Hae autem res, quae humani iuris sunt, aut publicae sunt aut privatae. Quae publicae sunt, nullius in bonis esse creduntur, ipsius enim universitatis esse creduntur: privatae autem sunt, quae singulorum sunt.*

Nach Gaius sind die *res publicae* einer *universitas* zugeordnet. Insofern besteht Einigkeit zwischen den Aussagen in den Institutionen des Gaius und den Digesten, weil beide Bestimmungen der *res publicae* von Gaius stammen. Eine Definition der *res universitatis* findet sich bei Gaius nicht. Allerdings ist eine von Marcian in D. 1,8,6,1 vorhanden, die sich ähnlich auch in Inst. Iust. 2,1,6[272] wiederfinden lässt:

D. 1,8,6,1 Marcianus libro tertio institutionum:
Universitatis sunt, non singulorum veluti quae in civitatibus sunt theatra et stadia et similia et si qua alia sunt communia civitatium. Ideoque nec servus communis civitatis singulorum pro parte intellegitur, sed universitatis et ideo tam contra civem quam pro eo posse servum civitatis torqueri divi fratres rescripserunt. Ideo et libertus civitatis non habet necesse veniam edicti petere, si vocet in ius aliquem ex civibus.

Die Digesten kennen also, beruhend auf den Insititutionen des Gaius, sowohl die *res privatae* als die Sachen, die dem Einzelnen gehören, als auch die *res publicae*, die einer *universitas* gehören sollen. Wie aus den vorzitierten Texten hervorgeht, bestehen auch zwischen den Digestenfragmenten, die von Marcian stammen sollen, und den Institutionen Justinians keine Unterschiede hinsichtlich des Begriffs der *res universitatis*. Aus dem Fragment D. 1,8,6,1 von Marcian ist zudem ersichtlich, dass dieses Eigentum der Gesamtheit an der Sache auch nicht zu ideellen Bruchteilen auf einzelne Mitglieder der Gesamtheit verteilt werden kann.[273]

---

271 Das Fragment beginnt mit der bereits bekannten Einteilung in *res humani iuris* und *res divini iuris*.

272 *Inst. Iust. 2,1,6: Universitatis sunt, non singulorum veluti quae in civitatibus sunt, ut theatra, stadia et similia et si qua alia sunt communia civitatium.*

273 Insbesondere in drei Fragmenten wird etwas über die Natur und den Begriff der *universitas* gesagt:
Gai. Inst. 2,97 handelt davon, wie Gegenstände durch eine Gesamtnachfolge (bei Nachlass, Erbschaft und Vermächtnis) erworben werden können. Es geht dort zunächst um den Erwerb von Einzelgegenständen (*quo et ipso singulas res adquirimus*) und anschließend um den Erwerb durch Gesamtnachfolge (*Videamus itaque nunc, quibus modis per universitatem res nobis adquirantur.*). Wie in der Einteilung der Sachen werden auch hier die beiden Begriffe *singulus* und *universitas* gegenüber gestellt. Im gleichen Zusammenhang erscheint der Begriff weiterhin in Gai. Inst. 2,191 in Bezug auf das Vermächtnis: per *universitatem res nobis adquiruntur*. Ein Text Ulpians erklärt weiterhin, dass für und gegen eine Gesamtheit geklagt werden kann: *D. 3,4,2*

3. Die Unterscheidung der *res publicae* in D. 18,1,6 pr.

Die Sachen, die in der Aufzählung von Marcian in D. 1,8,6,1 als *res universitatis* beispielhaft genannt werden, nämlich *theatra et stadia et similia*, finden sich auch an anderer Stelle wieder. Bei Pomponius[274] wird der *campus Martius* genannt und in den justinianischen Institutionen finden sich als weitere Beispiele *ut forum vel theatrum*[275], *veluti forum basilicam*[276] und *sicuti si campum Martium vel basilicas vel templa vel quae publico usui destinata sunt*[277].

In jeder dieser Textstellen findet sich damit auch wieder der Bezug zu den *res publicae*. Diese werden jedoch weiter konkretisiert als *res publicae, quae non in pecunia populi, sed in publico usu habeantur*[278], *quae usibus populi perpetuo exposita sit*[279] oder *quae publico usui destinata sunt*[280]. Auch von Gaius findet sich

---

Ulpianus libro octavo ad edictum: Si municipes vel aliqua universitatis ad agendum det actorem, non erit dicendum quasi a pluribus datum sic haberi: hic enim pro re publica vel universitate intervenit, non pro singulis. Das Fragment beinhaltet daneben eine ähnliche Klarstellung wie das Fragment D. 1,8,6,1 von Marcian. Dort wird im Anschluss an die Erklärung zu den *res universitatis* auf den Sklaven einer Gemeinde eingegangen, an dem keine ideellen Bruchteile bestehen. Er gehört allgemein nur der Gesamtheit. Im gleichen Sinne ist auch in D. 3,4,2 von einem Prozessvertreter der Gesamtheit und nicht der einzelnen Mitglieder der Gesamtheit die Rede.

274 *D. 18,1,6 pr.: (…) [loca] publica, quae non in pecunia populi, sed in publico usu habeantur, ut est campus Martius.*

275 *Inst. Iust. 3,19,2: (…) vel [rem] publicam, quae usibus populi perpetuo exposita sit, ut forum vel theatrum, vel liberum hominem, quem servum esse credebat, vel cuius commercium non habuit, vel rem suam dari quis stipuletur. Nec in pedenti erit stipulatio ob id, quod in publica res in privatum deduci et ex libero servus fieri potest et commercium adipisci stipulator potest et res stipulatoris esse desinere potest: sed protinus inutlis est.*

276 *Inst. Iust. 3,23,5: Loca sacra vel religiosa, item publica, veluti forum basilicam, frustra quis sciens emit, quas tamen si pro privatis vel profanis deceptus a venditore emerit, habebit actionem ex empto, quod non habere ei liceat, ut consequatur, quod sua interest deceptum eum non esse. Idem iuris est, si hominem liberum pro servo emerit.*

277 *Inst. Iust. 2,20,4: Non solum autem testatoris vel heredis res, sed et aliena legari potest: ita ut heres cogatur redimere eam et praestare vel, si non potest redimere, aestimationem eius dare.*
Sed si talis res sit, cuius non est commercium, nec aestimati eius debetur, sicuti si campum Martium vel basilicas vel templa vel quae publico usui destinata sunt legaverit: nam nullius momenti legatum est.

278 D. 18,1,6 pr.

279 Inst. Iust. 3,19,2.

280 Inst. Iust. 2,20,4.

ferner in D. 1,8,5 pr. (*riparum usus publicus est iure gentium sicut ipsius fluminis)*[281] eine weitere Belegstelle, die auf das Erfordernis des *usus publicus* abstellt.

Damit wird eine weitere Abgrenzung vorgenommen: *Res extra commercium* sind nur die *res publicae*, welche für den öffentlichen Gebrauch bestimmt sind. Dagegen sind die *res publicae*, welche zum Staatsvermögen (*in pecunia populi*) gehören, aber nicht zum öffentlichen Gebrauch dienen, nicht als *res extra commercium* angesehen worden.[282] Diese Unterscheidung geht jedoch hauptsächlich aus den justinianischen Institutionen und den Digesten hervor, nicht aber aus den Institutionen des Gaius.

Als ein sicheres Zwischenergebnis kann nach der Betrachtung der *res publicae in publico usu* festgehalten werden, dass diese zu den *res extra commercium* zählen. Denn die Aufzählung der *res publicae in publico usu* erfolgt zumeist in den Fragmenten, in denen es um die Bestimmung der *res extra commercium* geht. Zu den *res publicae in publico usu* gehören nach der Darstellung in den Quellen danach eindeutig die Theater, Stadien, das Forum, der Campus Martius und die öffentlichen Flüsse.

Einen Sonderfall nehmen insoweit die Flussufer ein, denn bei ihnen ist die Zuordnung zu den *res publicae* aufgrund der in den Quellen getroffenen Aussagen unklar.[283] Hinsichtlich der Flussufer ist die Zuordnung zu den *res publicae in publico usu* und damit zu den *res extra commercium* problematisch.

Gleiches gilt für das in der Einteilung der Sachen erwähnte Meer, die Meeresküste, die übrigen Gewässer und die Straßen. Das Problem in Bezug auf diese Sachen ist, dass die Quellen, wie dargestellt, lediglich aussagen, dass es sich um *res publicae* beziehungsweise *res communes omnium* handelt, ohne dass gleichzeitig etwas zum Status der Sachen als solcher gesagt wird, nämlich dass sie *in usu publico* sind. Außerdem sind die Einteilungen der Sachen in den verschiedenen Quellen nicht wortgleich, sodass das Verhältnis der *res publicae* zu den *res communes omnium* nicht geklärt ist.[284]

---

281 *D. 1,8,5 pr. Gaius libro secundo rerum cottidianarum sive aureum: Riparum usus publicus est iure gentium sicut ipsius fluminis. Itaque navem ad eas appellere, funes ex arboribus ibi natis religare, retia siccare et ex mare reducere, onus aliquid in his reponere cuilibet liberum est, sicuti per ipsum flumen navigare. Sed proprietas illorum est, quorum praediis haerent: qua de causa arbores quoque in his natae eorundem sunt.*

282 So auch *Kollath*, S. 3 und 12; *Biondi*, Beni fuori commercio, S. 355.

283 Vgl. dazu weiterhin das Kapitel unten zum Eigentum an den *res extra commercium*.

284 Vgl. nur *Schermaier*, Mel. Humbert, S. 783 ff.

Im Folgenden sollen zunächst die eindeutigen *res publicae in usu publico* näher betrachtet werden und erst im Anschluss daran das Verhältnis dieser Sachen zu den *res communes omnium.*

4. Die einzelnen *res publicae in usu publico*

a) Abgrenzung zu den res in patrimonio fisci

Aus dem kurzen Überblick in D. 18,1,6 pr., Inst. Iust. 3,23,5 und den übrigen Fragmenten[285] ging hervor, dass zu den *res extra commercium* auch die *res publicae* gehören, *quae non in pecunia populi, sed in publico usu habeantur, ut est campus Martius.* Damit wird eine Einteilung der *res publicae* vorgenommen, die sich in den juristischen Quellen als Gegenüberstellung ansonsten nur vereinzelt findet.[286] Neben der erwähnten Stelle aus dem Kaufrecht erscheint sie nur noch in den Fragmenten D. 18,1,72,1 und D. 41,1,14 pr. und in einer Rede Ciceros:

> *D. 18,1,72,1 Papinianus libro decimo quaestionum:*
> *Lege venditionis illa facta „si quid sacri aut religiosi aut publici est, eius nihil venit", si res non in usu publico, sed in patrimonio fisci erit, venditio eius valebit, nec venditori proderit exceptio, quae non habuit locum.*

> *D. 41,1,14 pr.-1 Neratius libro quinto membranarum:*
> *Quod in litore quis aedificaverit, eius erit: nam litora publica non ita sunt, ut ea, quae in patrimonio sunt populi, sed ut ea, quae in primum a natura prodita sunt et in nullius adhuc dominium pervenerunt: nec dissimilis condicio eorum est atque piscium et ferarum, quae simul atque adprehensae sunt, sine dubio eius, in cuius potestatem pervenerunt, dominii fiunt.*

Diese drei Digestenstellen D. 18,1,6 pr., D. 18,1,72,1 und D. 41,1,14 pr.-1 weisen teilweise eine unterschiedliche Begrifflichkeit auf, wenn in Fragment D. 18,1,6 pr. von *pecunia populi,* in Text D. 18,1,72,1 vom *patrimonium fisci* und im Fragment D. 41,1,14 pr. von den *res in patrimonio populi* die Rede ist. Jedoch ist in den Fragmenten jeweils von den gleichen Sachen die Rede.[287] Nach *Voigt* sind die Stellen von Celsus und Neraz die ältesten Nachweise dieser Klassifikation der

---

285 Dazu siehe bereits oben.

286 *Voigt,* S. 326 mit Fn. 8 und S. 374 Fn. 17.

287 *Wappäus,* S. 21. B/K/K/S III, S. 466 Fn. 1 verweisen daher bei der Übersetzung von D. 18,1,72,1 „im Eigentum des Fiskus" auf D. 18,1,6 pr. Eine Gleichsetzung wird auch von *Heumann/Seckel, „patrimonium",* S. 410 Sp. 2 vorgenommen. Die Übersetzung von *pecunia populi* in D. 18,1,6 pr. bei B/K/K/S III, S. 441, darf nicht zu eng ausgelegt werden. Darunter wurde nicht nur das Geld, sondern allgemein auch das gesamte Vermögen verstanden, so zumindest *Heumann/Seckel, „pecunia",* S. 413 mit Bezug auf D. 18,1,6 pr.

res publicae. Die Bezeichnung *pecunia populi* sei älter, während die Wendung *patrimonium populi* in der Kaiserzeit üblich gewesen sein soll.[288]

Die unterschiedliche Begrifflichkeit ist der geschichtlichen Entwicklung geschuldet: Ursprünglich wurde in der Zeit des Prinzipats mit *aerarium* die Staatskasse, das Staatsvermögen bezeichnet. Daneben bildete sich in der Kaiserzeit das Institut des *fiscus* heraus. Dieser stellt eine Art von Sondervermögen des Kaisers dar, über das der Kaiser ohne Zustimmung des Senats entscheiden kann und dessen Rechtsnatur zweifelhaft ist.[289]

Mit dem weiteren Fortgang der Zeit, insbesondere zu Zeit der Severer-Kaiser, werden die Grenzen zwischen *aerarium*, *fiscus* und dem Privatvermögen des Kaisers, dem *patrimonium Caesaris*, nicht mehr scharf voneinander getrennt.[290]

Die *res in patrimonio populi* werden weiterhin bei Cicero, In Verr. 2,3,7 als *praedia populi Romani sunt vectigalia nostra* beschrieben.

Aus dem Fragment D. 18,1,72,1 ist zu folgern, dass zu den *res in patrimonium populi* nicht nur das mit *pecunia* bezeichnete Geldvermögen oder in der Staatskasse befindliches Geld gemeint war. Denn das Fragment geht davon aus, dass ein Grundstück verkauft werden soll, das zum Vermögen des Volkes gehören soll. Somit stellt diese Stelle einen Nachweis dafür dar, dass auch andere Gegenstände als das Geldvermögen zum *patrimonium fisci* und damit zum *patrimonium populi* gezählt werden können.

Dieses Verständnis des Begriffs *pecuniae* findet sich auch in den beiden Definitionen des Begriffs in D. 50,16,178 pr.[291] und in D. 50,16,222[292]. Danach zählt

---

288 *Voigt*, S. 326 Fn. 8.

289 *Mommsen*, StR II, S. 998 mit Fn. 2, geht unter Berufung auf einige Textstellen bei Tacitus davon aus, dass es im Privateigentum des Kaisers steht. Nach Ulpian (*D. 43,8,2,4 Ulpianus libro sexagensimo octavo ad edictum: (…) res enim fiscales quasi propriae et privatae principis sunt (…)*) werden die *res fiscales* nur wie private behandelt, sind es tatsächlich aber nicht.

290 Zu der Entwicklungsgeschichte und den Begrifflichkeiten siehe *Mommsen*, StR II, S. 998 ff. und *Rostowzew*, „Fiscus", Sp. 2385 ff. (zur geschichtlichen Entwicklung) und insbesondere Sp. 2400–2402 zur Rechtsnatur des Fiskus. Eine Literaturzusammenstellung findet sich bei *Kunkel/Honsell*, S. 77 f. mit Fn. 2.

291 *D. 50,16,178 pr. Ulpianus libro quadragensimo nono ad Sabinum: „pecuniae" verbum non solum numeratam pecuniam complecitur, verum omnem omnino pecuniam, hoc est omnia corpora: nam corpora quoque pecunia appellatione contineri nemo est qui ambiget.*

292 *D. 50,16,222 Hermogenianus secundo iuris epitomarum: „pecuniae" nomine non solum numerata pecunia, sed omnes res tam soli quam mobiles et tam corpora quam iura continentur.*

Ulpian eben nicht nur das gemünzte Geld, sondern auch *omnia corpora* dazu. Noch weiter fasst freilich auch Hermogenianus den Begriff, der darunter *omnes res* und damit auch unter anderem die in D. 18,1,72,1 erwähnten Immobilien versteht.[293]

Nach dem Verständnis der römischen Juristen geht es demgegenüber bei den ersteren Sachen um solche, die einer *universitas* (zum Gebrauch) zugeordnet sind, und bei den anderen um solche, bei denen diese Zuordnung mit dem entsprechenden Gebrauchszweck nicht besteht. In der Kaiserzeit wird diese Unterscheidung insoweit am deutlichsten, als dort die Abgrenzung zwischen dem kaiserlichen (Privat-) Vermögen und den Sachen im Gebrauch der Allgemeinheit am schärfsten hervortritt.

Nachdem die *res publicae* damit auf die *res publicae in usu publico* eingegrenzt werden konnten, wie sie in der Unterteilung der Sachen in den Digesten und bei Gaius vorgenommen worden ist, sollen die einzelnen Sachen betrachtet werden.

b) *Die beispielhaft erwähnten* res publicae in usu publico

Bereits festgestellt werden konnte, dass die beispielhaft in den Textstellen zur Extrakommerzialität erwähnten Bauwerke zu den *res extra commercium* zu zählen sind. Auch in D. 45,1,83,5 und D. 45,1,137,6 werden von Paulus und Venuleius als *res*, die *usibus publicis in perpetuum* überlassen sein sollen, beispielhaft das Forum und die Basilika (*forum aut basilicam*) genannt:

> *D. 45,1,83,5 Paulus libro septuagensimo secundo ad edictum:*
> *Sacram vel religiosam rem vel usibus publicis in perpetuum relictam (ut forum aut basilicam) aut hominem liberum inutiliter stipulor, quamvis sacra profana fieri et usibus publicis relicta in privatos usus reverti et ex libero servus fieri potest. Nam et cum quis rem profanam aut Stichum dari promisit, liberatur, si sine facto eius res sacra esse coeperit aut Stichus ad libertatem pervenerit, nec revocantur in obligationem, si rursus lege aliqua et res sacra profana esse coeperit et Stichus ex libero servus effectus sit. Quoniam una atque eadem causa et liberandi et obligandi esset, quod aut dari non possit aut dari posset: (nam et si navem, quam spopondit, dominus dissolvit et isdem tabulis (…).*

Ebenso nennt auch Venuleius das Forum und die Basilika beispielhaft:

> *D. 45,137,6 Venuleius libro primo stipulationum:*
> *Cum quis sub hac condicione stipulatus sit, si rem sacram aut religiosam Titius vendiderit vel forum aut basilicam et huiusmodi res, quae publicis usibus in perpetuum relictae sint:*

293 Nach *Biondi* gehören zu den *res in pecunia populi* all diejenigen Objekte, die im heutigen (italienischen) Recht dem Staat gehören, vgl. *Biondi*, Beni fuori commercio, S. 355.

ubi omnino condicio iure impleri non potest vel id facere ei non liceat, nullius momenti fore stipulationem, proinde ac si ea condicio, quae natura impossibilis est, inserta esset. Nec ad rem pertinet, quod ius mutari potest et id, quod nunc impossibile est postea possibile fieri: non enim secundum futuri temporis ius, sed secundum praesentis aestimari debet stipulatio.

Eine Erweiterung dieser Beispiele findet sich in dem bereits im Zusammenhang mit den *res sanctae* behandelten Text Gai. Epit. 2,1,1:

Gai. Epit. 2,1,1:
Omnes itaque res aut nostri iuris sunt, aut divini, aut publici. Nostri iuris sunt, quae in proprietate nostra esse noscuntur. Divini iuris sunt ecclesiae, id est, templa dei, vel ea patrimonia ac substantiae, quae ad ecclesiastica iura pertinent. Publici iuris sunt muri, fora, portae, theatra, circus, arena, quae antiqui sancta appellaverunt, pro eo, quod exinde tolli aliquid aut contingi non liceret. Sed haec omnia in nullius bonis sunt, ideo publici iuris esse dicuntur. Sed et res hereditariae, antequam aliquis heres existat, id est, quando dubitatur, utrum scriptus esse videtur.

Neben den bereits als *res publicae in usu publico* genannten *fora*, *portae* und *theatra* werden noch die *muri*, der *circus* und die *arena* als *res publicae* aufgezählt.[294] Die Zuordnung von *circus* und *arena* zu den *res in usu publico* ist leicht nachzuvollziehen, da in D. 1,8,6,1 von *stadia, theatra et similia*[295] die Rede ist und diese in Gai. Epit. 2,1,1 genannten Einrichtungen mit *stadia* und *theatra* die Ähnlichkeit aufweisen, dass sie dem allgemeinen Gebrauch zu kulturellen Zwecken dienen.

c) Die loca publica *im Sinne von D. 43,7,1*

aa) Die gemeinsame Kategorie der loca publica

In D. 43,7,1 erklärt Pomponius, dass jeder aus dem dortigen Interdikt Rechte geltend machen kann, sofern es um einen Gegenstand geht, der dem öffentlichen, gemeinsamen Gebrauch aller gewidmet ist:

D. 43,7,1 Pomponius libro trigensimo ad Sabinum:
Cuilibet in publicum petere permittendum est id, quod ad usum omnium pertineat, veluti vias publicas, itinera publica: et ideo quolibet postulante de his interdicitur.

---

294 Zu der Einordnung der Mauern (*muri*) und Stadttore (*portae*) als *res sanctae* vgl. Kapitel über die *res sanctae*.

295 *D. 1,8,6,1 Marcianus libro tertio institutionum: Universitatis sunt, non singulorum veluti quae in civitatibus sunt theatra et stadia et similia et si qua alia sunt communia civitatium.*

Nur beispielhaft werden *viae publicae* und *itinera publica* genannt. Pomponius erstreckt diesen Interdiktenschutz folglich auf alle *bona publica*, die dem öffentlichen Gebrauch dienen.[296] Damit scheint dieses Interdikt auch die beispielhaft genannten öffentlichen Orte geschützt zu haben, sodass die *viae publicae* und *itinera publica* im Sinne von D. 43,7,1 mit den öffentlichen Orten im Sinne von Gai. Epit. 2,1,1 und D. 18,1,6 pr.[297] eine gemeinsame Kategorie bilden.[298]

bb) Die öffentlichen Straßen und Wege

Entscheidende Texte zu den unterschiedlichen Arten von Straßen finden sich in D. 43,8,7–11.[299] In diesen wird ein Interdiktenschutz an *loca publica* geregelt, welcher das Bauen auf öffentlichen Plätzen verbietet.[300] Dort wird von Ulpian offensichtlich eine Definition der *via publica* in D. 43,8,2,21–23 vorgenommen:

> *D. 43,8,2,21 Ulpianus libro sexagensimo octavo ad edictum:*
> *Viam publicam eam dicimus, cuius etiam solum publicum est: non enim sicuti in privata via, ita et in publica accipimus: viae privatae solum alienum est, ius tantum eundi et agendi nobis competit: viae autem publicae solum publicum est, relictum ad directum certis finibus latitudinis ab eo, qui ius publicandi habuit, ut ea publice iretur commearetur.*

Eine *via publica* erfordert danach, dass sie über öffentlichen Grund verläuft. Demgegenüber handelt es sich um eine *via privata*, wenn die Straße über ein privates Grundstück führt.[301]

---

296 *Palma*, S. 859.

297 Natürlich auch mit den weiteren Beispielen der Extrakommerzialität, die ihren Grund in der Eigenschaft als *locus publicus* hat.

298 So bereits *Kollath*, S. 13.

299 Zum römischen Straßen- und Wegerecht vgl. insbesondere die Darstellungen von *Radke*, *Herzig*, *Palma*, *Capogrossi-Colognesi* und *Voigt*.

300 Das Interdikt beginnt mit *D. 43,8,1 Paulus libro sexagensimo quarto ad edictum: In loco publico praetor prohibet aedificare et interdictum proponit* sowie *D. 43,8,2 pr.-2 Ulpianus libro sexagensimo octavo ad edictum: Praetor ait: „Ne quid in loco publico facias inve eum locum inmittas, qua ex re quid illi damni detur, praeterquam quod lege senatus consulto edicto decretove principum tibi concessum est. De eo quod factum erit interdictum non dabo." Hoc interdictum prohibitorium est et tam publicis utilitatibus quam privatorum per hoc prospicitur. Loca enim publica utique privatorum usibus deserviunt, iure scilicet civitatis, non quasi propria cuiusque, et tantum iuris habemus ad optinendum, quantum quilibet ex populo ad prohibendum habet. Propter quod si quod forte opus in publico fiet, quod ad privati damnum redundet, prohibitorio interdicto potest conveniri, propter quam rem hoc interdictum propositum est.*

301 Zu der rechtlichen Ausgestaltung einer *via privata* als Servitut vgl. *Möller*, Servituten, S. 62 ff. (65 ff.).

Das *etiam* im ersten Satz des Fragments scheint auszusagen, dass ein öffentlicher Gebrauch (*usus publicus*) nicht ausreicht, damit eine Straße als *publica* gilt. Die Zugehörigkeit des Bodens zum *patrimonium populi* ist nach dieser Ansicht vielmehr Voraussetzung.[302] Als weitere Voraussetzung für eine *via publica* ist von Ulpian eine *publicatio* durch den zuständigen Magistrat, der das *ius publicandi* innehat, also ein hoheitlicher Akt, notwendig.[303]

Im direkten Anschluss an diese Unterscheidung von öffentlichen und privaten Wegen nimmt Ulpian in D. 43,8,2,22 jedoch eine Dreiteilung vor:

> *D. 43,8,2,22: Ulpianus libro sexagensimo octavo ad edictum:*
> *Viarum quaedam publicae sunt, quaedam privatae, quaedam vicinales. Publicas vias dicimus, quas Graeci βασιλικάς (regias), nostri praetorias <alii>, alii consulares vias appellant. Privatae sunt, quas agrarias quidam dicunt. Vicinales sunt viae, quae in vicis sunt vel quae in vicos ducunt: has quoque publicas esse quidam dicunt: quod ita verum est, si non ex collatione privatorum hoc iter constitutum est, aliter atque si ex collatione privatorum reficiatur: nam si ex collatione privatorum reficiatur, non utique privata est: refectio enim idcirco de communi fit, quia usum utilitatemque communem habet.*

Neben den *viae privatae* und den *viae publicae* werden als eine weitere Kategorie der Straße die *viae vicinales* und die Abgrenzungskriterien zwischen den drei Arten der Straßen genannt. Öffentliche Straßen sind danach praetorische oder consularische, während private auch *viae agrariae* genannt werden.

Viae privatae sind nach der Darstellung Ulpians in D. 43,8,2,23 in zwei verschiedenen Formen denkbar:

> *D. 43,8,2,23 Ulpianus libro sexagensimo octavo ad edictum:*
> *Privatae viae dupliciter accipi possunt, vel hae, quae sunt in agris, quibus imposita est servitus, ut ad agrum alterius ducant, vel hae, quae ad agros ducunt, per quas omnibus commeare liceat, in quas exitur de via consulari et sic post illam excipit via vel iter vel actus ad villam ducens.*

Zum einen werden als solche die Straßen bezeichnet, welche auf dem Land verlaufen und als Servitut für ein benachbartes Grundstück dienen. Zum anderen können *viae privatae* auf Landgüter führen. Diese erlauben allen Menschen, darauf zu gehen.

Die dritte Kategorie der Straßen, die *viae vicinales*, wird in diesen Textstellen keiner der beiden ersten Möglichkeiten fest zugeordnet. Vielmehr können diese Straßen nach Ulpian sowohl öffentliche als auch private Straßen sein. Nach

302 *Palma*, S. 854.
303 *Möller*, S. 432.

D. 43,8,2,22 ist für die Einteilung als private oder öffentliche Straße entscheidend, ob die betreffende *via vicinalis* aus gemeinschaftlichen Beiträgen der Anlieger ausgebessert wird und ob die Straße aus gemeinschaftlichen Beiträgen von Privaten angelegt worden ist.

In der Tat scheint Ulpian seine in D. 43,8,2,21 aufgestellten Kriterien für die Bestimmung der *viae vicinales* angewandt zu haben. Sofern eine *via vicinalis* durch Beiträge von Privaten hergestellt worden ist, bedeutet dies zugleich, dass diese Straße auf privaten Grundstücken verläuft. Nach dem in D. 43,8,2,21 genannten Kriterium des Eigentums am Straßenboden, ist eine solche Straße daher eine *via privata*. Wenn eine Straße jedoch nicht auf privatem Grund verläuft, ist sie eine öffentliche, da auch der Straßenboden nicht ein privater, sondern ein öffentlicher ist.[304]

Die Durchführung von Ausbesserungsarbeiten von privater Hand spielen für die Klassifizierung als *via privata* dagegen keine Rolle. Ulpian unterscheidet in D. 43,8,2,22 folglich strikt zwischen der *constitutio privatorum* und der *refectio privatorum*.[305]

Eine ähnliche Unterscheidung wird auch in dem Interdiktentitel *D. 43,7: interdictum de locis et itineribus publicis* vorgenommen. Dieses thematisiert den Schutz des *usus omnium* auf öffentlichen Straßen und Wegen:[306]

D. 43,7,3 pr.-1 Ulpianus libro trigensimo tertio ad Sabinum
Viae vicinales, quae ex agris privatorum collatis factae sunt, quorum memoria non exstat, publicarum viarum numero sunt.

(1) Sed inter eas et ceteras vias militares hoc interest, quod viae militares exitum ad mare aut in urbes aut in flumina publica aut ad aliam viam militarem habent, harum autem vicinalium viarum dissimilis condicio est: nam pars earum in militares vias exitum habent, pars sine ullo exitu intermoriuntur.

---

304 *Palma*, S. 856, merkt an, dass in D. 43,8,2,22 auch ein funktionaler Aspekt eine Rolle spielt, indem vorher darauf hingewiesen wurde, wohin die *viae vicinales* führen *(in vicis sunt vel in vicos ducunt)*, ohne dass ein Bezug zur Zugehörigkeit des Bodens vorgenommen worden ist.

305 Ulpian wendet sich mit seiner Rechtsauffassung von einer anderen ab, die er mit „*quidam*" bezeichnet. Diese „*quidam*" erklären – anders als er selbst – die *viae vicinales* als *viae publicae*, obwohl diese Straßen über privaten Grund verlaufen können. Hierzu vgl. auch *Möller*, Servituten, S. 58 ff. *Möller*, S. 428 ff. (insbesondere S. 431), legt plausibel dar, dass in dieser Formulierung die Sichtweise der vorklassischen Juristen zum Ausdruck kommt. Diese haben offenbar nicht auf die (eigentumsrechtliche) Zugehörigkeit des Bodens, sondern auf die Nutzung des Bodens abgestellt.

306 Vgl. *D. 43,7,1 Pomponius libro trigensimo ad Sabinum: Cuilibet in publicum petere permittendum est id, quod ad usum omnium pertineat, veluti vias publicas, itinera publica: et ideo quolibet postulante de his interdicitur.*

Nach D. 43,7,3 pr. sind *viae vicinales*, die auf dem Boden von Privatpersonen (*solum alienum*) verlaufen, *viae publicae*, sofern die ursprünglichen Privatpersonen, die bei der *collatio* des Bodens beteiligt waren, nicht mehr bekannt sind (*quorum memoria non exstat*). Somit ist im Gegenschluss die Voraussetzung für die Einordnung als *via privata*, dass die *via vicinalis* durch die *collatio privatorum* entstand und diese Privatleute noch bekannt sind.

In Fragment D. 43,7,3,1 wird ferner bestimmt, dass ein Unterschied zwischen *viae vicinales* und *viae militares* besteht. Während die *viae militares* als eine Art Hauptstraßen entweder zum Meer, zu einer Stadt, an einen öffentlichen Fluss oder zu einer anderen Militärstraße führen, haben die *viae vicinales* nur eine untergeordnete, dienende Funktion und sie führen nur teilweise zu den *viae militares* hin.

Bedeutsam ist diese Stelle (D. 43,7,3 pr.-1) insofern, als eine *via vicinalis*, wenn sie auf Grund der *collatio privatorum* existiert und diese Privatleute bekannt sind, auch dann als eine *via privata* gilt, wenn sie die Fortsetzung einer Militärstraße und damit für den öffentlichen Verkehr zugänglich ist.[307]

Die ulpianische Unterscheidung nach den Eigentumsverhältnissen am Straßenboden wird jedoch nicht in allen juristischen Quellentexten vorgenommen. Beispielhaft wird in der Literatur insbesondere auf einen Text von Festus und die bereits oben zitierte Pomponius-Stelle D. 43,7,1 verwiesen:

> *Festus, De verborum significatione, S. 508*
> *Viae sunt et publicae, per <quas ire> omnibus licet, et privatae, quibus neminem uti praeter eorum quorum sunt.*[308]

Festus scheint in diesem Text als Abgrenzungskriterium hauptsächlich auf den öffentlichen Gebrauch der Straße abzustellen. Straßen, die öffentlich genutzt werden, sind öffentliche, solche, die für den Eigentümer reserviert sind, sind *viae privatae*. Anders als bei Ulpian komme es danach nicht auf die Eigentumsverhältnisse am Boden an. Entscheidend sei vielmehr, ob ein öffentlicher Gebrauch oder eine exklusive Benutzung der Straße vorliegt.[309]

Die Deutung der Festus-Stelle ist jedoch in der Literatur umstritten. Während *Palma* diesen Text so versteht, dass der öffentliche Gebrauch Bedingung für die

307 So bereits *Palma*, S. 857.
308 Dazu vgl. *Möller*, S. 425 mit Fn. 17;*Capogrossi-Colognesi*, S. 1 und *Palma*, S. 859.
309 So etwa *Palma*, S. 859.

Klassifizierung als *via publica* ist, meint *Capogrossi-Colognesi*, dass der Text nur eine Feststellung über den Gebrauch der *viae publicae* trifft im Sinnne von: „Die *viae publicae* sind für den öffentlichen Gebrauch bestimmt."[310]

In der Tat lässt sich aufgrund dieses Fragments von Festus keine sichere Aussage darüber treffen, ob Festus hier wirklich eine Abgrenzung zwischen der einen und der anderen Art der Straße nur anhand des Gebrauchs vornehmen wollte. Aus juristischer Sicht erscheint eine solche Abgrenzungsmethode zweifelhaft, weil sie deutlich unsicherer ist als eine Methode, die auf die einfacher feststellbaren Eigentumsverhältnisse am Boden abstellt. Insofern macht auch Ulpians Rechtsauffassung in D. 43,7,3 pr. einen Sinn, soweit er dort Straßen als öffentliche auch dann ansieht, wenn sie öffentlich genutzt werden und die Privatpersonen, die die Straße einmal angelegt hatten, nicht mehr bekannt sind. Hier scheint Ulpian aus genau diesen Gründen der Rechtsklarheit und -sicherheit und wegen des öffentlichen Nutzens der Straße eine öffentliche Straße als Ausnahmefall annehmen zu wollen. Dies gilt aber nur für den Fall, dass keine Erinnerung mehr an den Eigentümer existiert, also von dieser Seite kein Konflikt droht.

Die Pomponius-Stelle stellt ebenfalls den öffentlichen Gebrauch der Straßen in den Vordergrund: „*Cuilibet in publicum petere permittendum est id, quod ad usum omnium pertineat,...*"

Jedoch bleibt festzuhalten, dass dieses Fragment von Pomponius nichts über die Kriterien zur Bestimmung einer *via* als *privata* oder *publica* verrät. Der Bezug zum *usus omnium* beschränkt sich auf die Feststellung, dass eine *via publica* dem öffentlichen Gebrauch unterworfen ist, und bedeutet nicht, dass der öffentliche Gebrauch Voraussetzung für eine *via publica* ist. Und so meint auch *Herzig* zu Recht, dass der Versuch, mehr Unterscheidungsmerkmale als die von Ulpian genannten Eigentumsverhältnisse am Boden für die Kategorien der *via publica* und der *via privata* anzunehmen, nicht erfolgversprechend ist.[311] Entscheidend ist, wie es auch Ulpian sagt, dass die *via publica* über *solum publicum* verläuft.[312]

Es wurde nun bereits herausgearbeitet, dass es in der Literatur verschiedene Ansichten darüber gibt, welche Kriterien eine *via publica* erfüllen muss, um eine solche und keine *via privata* zu sein.[313] Trotz der insoweit in Bezug auf die oben

---

310 *Capogrossi-Colognesi*, S. 1 f.; *Palma*, S. 859.

311 Vgl. *Herzig*, S. 612.

312 *Herzig*, S. 612; ebenso wohl *Bonfante*, S. 104.

313 Vgl. oben die Darstellung zu den *viae publicae* im Kapitel über die *res publicae in uso publico*.

zitierte Festus-Stelle und die Pomponius-Stelle D. 43,7,1 vorgetragenen Argumente, dass eine *via publica* sich durch den öffentlichen Gebrauch bestimmen lasse, erscheint es richtiger, auf die Eigentumsverhältnisse am Straßenboden abzustellen. In diesem Zusammenhang gibt es jedoch ein Fragment Javolens, das die größten Zweifel an der Richtigkeit der oben aufgestellten These hervorrufen kann. Es handelt sich dabei um D. 43,11,2:

D. 43,11,2 Iavolenus libro decimo ex Cassio:
Viam publicam populus non utendo amittere non potest.

Nach Javolen kann das Volk (*populus*) einen öffentlichen Weg nicht durch Nichtgebrauch verlieren. Nach der Auffassung von *Palma*, *Capogrossi Colognesi* und *Möller* macht diese Aussage von Javolen nur einen Sinn, wenn diese *via publica* auf einem privaten Grund verläuft, aber für den öffentlichen Verkehr geöffnet ist.[314] Denn nach *Palmas* Auffassung muss es sich um einen Weg auf dem Land handeln, der durch eine Servitut öffentlich gemacht worden ist. Alles andere ergebe deshalb keinen Sinn, weil es erstens im römischen Recht keine städtischen Wegeservitute gab und sich sonst das Problem des Nichtgebrauchs nicht stellen würde. Zweitens wäre eine Stellungnahme von Javolen bezüglich der in der Stadt verlaufenden Straßen überflüssig, weil diese stets öffentliche Wege waren, deren Grund und Boden auch öffentlich waren.[315]

Dieses Verständnis der Stelle hätte zur Konsequenz, dass entgegen der ulpianischen Rechtsauffassung eine *via publica* auch über ein im Privateigentum befindliches Grundstück verlaufen könnte. Sie widerspräche damit der ulpianischen Ansicht vollständig.

Erklärt wird dieser Unterschied von *Möller* mit dem Festhalten Javolens an den Konzeptionen der sabinianischen Rechtsschule und Ulpians Versuch, eindeutige, unzweifelhafte Kriterien für die Abgrenzung der *viae publicae* und der *viae privatae* zu finden.[316] So soll Javolen nach ihrer Auffassung in der Tradition der sabinianischen Rechtsschule Mischkategorien von öffentlichen Straßen dergestalt anerkannt haben, dass diese – belegt mit einer Servitut – auch über

314 *Palma*, S. 865. Auch für *Capogrossi-Colognesi* stellt diese Stelle ein Problem für die Bestimmung der notwendigen Kriterien für eine *via publica* dar, vgl. *ders.*, S. 15 f. Ebenso *Möller*, S. 431 mit Fn. 34: Nach ihr zeigt sich in dieser Aussage Javolens, dass dieser in der Tradition der vorklassischen Juristen eine Mischkategorie von öffentlichen Wegen, die über privaten Grund führen können, anerkennt.

315 *Palma*, S. 865; *Capogrossi Colognesi*, S. 15; *Möller*, S. 431 mit Fn. 34.

316 *Möller*, S. 431 mit Fn. 34.

privaten Grund führen konnten. Die sabinianische Rechtsschule sei damit der Auffassung der *veteres* gefolgt, die, in D. 43,8,2,22 von Ulpian als *quidam* bezeichnet, die Vizinalwege auch beim Verlauf über privaten Grund als *viae publicae* klassifizierten.[317]

Entgegen dieser Ansicht erscheint aber eine andere Deutung der Aussage Javolens dergestalt möglich, dass zwischen Ulpian und Javolen kein Widerspruch entsteht: Die wörtliche Übersetzung von Javolens Text sagt lediglich aus, dass eine öffentliche Straße durch Nichtgebrauch dem Volk nicht verloren geht. Es erscheint zwar naheliegend, diese Stelle in dem oben dargestellten Sinne zu deuten, dass Javolen eine Rechtsansicht zu der Frage abgegeben hat, ob und wie eine Servitut verloren gehen kann (nämlich dann, wenn sie nicht benutzt wird). Zwingend ist diese Interpretation aber nicht, weil Javolen kein Wort über eine Servitut an der *via publica* verliert. Vielmehr hat er vielleicht letztlich tatsächlich nur die Aussage treffen wollen, dass eine öffentliche Straße eine öffentliche Straße bleibt, auch wenn sie nicht benutzt wird.

Diese Aussage würde im Einklang mit der Ulpians stehen. Sie wäre zugleich auch ein weiterer Beleg, wenn nicht sogar der entscheidende Beleg dafür, dass eine Interpretation des Festus-Fragments im Sinne von „eine *via publica* liegt vor, wenn die Straße durch die Öffentlichkeit genutzt wird“ falsch ist, weil nach Auffassung Javolens die öffentliche Nutzung der Straße gerade keinen Einfluss auf den Status der *via publica* hat.

Eine Bestätigung der Thesen, dass auch eine *via publica* über privates Land führen kann und dass eine *via publica* sich von einer *via privata* durch den Gebrauch unterscheidet, folgt auch nicht aus D. 9,2,31. In D. 9,2,31 stellt Paulus die Rechtsauffassung von Quintus Mucius Scaevola und seine eigene Rechtsauffassung zu der Frage dar, ob und warum einer, der einen Baum beschneidet, nach der *lex Aquilia* haftet, wenn ihm bei dieser Tätigkeit ein Ast herunterfällt, der einen fremden Sklaven trifft. Die auf Quintus Mucius Scaevola zurückgehende Auffassung, dass es keinen großen Unterschied mache, ob sich der Unglücksfall auf einem privaten oder einem öffentlichen Grundstück zugetragen hat, lässt nicht erkennen, um welche Art Weg es sich im zu entscheidenden Fall konkret handelte. Die Art des Weges ist für die römischen Juristen gerade nicht der entscheidende Aspekt. Denn dass ein Weg gewöhnlich über private Grundstücke führt, sagt nichts darüber aus, ob der Weg nun ein *iter publicum* oder aber ein *iter privatum* ist. Auch über ein *iter privatum* können die Menschen für gewöhnlich

317 So *Möller*, S. 430 f. mit weiteren Literaturnachweisen.

gehen. Das lässt sich dem Text D. 43,8,2,23 entnehmen.[318] Die allgemeine Nutzung des Weges ist daher kein Kriterium für die Zuordnung als *via publica*.[319]

Unabhängig davon, welcher Auffassung man folgt, steht jedenfalls die Aussage Javolens, deutet man sie im Sinne der sabinianischen Tradition, relativ allein.

d) Loca publica im *Sinne von D. 43,8,2*

aa) Publica loca *im Sinne von D. 43,8,2,3*

In einer weiteren Textstelle aus dem gleichen Interdikt ist noch eine zusätzliche Aufzählung von öffentlichen Orten von Labeo erhalten:

> *D. 43,8,2,3 Ulpianus libro sexagensimo octavo ad edictum:*
> *Publici loci appellatio quemadmodum accipiatur, Labeo definit, ut et ad areas et ad insulas et ad agros et ad vias publicas itineraque publica pertineat.*

Nach der in D. 43,8,2,3 von Ulpian überlieferten Aufzählung der öffentlichen Orte (*publici loci*) sollen unter Berufung auf die Auffassung von Labeo dazu *areae*, *insulae*, *agri* und öffentliche Straßen und Wege gehören. Die öffentlichen Straßen und Wege wurden soeben ausführlich behandelt. Die Textstelle D. 43,8,2,3 scheint allerdings eine Textstörung zu enthalten:

Es erscheint nicht zutreffend, dass alle *agri* und *areae* von Ulpian als öffentliche Orte angesehen worden sind. Vielmehr dürfte in dieser Textstelle Ulpians tatsächlich der Begriff *publicus* am Ende der gesamten Aufzählung gestanden haben und sich auf alle ihre Teile bezogen haben. Ulpian dürfte in dieser Textstelle nur eine Aussage über Arten von *loci*, nicht aber über ihre Eigenschaft als *publici* gemacht haben.

Die Bedeutungen der Wörter *area* und *ager* werden in D. 50,16 (*De verborum significatione)* von Javolen und Florentin erläutert:

> *D. 50,16,115 Iavolenus libro quarto epistularum:*
> *Quaestio est, fundus a possessione vel agro vel praedio quid distet. „Fundus" est omne, quidquid solo tenetur. „Ager" est, si species fundi ad usum hominis comparatur. „Possessio" ab agro iuris proprietate distat: quidquid enim adprehendimus, cuius proprietas ad nos*

---

318 *D. 43,8,2,23: Ulpianus libro sexagensimo octavo ad edictum: Privatae viae dupliciter accipi possunt, vel hae, quae sunt in agris, (…) vel hae, quae ad agros ducunt, per quas omnibus commeare liceat, in quas exitur de via consulari et sic post illam excipit via vel iter vel actus ad villam ducens.*

319 *D. 9,2,31 Paulus libro decimo ad Sabinum: (…) Cum plerumque per privata loca volgo iter fiat.* – Der Satz wird in der Ausgabe von *B/K/K/S*, II, S. 756, mit „da ein allgemein benutzter Weg sehr oft über Privatgrundstücke führt" übersetzt.

non pertinet aut nec potest pertinere, hoc possessionem appellamus: possessio ergo usus, ager proprietas loci est.(...)

D. 50,16,211 Florentinus libro octavo institutionum:
„Fundi" appellatione omne aedificium et omnis ager continetur. Sed in usu urbana aedificia „aedes", rustica „villae" dicuntur. Locus vero sine aedificio in urbe „area", rure autem „ager" appellatur. Idemque ager cum aedificio „fundus" dicitur.

Danach ist unter *ager* nach Florentin eine unbebaute Fläche auf dem Land gemeint, während *area* eine unbebaute Fläche in der Stadt bezeichnet.[320] Nach Javolen ist ein *ager* zunächst eine Fläche, die dem Gebrauch des Menschen dient. Von der *possessio* unterscheidet sich der *ager* in rechtlicher Hinsicht. Unter *ager* wird ein Ort verstanden, der im Eigentum einer Person steht oder stehen kann, während unter *possessio* der Gebrauch eines Ortes verstanden wird, an dem „*nos*" (also die römischen Privatleute)[321] im bestimmten Fall kein Eigentumsrecht haben oder generell kein Eigentumsrecht haben können (*aut nec potest pertinere*).[322]

Mit der Auskunft Javolens könnte angenommen werden, dass ein *ager* jedenfalls immer zu den *res in usu publico* zu zählen ist, weil er *ad usum hominis comparatur*. Aus dem Zusammenhang mit den bereits zitierten nachfolgenden Stellen D. 43,8,2,4–5 ergibt sich allerdings, dass diese Sichtweise zumindest nach Ulpian nicht zwingend zutreffend sein muss. Denn wenn die *agri* als *loci in usu publico* verstanden worden wären, läge in der nachfolgenden Aussage von Ulpian, dieses Interdikt sei nicht auf die *loca fisci* anwendbar, kein besonderer inhaltlicher Wert.

bb) Loca publica *im Sinne von D. 43,2,9*

Mit Verweis auf D. 48,2,9 werden auch die *campi publici* und die *balinea publica*, die Badehäuser, von *Vegting* zu den *res publicae in usu publico* gezählt.[323] Dass

---

320 Unter *urbs* versteht Marcian nach D. 50,16,87 die Stadt Rom, die von Mauern umgeben ist:
„‚Urbs' est ‚Roma', quae muro cingeretur (...)".

321 Hier zeigt sich insoweit ein gleiches Verständnis von „*nos*" wie bei der Einteilung der Sachen in *res quae nullius in bonis esse* und denjenigen, die Privatleuten gehören.

322 Nach der Bedeutung des Wortes *pertinere* bei Pomponius, D. 50,16,181, ist der Halbsatz „*aut nec potest pertinere*" eigentlich überflüssig: „*Verbum illud ‚pertinere' latissime patet: nam et eis rebus petendis aptum est, quae dominii nostri sint, et eis, quas iure aliquo possideamus, quamvis non sint nostri dominii. Pertinere ad nos etiam ea dicimus, quae in nulla eorum causa sint, sed esse possint.*"

323 *Vegting*, S. 10; ebenso schon *Wappäus*, S. 31.

diese Orte dazugehören sollen, erscheint auf den ersten Blick plausibel, weil Ulpian diese Orte gemeinsam mit den Theatern als öffentliche Orte im Sinne des Interdikts „*Ne quid in loco publico vel itinere fiat*“ erwähnt.[324] Die Theater konnten bereits zu den *res publicae in usu publico* dazugezählt werden. Im Übrigen ist diese Gleichsetzung auch nachvollziehbar, weil die öffentlichen Plätze und Badehäuser einen gleichen Zweck verfolgen wie die übrigen bereits untersuchten *loca publica*.

Die Bäder werden allerdings in den Quellen in keiner der beispielhaften Aufzählungen erwähnt, nicht einmal in der Stelle Gai. Epit. 2,1,1, die ersichtlich dem Zwecke dient, eine möglichst umfassende und klare Aufzählung der Sachen zu geben. Wie bei den öffentlichen Straßen und Wegen ist mit dem Wort *publicus* nicht gesagt, welche *balinea* nun unter die *res publicae in usu publico* fallen.

Mommsen hat bereits unter Bezugnahme auf einen Brief von Seneca, Epist. 86,10, dargestellt, dass es drei verschiedene Arten von Bädern zu unterscheiden gilt. Zum einen ist es denkbar, dass es sich um ein Bad handelt, bei dem der Zutritt allen erlaubt ist, weil es nicht von einer Privatperson betrieben wird. Dann ist denkbar, dass eine Privatperson ein Bad betreibt, dass es aber der gesamten Öffentlichkeit zur Benutzung offen steht. Als letzte Möglichkeit wird das Bad von einer Privatperson betrieben und es ist nicht für den öffentlichen Gebrauch geöffnet.[325] Es ist eindeutig, dass die reinen Privatbäder nicht Teil des *usus publicus* und damit auch nicht Teil der *res extra commercium* sind. Nach Mommsen ist die Aussage in Epist. 86,10[326] aber sowohl auf die öffentlichen als auch auf die privaten Bäder bezogen, die dem Publikum geöffnet sind.[327]

---

324 Vgl. *D. 48,2,9 Ulpianus libro sexagensimo octavo ad edictum: „(…) nec is, qui in campo publico ludere vel in publico balineo lavare aut in theatro spectare (…).*“

325 *Mommsen*, StR II, S. 510 f. mit Fn. 4. *Egelhaaf-Gaiser*, S. 376 ff., unterscheiden die Bäder noch differenzierter: Zu unterscheiden sei zunächst zwischen den *balnea* als kleinen Bädern und den *thermae* als den großen, prächtigen Bädern, vgl. *Egelhaaf-Gaiser*, S. 378. Insofern gebe es fünf Arten der Bäder, nämlich großdimensionierte Bäder der Heiligtümer mit überregionalem Einzugsbereich, das halböffentliche Bad im Privathaus eines Vereinspatrons oder in einer *schola*, Bäder in Heilthermen, das Hausbad einer Privatwohnung und die städtischen Bäder, so *Egelhaaf-Gaiser*, S. 378 f.

326 *Seneca Epist. 86,10: Quam iuvat illa balnea intrare obscura et gregali tectorio inducta, quae scires Catonem tibi aedilem aut Fabium Maximum aut ex Corneliis aliquem manu sua temperasse! Nam hoc quoque nobilissimi aediles fungebantur officio intrandi ea loca quae populum receptabant exigendique munditias et utilem ac salubrem temperaturam.*

327 *Mommsen*, StR II, S. 510 Fn. 4.

In den Digesten findet sich allerdings kein Beispiel für ein öffentliches Bad, das eine *res extra commercium* sein könnte. Die Bäder, welche nach D. 19,2,30,1 im öffentlichen Gebrauch stehen, sind nur in diesem Sinne öffentlich, stellen aber keine *res publicae in usu publico* dar:

D. 19,2,30,1 Alfenus libro tertio digestorum a Paulo:
Aedilis in municipio balneas conduxerat, ut eo anno municipes gratis lavarentur: post tres menses incendio facto respondit posse agi cum balneatore ex conducto, ut pro portione temporis, quo lavationem non praestitisset, pecuniae contributio fieret.

Die *balnea* in D. 19,2,30,1 stehen offenbar im Privateigentum einer Privatperson, sonst müsste der Aedil keine Miete zahlen.[328] Außerdem ist davon die Rede, dass der Vermieter bei einer zeitweisen Unmöglichkeit der Nutzung der Bäder auf einen Geldausgleich verklagt werden könne. Zudem hat der Aedil die Miete dafür entrichtet, dass die Bürger der Stadtgemeinde, also alle ohne einzelne Aufzählung, die Bäder in diesem Jahr nutzen können. Die Bäder stehen mithin der Öffentlichkeit insgesamt zum Gebrauch (*usus*) zur Verfügung. Sie stehen allerdings im Privateigentum und wurden nur zu Gunsten des allgemeinen Gebrauchs angemietet.

Es gibt keinen Grund dafür, anzunehmen, dass der private Eigentümer nur wegen dieser Art der Benutzung die Bäder nicht verkaufen oder sonst veräußern durfte. Eine förmliche *publicatio* der Bäder ist durch die Entrichtung der Miete nicht erfolgt. Die Bürger erlangten nur das Recht zur Benutzung. Folglich ist ein solches Bad, das im Privateigentum steht, nicht *publicus* im Sinne von D. 18,1,34,1 und auch nicht im Sinne von Gai. Epit. 2,1,1 und zählt daher nicht zu den *res extra commercium*.

Auch die in anderen Digestenstellen erwähnten Bäder scheinen Privatbäder gewesen zu sein.[329]

cc) Loca publica *im Sinne von D. 18,1,32*

Eine umfassende Aufzählung der *loca publica* ist nicht möglich. Zuletzt sei jedoch auf die *loca publica* im Sinne von D. 18,1,32 verwiesen:

D. 18,1,32 Ulpianus libro quadragensimo quarto ad Sabinum:
Qui tabernas argentarias vel ceteras quae in solo publico sunt vendit, non solum, sed ius vendit, cum istae tabernae publicae sunt, quarum usus ad privatos pertinet.

---

328 So die Übersetzung zu „*Aedilis … conduxerat*" von B/K/K/S II, S. 576.

329 *Balnea* werden noch in folgenden Texten erwähnt: D. 8,2,13 pr., D. 8,2,13,1, D. 8,2,19 und D. 7,1,13,8.

Die Digestenstelle ist aus zweierlei Gründen von Bedeutung. Zum einen wird vorgetragen, dass die Bank- und Wechselstuben auf öffentlichem Boden stehen. Es stellt sich erneut die Frage, ob die Bedeutung des Ausdrucks *in solo publico* eindeutig bestimmt werden kann. Auf den ersten Blick erscheint es plausibel, den Ausdruck so zu deuten, dass der Boden nicht im Eigentum einer Privatperson, sondern in dem des Staates steht: Verkauft werden kann nicht der Boden, sondern nur ein der Privatperson eingeräumtes Nutzungsrecht.

Andererseits kann auch bloß auf die öffentliche Nutzung des Platzes von Ulpian abgestellt worden sein, so wie es bei den öffentlichen Wegen bereits dargestellt worden ist. Unter *in solo publico* könnte dann auch verstanden werden, dass der Boden einer Privatperson gehört, aber öffentlich zugänglich ist. Gegen diese Interpretation des Textes spricht, neben den allgemeinen Bedenken, etwa aus dem Gegenschluss zu D. 18,1,34,1 (*habere [non] potest*), auch die Tatsache, dass Ulpian der Verfasser des Fragments ist. Ulpian ist aber bereits bei der Bestimmung, welche *viae publicae* sind, durch eine besonders restriktive Auffassung aufgefallen.[330] Daher ist der Ausdruck *in solo publico* bei Ulpian wohl auf die Eigentümerstellung und nicht auf die Nutzung des Bodens bezogen.

Allerdings handelt es sich bei den Bank- und Wechselstuben möglicherweise trotzdem nicht um *res publicae in usu publico*, sondern um *res publicae in usu privato*. Denn eine Einzelperson kann nach Aussage des Textes besondere Rechte haben.

Letztlich sind insoweit zwei Möglichkeiten denkbar: Entweder konnte an den Bank- und Wechselstuben Besitz bestehen oder aber nur ein besonderes Gebrauchsrecht, wie etwa auch bei dem Recht der Privatperson, über einen öffentlichen Weg eine Wasserleitung verlegen zu dürfen, solange diese nicht dem Allgemeingebrauch schadete.

e) Die öffentlichen Gewässer

aa) Flüsse und Häfen (flumina publica et portus)

Die Zuordnung von Flüssen zu den *res publicae in usu publico* im Sinne des Fragments D. 18,1,6 pr. erfolgt zunächst durch Inst. Iust. 2,1,2:

> *Inst. Iust. 2,1,2:*
> *Flumina autem omnia et portus publica sunt: ideoque ius piscandi omnibus commune est in portibus fluminibusque.*

---

330 So in Bezug auf die ulpianische Definition der *via publica* etwa *Möller*, S. 433; *Kollath*, S. 11.

Nach dieser Institutionenstelle sind alle Flüsse und Häfen öffentlich. Bereits durch die Aussage über das allgemein bestehende Recht zum Fischfang wird deutlich der *usus publicus* angesprochen. Dass die Flüsse *res publicae in usu publico* sind, wird auch unter Berücksichtigung weiterer Digesten- und Institutionenstellen eindeutig.[331] So erklärt Gaius im ersten Satz von D. 1,8,5 pr., dass der öffentliche Gebrauch der Flussufer ebenso wie der der Flüsse nach dem *ius gentium*, dem Völkergemeinrecht, besteht:

D. 1,8,5 pr. Gaius libro secundo rerum cottidianarum sive aureum:
Riparum usus publicus est iure gentium sicut ipsius fluminis. Itaque navem ad eas appellere, funes ex arboribus ibi natis religare, retia siccare et ex mare reducere, onus aliquid in his reponere cuilibet liberum est, sicuti per ipsum flumen navigare. Sed proprietas illorum est, quorum praediis haerent: qua de causa arbores quoque in his natae eorundem sunt.

Ebenso wird deren öffentlicher Gebrauch auch in der fast inhaltsgleichen Institutionenstelle Inst. Iust. 2,1,4[332] bejaht.

Die Zugehörigkeit der *flumina publica* zu den *res extra commercium* ergibt sich auch aus der Erwähnung der Flüsse im Zusammenhang mit den sakralen oder religiösen Orten in verschiedenen weiteren Texten. Zugleich wird dabei auch deutlich, dass die Zuordnung des Flussufers als *publica* keine vereinzelte Meinung von Gaius und in den Institutionen Justinians in D. 1,8,5 pr. und Inst. Iust. 2,1,2 und Inst. Iust. 2,1,4 ist.

Auch Ulpian teilt diese Rechtsauffassung insbesondere im Edikt „*De operis novi nuntiatione*" an zwei verschiedenen Stellen:

D. 39,1,1,1 Ulpianus libro quinquagensimo secundo ad edictum:
(...) nam si quid operis fuerit factum, quod fieri non debuit, cessat edictum de operis novi nuntatione et erit transeundum ad interdictum „quod vi aut clam factum erit ut restituatur", et „quod in loco sacro religiosove" et „quod in flumine publico ripave publica factum erit": nam his interdictis restituetur, si quid illicite factum est.

D. 39,1,1,17 Ulpianus libro quinquagensimo secundo ad edictum:
Nuntiamus autem, quia ius aliquid prohibendi habemus: vel ut damni infecti caveatur nobis ab eo, qui forte in publico vel in privato quid molitur: aut si quid contra leges edictave

331 Einen ausführlichen Überblick zum gesamten römischen Wasserrecht bietet *Bruun*, S. 575 ff.

332 *Inst. Iust. 2,1,4: Riparum quoque usus publicus iuris gentium, sicut ipsius fluminis: itaque navem ad eas appellere, funes ex arboribus ibi natis religare, onus aliquid in his reponere cuilibet liberum est, sicuti per ipsum flumen navigare. Sed proprietas earum illorum est, quorum praediis haerent: qua de causa arbores quoque in isdem natae eorundem sunt.*

principum. Quae ad modum aedificiorum facta sunt, fiet, vel in sacro vel in loco religioso, vel in [flumine] publico ripave fluminis, quibus ex causis et interdicta proponuntur.

Ulpian behandelt die *res publicae in usu publico* und die *res divini iuris* bei der Frage der Anwendbarkeit des Ediktes gleich. Auch der öffentliche Fluss und das öffentliche Flussufer haben nach Ulpian denselben rechtlichen Status.

Die in Inst. Iust. 2,1,2 getroffene Aussage, dass alle Flüsse öffentlich sind, steht jedoch im Widerspruch zu einer Digestenstelle Ulpians, nämlich D. 43,12,1,1–3:

D. 43,12,1,1–3 Ulpianus libro sexagensimo octavo ad edictum:
§ 1: Flumen a rivo magnitudine discernendum est aut existimatione circumcolentium. § 2: Item fluminum quaedam sunt perennia, quaedam torrentia. perenne est, quod semper fluat, αέναος, torrens ο χειμαρρους: si tamen aliqua aestate exaruerit, quod alioquin perenne fluebat, non ideo minus perenne est. § 3: Fluminum quaedam publica sunt, quaedam non. publicum flumen esse Cassius definit, quod perenne sit: haec sententia Cassii, quam et Celsus probat, videtur esse probabilis.

In D. 43,12,1,1–3 erklärt Ulpian, dass es *flumina* und *rivi* gibt, deren Unterscheidung sich entweder nach der Größe oder nach der Betrachtung der Anrainer des Wassers richtet. Weiterhin gibt es unterschiedliche Arten von Flüssen, nämlich einmal diejenigen, die *perennia* sind, und diejenigen, die *torrentia* sind. *Perrenia flumina* sind diejenigen, die ständig fließen. Nur diese sind nach Ulpian unter den öffentlichen Flüssen zu verstehen. Auch Festus geht auf die Unterscheidung von *flumina perennia* und *torrentia* ein. Er beruft sich dabei auf die Meinung von Aelius Gallus, der unter *flumen* sowohl die einen als auch die anderen verstanden hat:

Festus, de significatione verborum, S. 482 f.:
(…) Significat etiam fluvium, subitis imbribus concitatum, qui alioqui siccitatibus exarescit, cuius aquam ipsam, quae fluit, flumen recte dici ait Aelius Gallus lib. II. quae ad ius pertinent; ceterum volgi consuetudine utrumque iam dici flumen, et perennem fluvium et torrentem.

Der scheinbare Widerspruch zwischen Inst. Iust. 2,1,2 und dem Verständnis des Wortes *flumen* bei Ulpian und Festus erklärt sich aus der Mehrdeutigkeit des Wortes *flumen*. Die Aussagekraft von Inst. Iust. 2,1,2 ist auch schon deshalb nicht allzu groß, weil das parallel in den Digesten erscheinende Fragment D. 1,8,4,1 den in der Institutionenstelle vertretenen rigorosen Standpunkt abschwächt:[333]

D. 1,8,4,1 Marcianus libro tertio institutionum:
Sed flumina paene omnia et portus publica sunt.

333 *Vegting*, S. 46.

Die Relativierung durch das Einfügen des Wortes *paene* erlaubt den Schluss, dass unter dem Wort *flumen* beide Arten verstanden worden sind. Es handelte sich aber nur bei der einen Sorte von Flüssen, nämlich bei den *flumina perennia*, um *publica flumina* im Sinne der Definitionen von Ulpian und Festus.[334] Aus den genannten Quellentexten geht weiterhin hervor, dass zwei unterschiedliche Kriterien für die öffentlichen Flüsse vorhanden waren: Zum einen ist es die Größe, die den Fluss vom *rivus* (Bach) unterscheidet, und zum anderen ist es die Perennität, die das entscheidende Kriterium zur Unterscheidung zwischen den öffentlichen und privaten Flüssen bildet.[335]

Um diese beiden Kriterien zu erklären, wird in der Literatur hauptsächlich argumentiert, dass die ulpianische Unterscheidung von *flumen* und *rivus* im Corpus Iuris Civilis einzigartig und eine Differenzierung nach der Größe auch nicht praktikabel gewesen sei.[336] Die Navigabilität eines Flusses war jedenfalls kein Kriterium für die Unterscheidung zwischen *flumen publicum* und *flumen privatum*.[337]

Der kategorischen Behauptung in Inst. Iust. 2,1,2 steht schließlich D. 43,12,1,4 entgegen, wo Ulpian die Anwendbarkeit des Interdikts „*Ne quid in flumine publico ripave eius fiat, quo peius navigetur*" bei einem *flumen privatum* verneint:

> *D. 43,12,1,4: Ulpianus libro sexagensimo octavo ad edictum:*
> *Hoc interdictum ad flumina publica pertinet: si autem flumen privatum sit, cessabit interdictum: nihil enim differt a ceteris locis privatis flumen privatum.*

Dass es neben den öffentlichen Flüssen auch private Flüsse gibt, erscheint auch allein deshalb plausibel, weil sonst die Betonung der Öffentlichkeit des Flusses in den verschiedenen Digestenstellen zum Interdiktenschutz überflüssig wäre.[338] Die Nichtanwendbarkeit des Interdikts bei einem *flumen privatum* wird kurz darauf auch noch einmal im Zusammenhang mit der Veränderung der Eigentumsverhältnisse am Flussbett und an den Flussufern bei vorübergehender Überschwemmung und dauerhaftem Wechsel des Flussbettes wiederholt.[339]

---

334 Vgl. *Vegting*, S. 45 f.; *Kollath*, S. 14 f.

335 Ebenso *Hinker*, S. 179 f. mit weiteren Nachweisen. Zur unterschiedlichen Bedeutung des Wortes *rivus* in den Quellentexten vgl. noch *Geißler*, S. 174 f. mit Fn. 156–159.

336 So etwa *Kollath*, S. 15.

337 So bereits *Bonfante*, S. 87, unter Verweis auf *D. 43,12,2 Pomponius libro trigensimo quarto ad Sabinum: Quominus ex publico flumine ducatur aqua, nihil impedit (nisi imperator aut senatus vetet), si modo ea aqua in usu publico non erit: sed si aut navigabile est aut ex eo aliud navigabile fit, non permittitur id facere.*

338 Vgl. nur die Titel von D. 43,12, D. 43,13, D. 43,14 und D. 43,15.

339 D. 43,12,10. Die Existenz von *flumina privata* lässt sich auch in der nichtjuristischen Literatur nachweisen. *Bruun*, S. 578, verweist beispielhaft in seiner Darstellung auf

In der Digestenstelle D. 43,12,1,4 sagt Ulpian schließlich explizit, dass zwischen einem privatem Fluss und einer sonstigen privaten Sache kein Unterschied besteht.[340]

Das Flussbett (*alveus*) des öffentlichen Flusses ist eine *res publica in usu publico*. Dies ergibt sich aus D. 43,12,1,6–11, insbesondere aus D. 43,12,1,7.[341] Dort wird von Ulpian erklärt, dass ein neues Flussbett, welches sich ein Fluss gesucht hat, öffentlich wird.

Umgekehrt hört ein altes Flussbett auf, öffentlich zu sein. Es verliert damit seine Eigenschaft als *res extra commercium*. Diese Sichtweise ist nachvollziehbar, denn wenn der Fluss selbst eine *res publica in usu publico* ist, wäre es mit diesem Status kaum verträglich, dessen Flussbett rechtlich anders einzuordnen. Ulpian sagt es selbst deutlich: Es ist unmöglich, dass das Flussbett eines öffentlichen Flusses nicht selbst öffentlich ist. Nach Ulpian gilt entsprechendes nicht nur für einen Fluss, sondern auch für einen künstlich angelegten Kanal, durch den ein öffentlicher Fluss fließt.[342]

bb) Die Flussufer und Flussinseln

Während die öffentlichen Flüsse in den Institutionen Justinians und in den Digesten explizit als *res publicae* bezeichnet werden, besteht bei den Flussufern der (öffentlichen) Flüsse eine gewisse Unklarheit über ihren rechtlichen Status. Diese folgt aus der Gleichsetzung des Flussufers mit den Flüssen in D. 1,8,5 pr. und

---

ein Fragment des römischen Geographen Strabo, der von einem Volk der Salassi im heutigen Aosta-Tal berichtet, die – auch nachdem die Römer ihnen die Arbeit als Goldwäscher verboten haben und diese Tätigkeit selbst übernahmen – den nun goldwaschenden Römern das dafür notwendige Wasser verkauften. Dazu waren sie berechtigt, weil sie trotz der Entziehung der Goldwäscherei weiterhin als Eigentümer der Berge und des hindurchfließenden Flusses angesehen wurden. Zu dieser Quelle vgl. *Bruun*, a.a.O.

340 Dazu *Bonfante*, S. 89.

341 *D. 43,12,1,7 Ulpianus libro sexagensimo octavo ad edictum: Simili modo et si flumen alveum suum reliquit et alia fluere coeperit, quidquid in veteri alveo factum est, ad hoc interdictum non pertinet: non enim in flumine pubico factum erit, quod est utriusque vicini aut, si limitatus est ager,occupantis alveus fiet: certe desinit esse publius. ille etiam alveus, quem sibi flumen fecit, etsi privatus ante fuit, incipit tamen esse publicus, quia impossibile est, ut alveus fluminis publici non sit publicus.*

342 *D. 43,12,1,8 Ulpianus libro sexagensimo octavo ad edictum: Si fossa manu facta sit, per quam fluit publicum flumen, nihilo minus publica fit: et ideo si quid ibi fiat, in flumine publico factum videtur.*

Inst. Iust. 2,1,4. In den beiden bereits oben zitierten Textstellen wird bestimmt, dass ein öffentlicher Gebrauch an den Ufern besteht. Gleichzeitig wird aber auch ein privatrechtliches Eigentum an den Flussufern und den darauf wachsenden Bäumen in beiden Texten angenommen. Auf Grund dieser Tatsache, dass Flussufer im Eigentum eines Einzelnen stehen (können), entspricht es der allgemeinen Ansicht in der Literatur, dass die Flussufer anders als die Flüsse nicht zu den *res extra commercium* zu zählen sind.[343]

In der Tat gibt es einerseits mehrere Texte, die ein Eigentum an den Flussufern vermuten lassen. Andererseits werden die Flussufer auch an mehreren Stellen als öffentlich bezeichnet. Dieses Problem betrifft sowohl die Frage, ob die Flussufer zu den *res publicae in uso publico* zu zählen sind, als auch die Frage, ob an den *res extra commercium* ein privatrechtliches Eigentum denkbar ist. Da letztere Frage nur im Zusammenhang mit den weiteren *res extra commercium* beantwortet werden kann, soll dieses die Flussufer betreffende Problem bei der unten behandelten Frage der privatrechtlichen Eigentumsfähigkeit der *res extra commercium* behandelt werden.[344] Hier sei aber das Ergebnis insoweit vorweggenommen, dass die Flussufer aufgrund ihres unklaren rechtlichen Status wohl nicht zu den *res extra commercium* zu zählen sind.

Aus dem gleichen Grund wie die Flussufer sind auch die Flussinseln nicht als *res extra commercium* anzusehen. Sie teilen mit den Flussufern, anders als die in den Digestenstellen beispielhaft genannten *res extra commercium*, die Gemeinsamkeit, im Eigentum von Privatleuten zu stehen bzw. stehen zu können. Dies ergibt sich insbesondere auch aus der bereits in Hinblick auf die Einordnung des Flussbettes bekannten Ulpian-Stelle D. 43,12,1,6–11: Danach gehört eine in einem öffentlichen Fluss entstandene Insel entweder dem, der sie in Besitz genommen hat, wenn die Äcker der angrenzenden Ufer eine bestimmte Begrenzung hatten, oder aber dem, dessen Ufer sie am nächsten liegen. Sofern sie in der Mitte des Flusses lag, konnte sie dementsprechend auch den Eigentümern beider Flussufer anteilig gehören.

---

343 So ausdrücklich *Kollath*, S. 14; *Vegting*, S. 10. Bei anderen Autoren, die die *res extra commercium* aufzählen, fehlen die Flussufer ebenfalls, z.B. bei *Wappäus*, S. 18 ff. und *Weidner*, S. 18. Ebenso behandeln sowohl *Bonfante*, S. 92 ff., als auch *Scialoja*, S. 210 ff., die Flussufer unter dem Begriff der *res publicae*, die aber nur in dem Sinne öffentlich sind, dass ein öffentlicher Gebrauch an ihnen noch möglich ist.

344 Vgl. die Darstellung zum Eigentum im Kapitel über die rechtliche Behandlung der *res extra commercium*.

cc) Weitere öffentliche Gewässer: lacus, stagnum *und* fossa

Im Anschluss an die verschiedenen Interdikte zum Schutz der Nutzbarkeit des *flumen publicum* wird in dem Digestentitel D. 43,14 der Schutz weiterer Gewässer thematisiert:

> *D. 43,14,1 pr. Ulpianus libro sexagensimo octavo ad edictum:*
> *Praetor ait: „Quo minus illi in flumine publico navem ratem agere quove minus per ripam onerare exonerare liceat, vim fieri veto. Item ut per lacum fossam stagnum publicum navigare liceat, interdicam."*

Nach dem von Ulpian wiedergegebenen Edikt verbietet der Prätor unter anderem auch das Navigieren durch öffentliche Seen, Teiche und Gräben. Eine Definition der im Fragment D. 43,14,1 pr. erwähnten *lacus, stagnum* und *fossa* wird von Ulpian unmittelbar im Anschluss gegeben:

> *D. 43,14,1,2–6 Ulpianus libro sexagensimo octavo ad edictum:*
> *§ 2: Si privata sunt supra scripta, interdictum cessat. § 3: Lacus est, quod perpetuam habet aquam. § 4: Stagnum est, quod temporalem contineat aquam ibidem stagnantem, quae quidem aqua plerumque hieme cogitur. § 5: Fossa est receptaculum aquae manu facta. § 6: Possunt autem etiam haec esse publica.*

Danach ist ein See, was immer Wasser führt, ein Teich, was zeitweise (meist im Winter) Wasser führt, und ein Graben ist eine künstlich angelegte Wasserrinne.[345] Die Definitionen werden von den Paragraphen 2 und 6 eingegrenzt. Aus beiden lässt sich entnehmen, dass die drei erwähnten Gewässer nicht notwendig öffentliche sein müssen. Denn nach § 2 ist das Interdikt nicht auf Gewässer anzuwenden, die privat sind, und nach § 6 können die in § 3 bis § 5 genannten Gewässer auch öffentliche sein. Die Aussage des § 6 führt im Gegenschluss gleichfalls dazu, dass diese Gewässer auch nicht *publica*, also auch *privata* sein können.[346]

Die Aussagen von D. 43,14,1,2 und D. 43,14,1,6 sind damit die konsequente Folge der parallelen Ausage zur Nichtanwendbarkeit des Interdiktenschutzes in D. 43,12 bei einem *flumen privatum*.[347] Dies bedeutet im Ergebnis, dass nicht alle

345 Im nichtjuristischen Sprachgebrauch bezeichnet *lacus* aber nicht nur den ständig wasserführenden See. In einigen literarischen Quellen dient *lacus* als Oberbegriff dieser Gewässer oder bezeichnet ebenso nicht ständig Wasser führende Gewässer wie Teiche oder Wasserbecken, vgl. die Nachweise bei *Egelhaaf-Gaiser*, S. 338 mit Fn. 74 ff.

346 So bereits *Pernice*, S. 140 f.

347 Vgl. oben D. 43,12,1,10. Auch in D. 43,15,1,6 wird deutlich, dass die römischen Juristen offensichtlich keine unterschiedliche rechtliche Behandlung von *flumina publica* und den drei anderen *aquae publicae* angestrebt haben.

diese Gewässer von den römischen Juristen notwendig zu den *res publicae in usu publico* gezählt worden sind und nicht gezählt werden können.

Nach *Bonfante* besteht kein natürliches Abgrenzungskriterium dafür, ob eines der Gewässer öffentlich oder privat ist.[348] Die Gewässer seien ebenso unbestimmbar öffentlich oder privat wie das Land, auf dem sie fließen. *Bonfante* nimmt aber an, dass die Wichtigkeit der Gewässer für die Versorgung eine zentrale Bedeutung gespielt habe, wenn es darum ging, sie als öffentlich zu erklären. Die Einteilung sei also aufgrund praktischer Erwägungen und der Bestimmung durch die öffentliche Verwaltung erfolgt.[349]

Dass die Größe der Seen eine entscheidende Rolle bei der Einordnung als *res publicae* gespielt hat, ist zwar wahrscheinlich, geht aber aus der vorhandenen Quellenlage nicht hervor.[350]

Hinker weist zu Recht darauf hin, dass anders als bei den fließenden Gewässern, insbesondere den Flüssen, auch das ständige Vorhandensein von Wasser nach D. 43,14,1 pr. nicht das entscheidende Kriterium für die Einordnung der Gewässer in öffentliche und private ist.[351] Dies gehe bereits aus der Definition des *stagnum* hervor, welches nicht ständig Wasser führt, aber nach der Definition in D. 43,14,1,4 ein öffentliches Gewässer sein kann.[352]

dd) Aquaeductus *und* cloaca

Es gibt in den Digesten keine Quelle, die ausdrücklich die (öffentlichen) Aquädukte oder die Kloaken als *res extra commercium* bezeichnet. Aussagen über den rechtlichen Status dieser Wasserleitungen sind nur an wenigen Stellen in den Digesten zu finden.[353] Dies führt dazu, dass die Literatur zu den *res extra commercium* zumeist diese Bauwerke nicht oder zumindest nicht explizit in die Aufzählung der *res extra commercium* aufnimmt.[354] Die meisten Darstellungen

---

348 *Bonfante*, S. 84 f., 90.

349 *Bonfante*, S. 84 f.

350 Diese Vermutung äußert beispielsweise *Bruun*, S. 577.

351 Vgl. *Hinker*, S. 180.

352 *Hinker* meint, *stagnum* habe vermutlich in D. 43,14,1 pr. eine andere Bedeutung als in D. 43,14,1,4. Danach sei *stagnum* in D. 43,1,14,1 pr. wohl als ein größeres stehendes Gewässer, eventuell als Lagune, zu verstehen, so *Hinker*, S. 180.

353 Zum privaten Aquädukt als Servitut und zum Recht der Wasserzuleitung über private und öffentliche Grundstücke vgl. *Möller*, Servituten, S. 78 ff.

354 Nur vereinzelt werden die Aquädukte und Kloaken explizit als *res publicae in usu publico* bezeichnet, etwa von *Bonfante*, S. 104; *Vegting*, S. 10; *Kaser/Knütel*, S. 113: „Wasserleitungen“.

begnügen sich damit, die unkonkrete Formulierung der Digesten zu wiederholen, dass ähnliche Bauwerke wie die Theater dazu zählen und allgemein *loca publica* den *res extra commercium* zugeordnet werden.[355] Es spricht aber viel dafür, die Aquädukte auch als *res publicae in usu publico* und damit als *res extra commercium* anzusehen. Diese Einordnung rechtfertigt sich deshalb, weil, wie im Folgenden noch genauer herausgearbeitet werden wird, die Aquädukte wie andere öffentliche Bauten dem *usus publicus* dienten und auch wie die anderen *res publicae in usu publico* die Eigenschaft aufweisen, nicht im Privateigentum zu stehen. Die in den Quellen enthaltenen Aussagen zur Rechtsstellung der Aquädukte weisen damit insbesondere mit der bereits oben thematisierten Definition der *via publica* durch Ulpian starke Parallelen auf.

Über den rechtlichen Status der Aquädukte schreibt Frontinus in seinem Werk *De Aquaeductu Urbis Romanae*. Aus diesem Werk lassen sich entscheidende Schlüsse ziehen, inwiefern die Aquädukte und Abwasserkanäle zu den *res publicae in usu publico* gezählt haben.

So gibt es einige Textstellen, in denen die Wasserleitungen und übrigen Bestandteile eines Aquädukts als *res publicae in usu publico* dargestellt werden:

> *Frontinus 75:*
> *Sequens diversitas est quod alius modus concipitur ad capita , alius nec exiguo minor in piscinis, minimus deinde distributione continetur. Cuius rei causa est fraus aquariorum, quos aquas ex ductibus publicis in privatorum usus derivare deprehendimus. Sed et plerique possessorum, e quorum agris aqua circumducitur {unde}, formas rivorum perforant. Unde fit ut ductus publici hominibus privatis vel ad oritorium itinera suspendant.*

In dem Kapitel 75 schreibt Frontin im Zusammenhang mit der erlaubten und unerlaubten Entnahme von Wasser, dass die Leitungen öffentlich sind (*ex ductibus publicis*), und er beanstandet die Ableitung des Wassers zum Privatgebrauch (*in privatorum usus derivare*).

Aus dieser Stelle kann e contrario geschlossen werden, dass die Leitungen *publicae* sind und nicht dazu bestimmt sind, dem *usus privatus*, sondern dem *usus publicus zu* dienen. Die Bezeichnung der Leitungen als *publicae* kann daher nur bedeuten, dass die Leitungen im öffentlichen Eigentum stehen. In Kapitel 103 wird die gleiche Aussage auch über das in den Leitungen transportierte Wasser getroffen:

> *Frontinus 103:*
> *Nunc quae observare curator aquarum debeat et legem senatusque consulta ad instituendum actum pertinentia subiungam. Circa ius ducendae aquae in privatis observanda sunt,*

355 Etwa *Kollath*, S. 16; *Wappäus*, S. 31; *Kaser*, RP I, S. 381.

ne quis sine litteris Caesaris, id est ne quis aquam publicam non impetratam, et ne quis amplius quam impetravit ducat (...).

Frontin erklärt, dass es sich um *aqua publica* handelt. Über die erforderliche kaiserliche Konzession und den weiteren „verwaltungsrechtlichen" Vorgang, der zur Ableitung für private Verwendungszwecke erforderlich ist, handeln auch die folgenden Frontinustexte 104–112.

Im Zusammenhang mit den aufgeworfenen Fragen zur Eigentümerschaft an den öffentlichen Straßen und Flussufern lohnt sich weiterhin eine Betrachtung der Eigentumsverhältnisse an den Aquädukten und im Speziellen an den Grundstücken, über die die Aquädukte führen.

Wie bereits oben dargestellt, besteht nach den Worten Ulpians kein privatrechtliches Eigentum an den Grundstücken, auf denen eine *via publica* verläuft. Eine davon abweichende Praxis erscheint bei den Aquädukten von vornherein deshalb abwegig, weil auch jedem römischen Juristen klar gewesen sein muss, dass ein Aquädukt einen vergleichbaren öffentlichen Nutzen wie die öffentliche Straße erzielen sollte, aber im Vergleich zur Straße unter Umständen das private Eigentum an einem Grundstück schwerwiegender beeinträchtigen konnte als ein Weg. Wie die öffentlichen Straßen führten auch die Wasserleitungen nicht über privates Land.[356]

Diese Rechtsauffassung erfährt durch die Äußerungen Frontins in seinem Werk zu den Aquädukten allerdings zumindest auf den ersten Blick keine Unterstützung.

Frontinus 124:
(...) Porro quoniam fere omnes specus per privatorum agros derecti erant et difficilis videbatur futurae impensae praeparatio nisi aliqua iuris constitutione succurreretur, simul ne accessu ad reficiendos rivos redemptores a possessoribus prohiberentur, S.C. factum est quod subieci.

Nach Frontin 124 sollen nämlich vielmehr alle Leitungen durch das Land der Privatleute geführt haben. Dies habe nach Aussage Frontins zu Schwierigkeiten in Gestalt von Zugangsverweigerungen der Grundstückseigentümer geführt, wenn Erneuerungs- bzw. Ausbesserungsarbeiten an den Rinnen notwendig

356 So bereits *Geißler*, S. 88 f.: „Obwohl die antiken Quellen bezeugen, daß die öffentlichen Wasserleitungstrassen durch private Grundstücke führen konnten, mußte der Geländeabschnitt, auf dem der Kanal selbst verlief, öffentliches Eigentum sein." Ebenso *Bruun*, S. 595, wobei dies entgegen seiner Darstellung nicht aus dem Frontin-Text 124 hervorgeht.

wurden. Den Inhalt des auf diese Problematik erlassenen Senatsbeschlusses gibt Frontin in Text 125 wieder:

Frontinus 125:
(...) uti cum ii rivi <specus> fornices quos Caesar Augustus se refecturum impens<a s>ua pollicitus senatui est reficerentur [...] ex agris privatorum terram limum lapidem testam harenam ligna ceteraque quibus ad eam rem opus esset unde quaeque eorum proxime sine iniuria privatorum tolli sumi <ex>portari possint viri <boni> arbitratu aestimata darentur tolerentur sumerentur exportarentur; et ad eas res omnes exportandas earumque rerum reficiendarum causa quotiens opus esset per agros privatorum sine iniuria eorum itinera actus paterent darentur.

Der Senatsbeschluss ordnet an, dass das zur Ausbesserung der Wasserrinnen notwendige Baumaterial von den privaten Grundstücken entnommen werden darf und entnommen werden soll, soweit das dem privaten Eigentümer zumutbar ist. Zugleich wird die Zugangsproblematik damit gelöst, dass für die Ausbesserungsarbeiten die privaten Fuß- und Fahrwege benutzt werden können, ebenfalls mit der Einschränkung, dass den privaten Eigentümern kein Nachteil dadurch entstehen soll (*sine iniuria eorum*).[357]

Die öffentlichen Wasserleitungen konnten noch durch weitere Handlungsweisen der Privateigentümer beeinträchtigt werden, wie Frontin in Text 126 fortfährt.

Frontinus 126:
(...) dein vicinales vias agrestesque per ipsas formas derigunt. Novissime aditus ad tutelam praecludunt. Quae omnia S. C. quod subieci provisa sunt.

Demnach ist es auch vorgekommen, dass die Rinnen durch von Privatleuten darauf angelegte Wege beeinträchtigt wurden und die Privatleute den für die bauliche Erhaltung erforderlichen Zugang ausschlossen.

Die verschiedenen Probleme, die Frontin in diesen Texten 124 bis 126 schildert, haben zur Konsequenz, dass derselbe Senatsbeschluss eine neue Regelung zur Erhaltung und zum Begehen der Aquädukte vorsah, die in den Texten 127 und 128 von Frontin vorgestellt wird.

---

357 Zu den Beschränkungen des Eigentums der an ein Aquädukt angrenzenden Privatgrundstücke als öffentlich-soziale Pflichtbindung vgl. *Simshäuser*, S. 347 f. In gleicher Weise können Pflichten und Beschränkungen (als sogenannte *munera publica*) auch bei Eigentümern von Privatgrundstücken bestehen, die an *viae publicae* angrenzen, vgl. *Simshäuser*, S. 342 ff. und bei der Nutzung des Eigentums an den Ufern öffentlicher Flüsse, die im Privateigentum stehen, vgl. *Simshäuser*, S. 351.

Aus diesen Texten geht dann aber auch hervor, dass seine vorher in Text 124 getroffene Aussage, dass einst alle Leitungsrinnen durch private Grundstücke führten, differenziert zu betrachten ist:

Frontinus 127:
*(…) cum ad reficiendos rivos specusque <***>, per quae et opera publica corrumpantur, placere circa fontes et fornices et muros utraque ex parte quinos denos pedes patere, et circa rivos qui sub terra essent et specus intra urbem et {extra} urbi continentia aedificia utraque ex parte quinos pedes vacuos relinqui, ita ut neque monumentum in is locis neque aedificium post hoc tempus ponere neque conserere arbores liceret; <et> si quia nunc essent arbores intra id spatium exciderentur praeterquam si quae villae continentes et inclusae aedificiis essent. (…)*

Das Fragment 127 enthält zunächst die Bestimmung, dass, um die Quellfassungen (*fontes*), Gewölbegänge (*fornices*) und Mauern (*muros*) vor Beeinträchtigungen zu schützen, ein Schutzstreifen eingerichtet werden soll, der auf dem Lande breiter sein soll als in der Stadt, vermutlich weil dort, in der Stadt, weniger Platz für umfangreichere leere Schutzflächen zur Verfügung stand.

Auf den Schutzstreifen sollte keine Bebauung mehr zulässig sein, die die Wasserleitungen beeinträchtigen könnte. Ebenso wurde – mit wenigen Ausnahmen – angeordnet, dass Bäume dort nicht mehr angepflanzt werden dürften und bestehende Bäume mitsamt den Wurzeln zu entfernen seien.[358]

Entscheidend für das vorliegende Thema ist aber dann das Fragment 128. Aus dieser nachfolgenden Textstelle wird deutlich, dass die Möglichkeit der Privatleute, Eigentum am dem Boden zu haben, über den ein Aquädukt führte, tatsächlich auch bereits vor der Zeit Frontins ausgeschlossen war.

Frontinus 128:
*Posset hoc S. C. aequissimum videri, etiam <si> ex rei tantum publicae utilitate ea spatia vindicarentur, multo magis cum maiores nostri admirabili aequitate ne ea quidem eripuerint privatis quae ad <com>modum publicum pertinebant, sed cum aquas perducerent, si difficilior possesssor in parte vendunda fuerat, pro toto agro pecuniam intulerint et post determinata necessaria loca rursus eum agrum vendiderint, ut in suis finibus proprium ius <tam> res publica quam privati haberent. Plerique tamen, non contenti occupasse {nt} fines, ipsis ductibus manus adtulerunt. Per suffossa latera passim <in>cursu <*** non*

358 *Möller*, Servituten, S. 259 mit Fn. 176, legt schlüssig dar, dass für die Größe des Schutzstreifens die Regelungen des Privatrechts Vorbild gewesen sein dürften. Zum Zweck des Streifen als gesicherten Zugang für gegebenenfalls erforderliche Reparaturarbeiten vgl. *Möller*, Servituten, S. 260 mit Fn. 176. Anders *Fischer*, S. 58 f., die den Schutzaspekt in den Vordergrund rückt.

minus ii qui> ius aquarum impe<t>ratum habent, quam ii qui quantulacumque beneficii occasione ad expugnandos rivos abutuntur. (…)

Frontin gibt in diesem Text zunächst seine Einschätzung zum Senatsbeschluss wieder. Er hält ihn für gerecht. Interessanter ist, dass er dabei darauf Bezug nimmt, wie die Vorfahren (*maiores nostri*) die mit dem Bau der Wasserleitungen entstehenden Probleme rechtlich gelöst haben. Er erklärt hier ganz konkret das Verfahren, wie der durch den öffentlichen Bau eines Aquädukts entstehende Bodenkonflikt mit den Privateigentümern der Landgrundstücke gelöst wurde: Nur wenn der Private beim Verkauf der notwendigen Flächen Schwierigkeiten machte, wurde das gesamte Grundstück des Privaten abgelöst und nach Abtrennung des für das Aquädukt erforderlichen Teils anschließend wieder verkauft. Das bedeutet also, dass der unmittelbare Grund und Boden, auf dem die Aquädukte und – wie Frontin allgemein sagt – anderen öffentlichen Bauten errichtet wurden, nicht den Privatleuten gehörte.

Diese Ausführungen Frontins in dem Text 128 waren bereits Anlass und Gegenstand zahlreicher Untersuchungen zu der Frage, ob das römische Recht bereits das Rechtsinstitut der Enteignung kannte und wie dieses gegebenenfalls ausgestaltet war.[359]

Die vorliegende Arbeit hat die Frage der Existenz eines römischen Enteignungsrechts nicht zum Thema, weshalb eine umfassende Behandlung dieses Problems an dieser Stelle nicht erfolgen soll. Allerdings ist die Frage von Relevanz, weil davon der rechtliche Status des Bodens, über den die Äquädukte verliefen, abgeleitet werden kann. Insoweit lohnt sich doch ein Überblick über diese Frage und im Zusammenhang damit auch ein Vergleich mit weiteren, die Eigentumsproblematik betreffenden Textstellen, die statt des Baus (und der Unterhaltung) eines Aquäduktes andere öffentliche Einrichtungen betreffen.

Interessant ist in diesem Zusammenhang zunächst die Digestenstelle D. 19,2,33:

D. 19,2,33 Africanus libro octavo quaestionum:
Si fundum quem mihi locaveris publicatus sit, teneri te actione ex conducto, ut mihi frui liceat, quamvis per te non stet, quominus id praestes: quemadmodum, inquit, si insulam aedificandam locasses et solum corruisset, nihilo minus teneberis. Nam et si vendideris mihi fundum isque priusquam vacuus traderetur publicatus fuerit, tenearis ex empto:

359 Vgl. dazu etwa die Arbeit von *Pennitz* mit weiteren Nachweisen. Eine Zusammenstellung der älteren Literatur zum Thema gibt *Geißler*, S. 89 in Fußnote 7 und 8; *Jones*, S. 512 ff. Eine kurze Übersicht über die geschichtliche Entwicklung der Enteignung findet sich auch bei *Bruun*, S. 595 ff. mit weiteren Textstellen zur Enteignung zum Bau von Aquädukten.

quod hactenus verum erit, ut pretium restituas, non ut etiam id praestes, si quid pluris mea intersit eum vacuum mihi tradi. Similiter igitur et circa conductionem servandum puto, ut mercedem quam praestiterim restituas, eius scilicet temporis, quo fruitus non fuerim, nec ultra actione ex conducto praestare cogeris. Nam et si colonus tuus fundo frui a te aut ab eo prohibetur, quem tu prohibere ne id faciat possis, tantum ei praestabis, quanti eius interfuerit frui, in quo etiam lucrum eius continebitur: sin vero ab eo interpellabitur, quem tu prohibere propter vim maiorem aut potentiam eius non poteris, nihil amplius ei quam mercedem remittere aut reddere debebis.

Eine ausführliche Exegese dieses Textes hat bereits *Wacke* vorgenommen. Zur Übersetzung, zum Leben der beteiligten Juristen Afrikan und Julian, der Textkritik und zum rechtsvergleichenden Teil der Arbeit wird auf seine Bearbeitung verwiesen.[360] Wie *Wacke* zu Beginn seiner Interpretation der Textstelle bereits herausgearbeitet hat, lässt sich diese in fünf Abschnitte gliedern. Den Ausgangsfall bildet die zwangsweise Einziehung eines verpachten Grundstücks durch den Staat. Daran schließt sich die Frage nach der Haftung des Verpächters gegenüber dem Pächter an, die durch Vergleiche mit zwei Lösungen dieser Problematik im Werkvertrags- und Kaufrecht gelöst wird. Anschließend wird das gefundene Ergebnis auf den Ausgangsfall übertragen. Am Ende steht eine Zusammenfassung des zu vertretenden Haftungsumfangs.[361]

Hier soll das Augenmerk nur auf die Frage gerichtet sein, welche Bedeutung der Formulierung des ersten Satzes des Textes (*si fundum … publicatus sit*) beizumessen ist – oder genauer, was unter einer *publicatio* zu verstehen ist. Im Schrifttum werden überwiegend zwei verschiedene Bedeutungen der in D. 19,2,33 erwähnten *publicatio* diskutiert. Nach einer Auffassung soll es sich um ein Beispiel einer Vermögenskonfiskation als Strafmaßnahme (*publicatio bonorum*) handeln, während die andere Auffassung von einem Beispielsfall einer Enteignung im öffentlichen Interesse ausgeht.[362] Die wohl herrschende Auffassung versteht die *publicatio* im letztgenannten Sinn: In der Textausgabe von *Behrends, Knütel, Kupisch und Seiler* werden die Wendungen *publicatus sit* und *publicatus fueri* relativ frei mit „enteignet worden" übersetzt.[363] Ebenso gibt *Zimmermann*

360 Vgl. *Wacke*, S. 455 ff.

361 So *Wacke*, S. 463.

362 Vgl. die zusammenfassende Darstellung der Literaturansichten bei *Wacke*, S. 464 ff., insbesondere S. 465 Fn. 48 mit einer Zusammenstellung der Literatur zum Thema.

363 *B/K/K/S* II, S. 579: „Wenn ein Landgut, das du mir verpachtet hast, enteignet worden ist, haftest du mir [wie Julian sagt] mit der Klage aus Pacht auf mein Interesse, daß ich das Landgut nutzen kann, obwohl es nicht an dir liegt, daß du mir die Nutzung nicht gewährst, so wie du, sagt er, zum Beispiel auch dann haftest, wenn du den Bau eines Mietshauses in Auftrag gegeben hast und ein Erdrutsch den Baugrund wegreißt.

im Englischen diesen Ausdruck schlicht mit „expropriation“ wieder.[364] Bei *Heumann* und *Seckel* wird *publicare* in einem gleichen Sinn verstanden: *publicare* bedeute, etwas zu einer *res publica* zu machen, in das öffentliche Eigentum zu bringen.[365] Die *publicatio* kann sowohl dazu führen, dass dieser Gegenstand zu einer *res in patrimonio fisci* wird, als auch dazu, dass der Gegenstand der *publicatio* zu einer *res publica in usu publico* wird. Nach *Heumann/Seckel* ist auch das in der Textstelle D. 43,8,2,21 erwähnte *ius publicandi*, das nach dieser Textstelle zur Herstellung einer öffentlichen Straße notwendig sein soll, in diesem Sinne zu verstehen.[366]

Mit den von *Wacke* vorgebrachten, überzeugenden Argumenten ist davon auszugehen, dass die *publicatio* hier tatsächlich als Enteignung im öffentlichen Interesse zu verstehen ist: Gegen die Annahme einer Vermögenskonfiskation als Strafmaßnahme spricht zunächst, dass die *publicatio* von African und Julian als ein Fall höherer Gewalt eingeordnet und dem Verpächter kein Verschulden vorgeworfen wird.[367] Es ist kaum vorstellbar, dass die römischen Juristen ein Verschulden des Verpächters im privatrechtlichen Verhältnis zum Pächter verneint haben, wenn der Verpächter vorher wegen eines Vergehens eine Strafmaßnahme auferlegt bekommen hat.[368]

Weiterhin spricht gegen eine Vermögenskonfiskation als Strafmaßnahme, dass nur von einer Entziehung des *fundus* und nicht allgemein der *bona* gesprochen wird: Die *publicatio bonorum* war auf die Entziehung des gesamten Vermögens ausgerichtet und Folge einer Kapitalstrafe.[369] Der Ersatzanspruch

---

Denn auch wenn du mir ein Landgut verkauft hast und das Landgut, bevor es mir frei von Rechten Dritter übergeben wurde, enteignet worden ist, haftest du mir mit der Klage aus dem Kauf. Das ist insoweit richtig, als du den Kaufpreis zurückzahlen mußt; nicht richtig aber insoweit, als du auch haften sollst, wenn mein Interesse an der Übergabe frei von Rechten Dritter größer ist (…).“

364 *Zimmermann*, S. 288 f.

365 *Heumann/Seckel*, S. 476, „*publicare*“.

366 So die nachfolgenden Textbeispiele bei *Heumann/Seckel*, S. 476. Zu D. 43,8,2,21 vgl. im Übrigen die Darstellung zu den öffentlichen Straßen oben.

367 So *Wacke*, S. 466 f.

368 Vgl. *Wacke*, S. 466 f., der dieses Argument allerdings wegen der zahlreich überlieferten Fälle von Willkür bei Strafprozessen und Konfiskationen nicht als ausreichend ansieht, um alle Zweifel zu beseitigen. Denn in diesen Fällen der Willkür sei auch ein Verschulden des Verpächters zu verneinen gewesen, vgl. *Wacke*, S. 467 mit Fn. 57 und 58 mit entsprechenden Beispielsfällen.

369 Vgl. *Wacke*, S. 468. Ein entsprechendes Beispiel für eine solche Strafmaßnahme findet sich in einer Constitutio incerti imperatoris de aquaeductu, wonach jemandem, der

des Pächters gegen den Verpächter im Falle einer Verurteilung zum Tode nebst *publicatio bonorum* wäre daher nicht durchsetzbar gewesen, sodass African mit diesem Rechtsproblem in der Praxis sicher nicht konfrontiert geworden wäre.[370] Zuletzt würde die *publicatio bonorum* als Rechtsfolge grundsätzlich eine Universalsukzession bedeuten, sodass der Vermögensnachfolger des Verpächters der Staat geworden wäre und dieser in das Rechtsverhältnis zum Pächter kraft Rechtsnachfolge eingetreten wäre. In diesem Fall bestünde aber, anders als es African darstellt, keine Unmöglichkeit und damit auch keine Grundlage für die Haftung des Verpächters wegen Unmöglichkeit.[371]

Weiterhin wird ein Enteignungsverfahren auch bei anderen öffentlichen Einrichtungen und Anlagen in der Literatur für möglich gehalten und diskutiert.[372]

ee) Quellen

Zwischen der rechtlichen Beurteilung der Quellen und der Teiche und Bäche besteht kein großer Unterschied.

In den Digesten finden sich relativ wenige Texte, aus denen sich Schlüsse zur Extrakommerzialität ziehen lassen. Diese behandeln alle das Recht der Dienstbarkeiten. Das aussagekräftigste ist D. 8,3,3,3:

> *D. 8,3,3,3 Ulpianus libro septimo decimo ad edictum:*
> *Qui habet haustum, iter quoque habere videtur ad hauriendum et, ut ait Neratius libro tertio membranarum, sive ei ius hauriendi et adeundi cessum sit, utrumque habebit, sive tantum hauriendi, inesse et aditum, sive tantum adeundi ad fontem, inesse et haustum.*[373] *Haec de haustu ex fonte privato. Ad flumen autem publicum idem Neratius eodem libro scribit iter debere cedi, haustum non oportere, et si quis tantum haustum cesserit, nihil eum agere.*

---

die Schutzzonen-Bestimmungen um die öffentlichen Aquädukte nicht einhält, danach schlimmstenfalls die Todesstrafe und die Einziehung des eigenen Grundstücks droht (*...poenam capitalem subit et fundus eius publicatur*), FIRA I (2), S. 468. Vgl. dazu *Hinker*, S. 184.

370 *Wacke*, S. 468.

371 Vgl. dazu und auch ausführlicher zur rechtlichen Ausgestaltung und Grundlage der *publicatio bonorum* *Wacke*, S. 469 f.

372 Zur Enteignung auch bei Errichtung auch von anderen Wasserableitungen als Aquädukten, wie etwa Abwasserkanäle (*cloaca publica*), Flüsse (*flumen*) und Kanäle (*fossa*) vgl. *Bruun*, S. 598 unter Berufung auf mehrere Stadtgesetze.

373 Eine Bestätigung der Auffassung von Neraz, dass das Schöpfrecht und das Durchgangsrecht immer zusammen gewährt sind, findet sich in *D. 8,2,10 Marcellus libro quarto digestorum: (...) quia et haustu relicto iter quoque ad hauriendum praestaretur (...).*

Ulpian gibt eine Rechtsauffassung von Neraz wieder. Neraz erklärt, dass die Einräumung eines Wasserschöpfrechtes an einer privaten Quelle (*ex fonte privato*) immer auch gleichzeitig konkludent die Einräumung eines Zugangsrechts zum Wasser bedeutet und umgekehrt. Dieser Meinung von Neraz liegt ganz eindeutig der Gedanke zugrunde, dass nur die kombinierte Einräumung von Zugangsrecht und Schöpfrecht für den Dienstbarkeitsberechtigten einen Sinn hat.[374] Insofern hat Neraz eine Auslegung vorgenommen, wie die Einräumung eines Wasserschöpfrechts nach Ansicht eines objektiven Beobachters oder Empfängers zu verstehen ist. Für das Wasserschöpfrecht und das Zugangsrecht an einem öffentlichen Fluss gilt diese Auslegungsregel nicht. Der Grund dafür liegt nach Neraz darin, dass nur ein Durchgangsrecht über ein privates Grundstück erforderlich ist und ein Wasserschöpfrecht an einem öffentlichen Fluss nicht wirksam eingeräumt werden kann. Der Grund der unterschiedlichen Behandlung von einem Fluss und einer privaten Quelle liegt somit in der Extrakommerzialität des *flumen publicum*. *Behrends*, *Knütel*, *Kupisch* und *Seiler* verallgemeinern in ihrer Übersetzung den Ausdruck *flumen publicum* und übersetzen ihn mit „öffentliches Gewässer".[375]

Dies ist in zweierlei Hinsicht bemerkenswert. Zum einen zeigt die Verallgemeinerung, dass die Übersetzer hier eine prinzipielle Unterscheidung zwischen privaten und öffentlichen Gewässern vornehmen. Das bedeutet dann aber auch, und das lässt sich dem Text D. 8,3,3,3 so ebenfalls entnehmen, dass die dort thematisierte Wasserquelle im privaten Eigentum steht.[376]

---

374 So bereits *Möller*, Servituten, S. 93 mit Verweis auf *Grosso* in Fn. 221.

375 *B/K/K/S*, II, S. 685: „Wer ein Wasserschöpfrecht hat, von dem nimmt man an, daß ihm auch ein Durchgangsrecht zur Schöpfstelle zusteht, und er wird, wie Neraz im 3. Buch der „Blätter" sagt, immer beides haben, mag ihm nun das Wasserschöpfrecht und das Zugangsrecht eingeräumt worden sein oder nur das Wasserschöpfrecht – dann ist das Zugangsrecht inbegriffen – oder nur das Recht, zur Quelle zu gehen; dann ist das Wasserschöpfrecht inbegriffen. Dies gilt für das Wasserschöpfen aus einer privaten Quelle. Aber für den Zugang [über ein privates Grundstück] zu einem öffentlichen Gewässer brauche, so schreibt Neraz in demselben Buch, nur ein Durchgangsrecht begründet zu werden; die Begründung eines Wasserschöpfrechts sei nicht erforderlich. Und wenn jemand einem anderen nur das Recht zum Schöpfen einräume, verschaffe er ihm damit nichts."

376 Anderer Auffassung ist *Möller*, Servituten, S. 91 f., die unter anderem mit Verweis auf *Latte*, S. 76 mit Fn. 2, alle Quellen als *sacer* ansieht, was eine Zuordnung zum Privateigentum ausschließt. *Latte*, a.a.O., bezieht sich auf zwei nichtjuristische Texte Frontins und Marcus Servius Honoratus, vgl. *Frontinus, De aquaeductu urbis Romae, 4,2* (ed. Rodgers): *fontium memoria cum sanctitate adhuc exstat et colitur (...)* sowie

Weitere Stellen, welche Dienstbarkeiten an Quellen thematisieren, sind D. 8,3,9, D. 8,3,20,2–3, D. 8,3,34,1 in Verbindung mit D. 8,3,35 und D. 8,5,10,1.[377] Aus einigen dieser Texte geht nicht hervor, ob die darin erwähnten Quellen öffentliche sind oder im Privateigentum stehen. Aus anderen lässt sich ihr rechtlicher Status aber unter Berücksichtigung der Rechtsregel des Neraz in D. 8,3,3,3 bestimmen. So geht es in D. 8,3,9 sowohl um das Recht, Wasser abzuleiten (*servitus aquae ducendae*), als auch um das Schöpfrecht (*servitus hauriendae*). Zwar

---

Servius Aeneis 7,84: nullus enim fons non sacer. Es erscheint zweifelhaft, dass aufgrund dieser beiden Texte eine eindeutige Zuordnung der Quellen zu den *res sacrae* geboten erscheint. Eine vergleichbare Zuordnung wird in den Digesten nicht vorgenommen. Auch erfolgt zum Beispiel in den vorhandenen Texten über den Kauf eines Seegrundstücks keine Auseinandersetzung mit der sich dann im Prinzip aufdrängenden Frage, ob der See eine Quelle darstellt oder nicht. Nach *Möller*, Servituten, S. 92, ist lediglich das die Quelle umgebende Grundstück Privateigentum, während an der Quelle selbst im Grundsatz allen ein *usus* offen stehen soll. Der in D. 8,3,3,3 von Ulpian behandelte Unterschied zwischen Zugang zu einer (dann öffentlichen) Quelle auf einem Privatgrundstück und einem Zugang über ein Privatgrundstück zu einem öffentlichen Fluss wäre nach dieser Auffassung allerdings bedeutungslos. Ulpian wird daher eher auf den Gegensatz private Quelle und öffentlicher Fluss und nicht auf das beide Gewässer umfassende Land abgestellt haben. Eigentum an der Quelle bejaht auch *Daube*, S. 97 f. (s. hierzu auch unten Teil 3, V., S. 179 ff.).

377 Im Überblick:
D. 8,3,9 Paulus libro primo sententiarum: Servitus aquae ducendae vel hauriendae nisi ex capite vel ex fonte constitui non potest: hodie tamen ex quocumque loco constitui solet.
D. 8,3,20,2–3 Pomponius libro trigensimo tertio ad Sabinum: (2) Si fundo Seiano confinis fons fuerit, ex quo fonte per fundum Seianum aquam iure ducebam, meo facto fundo Seiano manet servitus. (3) Hauriendi ius non hominis, sed praedii est.
D. 8,3,34,1 Papinianus libro septimo quaestionum: Si fons exaruerit, ex quo ductum aquae habeo isque post constitutum tempus ad suas venas redierit, an aquae ductus amissus erit, quaeritur:
D. 8,3,35 Paulus libro quinto decimo ad Plautium: Et Atilicinus ait Caesarem Statilio Tauro rescripsisse in haec verba: „Hi, qui ex fundo Sutrino aquam ducere soliti sunt, adierunt me proposueruntque aquam, qua per aliquot annos usi sunt ex fonte, qui est in fundo Sutrino, ducere non potuisse, quod fons exaruisset, et postea ex eo fonte aquam fluere coepisse: petieruntque a me, ut quod ius non neglegentia aut culpa sua amiserant, sed quia ducere non poterant, his restitueretur. (…)
D. 8,5,10,1 Ulpianus libro quinquagensimo tertio ad edictum: Agi autem hac actione poterit non tantum cum eo, in cuius agro aqua oritur vel per cuius fundum ducitur, verum etiam cum omnibus agi poterit, quicumque aquam non ducere impediunt, exemplo ceterarum servitutium. Et generaliter quicumque aquam ducere impediat, hac actione cum eo experiri potero.

lässt sich von der Gewähr eines Wasserleitungsrechts nicht auf die Öffentlichkeit oder Privatheit der Quelle schließen, weil das Leitungsrecht auch nur die privaten, an das öffentliche Gewässer angrenzenden Grundstücke betreffen kann. Aus der Aussage des Neraz lässt sich jedoch herleiten, dass die Quelle, an der ein Wasserschöpfrecht (eine *servitus aquae hauriendae*) besteht, jedenfalls keine *res publica*, sondern vielmehr eine *res privata* sein muss. Die Aussage von Paulus in D. 8,3,9 erlaubt damit den Schluss, dass jedes Gewässer, jeder Ort (*ex quocumque loco*), aus dem auf Grund eines solchen Schöpfrechtes Wasser entnommen wird, in privatem Eigentum stehen und damit keine *res extra commercium* darstellen kann.

Dem Fragment D. 8,3,20,2–3 von Pomponius lässt nur dann etwas zum rechtlichen Status der dort betroffenen Quelle entnehmen, wenn beide Sätze (2) und (3) im Zusammenhang miteinander stehen und sich auf ein und dieselbe Situation beziehen: Wie in D. 8,3,9 kann auch in D. 8,3,20,2 aus dem bloßen Vorhandensein oder Verlust eines Wasserleitungsrechts keine Aussage darüber getroffen werden, ob die Quelle eine öffentliche oder eine private ist. Auch wenn die Quelle an das Grundstück des Seianus angrenzt, ist damit nicht ausgeschlossen, dass die Quelle nicht im Eigentum einer anderen Person als dem des Seianus stehen könnte. Wenn nun in D. 8,3,20,3 vom Wasserschöpfrecht als einem dinglichen und nicht als einem persönlichem Recht gesprochen wird, wird deutlich, dass bei Annahme eines Zusammenhangs von (2) und (3) auch in diesem Fall die Quelle im Privateigentum stehen muss.

Der Text D. 8,3,20,3 bestätigt im Übrigen das bereits zur Bestellung von Dienstbarkeiten an Teichen Gesagte: Wenn die *servitus hauriendae* als ein *ius praedii* qualifiziert wird, ist für jede solche *servitus* Voraussetzung, dass an dem Grund, an dem sie besteht – gleichgültig, ob Boden oder Gewässer – Eigentum und darüber hinausgehend ein Verfügungsrecht zur Bewilligung einer *servitus* bestehen muss.

Bruun geht in seiner Einschätzung noch einen Schritt weiter. Nach seiner Auffassung sind die Quellen gewöhnlich im privaten Besitz und können daher verkauft und gekauft werden.[378] Für kleinere Wasserquellen auf Privatgrundstücken ist diese Auffassung nachvollziehbar.

5. *Res communes omnium*

In den bisher untersuchten Texten, insbesondere zum öffentlichen Fluss und seinen Ufern, werden der Rechtsstatus und die Nutzbarkeit des Flusses an manchen Stellen mit dem Rechtsstatus des Meeres und der Meeresküste verglichen.

378 Vgl. *Bruun*, S. 577.

Insbesondere in D. 1,8,5 pr.[379] und in D. 39,1,1,17–18[380] gibt es eine Gegenüberstellung von Fluss und Meer. Allgemein ist auffällig, dass häufig der rechtliche Status des Flusses mit dem des Meeres verglichen wird.

Während die Einordnung der öffentlichen Flüsse und ihrer Ufer in die Gruppe der *res publicae in usu publico* auf Grund der Quellenlage möglich ist, ist die Zuordnung des Meeres und der Meeresküste in diese Gruppe problematischer. Die Schwierigkeit ergibt sich aus der Tatsache, dass es einerseits Textstellen gibt, die vom *usus publicus* am Meer und an der Meeresküste sprechen.[381]

Es handelt sich beispielsweise um folgende:

> *D. 41,1,14 pr.-1 Neratius libro quinto membranarum:*
> *Quod in litore quis aedificaverit, eius erit: nam litora publica non ita sunt, ut ea, quae in patrimonio sunt populi, sed ut ea, quae in primum a natura prodita sunt et in nullius adhuc dominium pervenerunt: nec dissimilis condicio eorum est atque piscium et ferarum, quae simul atque adprehensae sunt, sine dubio eius, in cuius potestatem pervenerunt, dominii fiunt.*

---

379 *D. 1,8,5 pr. Gaius libro secundo rerum cottidianarum sive aureum: Riparum usus publicus est iure gentium sicut ipsius fluminis. Itaque navem ad eas appellere, funes ex arboribus ibi natis religare, retia siccare et ex mare reducere, onus aliquid in his reponere cuilibet liberum est, sicuti per ipsum flumen navigare. Sed proprietas illorum est, quorum praediis haerent: qua de causa arbores quoque in his natae eorundem sunt.*

380 *D. 39,1,1,17 Ulpianus libro quinquagensimo secundo ad edictum: Nuntiamus autem, quia ius aliquid prohibendi habemus: vel ut damni infecti caveatur nobis ab eo, qui forte in publico vel in privato quid molitur: aut si quid contra leges edictave principum. Quae ad modum aedificiorum facta sunt, fiet, vel in sacro vel in loco religioso, vel in [flumine] publico ripave fluminis, quibus ex causis et interdicta proponuntur.*
D. 39,1,1,18 Ulpianus libro quinquagensimo secundo ad edictum: Quod si quis in mare vel in litore aedificet, licet in suo non aedificet, iure tamen gentium suum facit: si quis igitur velit ibi aedificantem prohibere, nullo iure prohibet, neque opus novum nuntiare nisi ex una causa potest, si forte damni infecti velit sibi caveri.

381 *Vegting*, S. 42. Der Verweis auf D. 43,8,51 und D. 43,8,18,1 ist offenbar ein Schreibfehler. Gemeint ist vermutlich D. 18,1,51. Zu den dort genannten Stellen ist auch D. 43,8,3 hinzuzuzählen – der vom *usum communem* spricht -, wenn diesem Ausdruck die gleiche Bedeutung beigemessen wird wie dem des *usus publicus*. Dafür spricht etwa *D. 39,2,24 pr. Ulpianus libro octogensimo ad edictum: Fluminum publicorum communis est usus, sicuti viarum publicarum et litorum. (…).* Für Ulpian hat dieser Ausdruck die gleiche Bedeutung (so auch *Vegting*, S. 40). Dafür spricht bereits, dass Ulpian in dieser Stelle schlicht eine doppelte Benutzung des Wortes *publicus* – wenn auch in verschiedenen Formen – vermeiden wollte.

D. 41,1,50 Pomponius libro sexto ex Plautio:
Quamvis quod in litore publico vel in mari exstruxerimus, nostrum fiat, tamen decretum praetoris adhibendum est, ut id facere liceat: immo etiam manu prohibendus est, si cum incommodo ceterorum id faciat: nam civilem eum actionem de faciendo nullam habere non dubito.

D. 41,1,65,1 Labeo libro sexto pithanon a Paulo:
Si qua insula in flumine propria tua est, nihil in ea publici est. Paulus: immo in eo genere insularum ripae flumini et litora mari proxima publica sunt, non secus atque in continenti agro idem iuris est.

D. 41,3,45 pr. Papinianus libro decimo responsorum:
Praescriptio longae possessionis ad optinenda loca iuris gentium publica concedi non solet. Quod ita procedit, si quis, aedificio funditus diruto quod in litore posuerat (forte quod aut deposuerat aut dereliquerat aedificium), alterius postea eodem loco exstructo, occupantis datam exceptionem opponat, vel si quis, quod in fluminis publici diverticulo solus pluribus annis piscatus sit, alterum eodem iure prohibeat.

D. 18,1,51 Paulus libro vicensimo primo ad edictum:
Litora, quae fundo vendito coniuncta sunt, in modum non computantur, quia nullius sunt, sed iure gentium omnibus vacant: nec viae publicae aut loca religiosa vel sacra. Itaque ut proficiant venditori, caveri solet, ut viae, item litora et loca publica in modum cedant.

Inst. Iust. 2,1,5:
Litorum quoque usus publicus iuris gentium est, sicut ipsius maris: et ob id quibuslibet liberum est casam ibi imponere, in qua se recipiant, sicut retia siccare et ex mare deducere. Proprietas autem eorum potest intellegi nullius esse, sed eiusdem iuris esse, cuius et mare et quae subiacent mari, terra vel harena.

In den Digestenstellen geht es mit Ausnahme von D. 18,1,51 jeweils um die Möglichkeit des Eigentumserwerbs einer Privatperson am Meeresufer.

Neraz erklärt, dass ein Eigentumserwerb an einem bebauten Teil der Meeresküste erfolgt und vergleicht diesen Eigentumserwerb an den Meeresküsten mit dem an wilden Tieren. Allerdings wird deutlich, dass die wilden Tiere nicht den gleichen rechtlichen Status, sondern bloß einen ähnlichen Status innehaben (*nec dissimilis condicio eorum est*).

Pomponius bejaht den Eigentumserwerb an den Sachen, die auf dem Meer oder auf der Meeresküste erbaut werden. Über den Eigentumserwerb an dem bebauten Teil der Meeresküste selbst trifft er keine Aussage. Für die Bebauung ist ein *decretum praetoris* erforderlich. Der Bauwillige hat keine Klage auf Erteilung dieser Erlaubnis.

In dem Fragment von Labeo wird ein Widerspruch zwischen ihm und der Ansicht von Paulus behandelt. Während Labeo sagt, dass die Insel im Fluss im Privateigentum steht und in keiner Beziehung öffentlich ist, vertritt Paulus einen konträren Standpunkt. Die Insel sei genauso öffentlich, wie auch ein an einem

Fluss oder an einem Meer gelegenes Grundstück des Festlandes in bestimmter Weise öffentlich ist.

Papinian beschäftigt sich wiederum mit der Thematik aus einer anderen Perspektive. Demjenigen, der einmal ein Bauwerk auf einer öffentlichen Fläche, zu der auch die Meeresküste zählt, errichtet hat, steht die Einrede des langen Besitzes nicht zu.

In Inst. Iust. 2,1,5 wird der Meeresstrand als für jedermann für die öffentliche Benutzung geöffnet erklärt. Dazu zählt insbesondere, dass dort auch Hütten gebaut werden können. Im letzten Satz wird wiederum ein Eigentumserwerb am Meeresstrand, am Meer und am Meeresboden abgelehnt. Insofern ist der Inhalt mit der Aussage von Pomponius vergleichbar.

In D. 18,1,51 erklärt Paulus, dass eine öffentliche Fläche oder eine solche, die dem *ius divinum* unterliegt, ohne Absprache nicht wirksam in die Berechnung der Grundstücksgröße bei einem Kaufvertrag einbezogen wird. Eine solche Absprache sei aber möglich. Für Paulus besteht zwischen den *litora maris* und den anderen öffentlichen Flächen kein Unterschied. Er behandelt die *litora maris* in diesem Fragment somit als *res publica in usu publico* im Sinne von D. 18,1,6 pr. Der in D. 18,1,51 enthaltene Standpunkt ist mit dem in D. 41,1,65,1 vereinbar.

Andererseits gibt es aber zum Rechtszustand des Meeres und der Meeresküste auch abweichende Auffassungen römischer Juristen. Dadurch ist zweifelhaft, ob das Meer und die Meeresküste tatsächlich zu den *res publicae in usu publico* im Sinne von D. 18,1,6 pr. gezählt werden können. In den Digesten findet sich – wie bereits oben in der Einführung des Themas beschrieben – einerseits die Einteilung der Sachen nach Marcian und andererseits eine Einteilung der Sachen nach Gaius, übernommen aus dessen Institutionen. Beide Rechtsauffassungen sind nicht vollständig deckungsgleich: So teilt Marcian in D. 1,8,2 pr.[382] die Sachen in *res communes omnium*, *universitatis*, *nullius* und *singulorum* ein und erklärt unter anderem das Meer und die Meeresküste in D. 1,8,2,1[383] als zu den *res communes omnium* gehörig. Aufgegriffen wird diese Einteilung des Meeres und des Meeresstrandes als *res communes omnium* in Inst. Iust. 2,1,1[384]. Allerdings kennen die Institutionen Justinians neben der Kategorie der *res communes*

382 *D. 1,8,2 pr. Marcianus libro tertio institutionum: Quaedam naturali iure communia sunt omnium, queadam universitatis, quaedam nullius, pleraque singulorum, quae variis ex causis cuique adquiruntur.*

383 *D. 1,8,2,1 Marcianus libro tertio institutionum: Et quidem naturali iure omnium communia sunt illa: aer, aqua profluens, et mare, et per hoc litora maris.*

384 *Inst. Iust. 2,1,1: Et quidem naturali iure communia sunt omnium haec: aer et aqua profluens et mare et per hoc litora maris. (…)*

omnium auch die der *res publicae*, Inst. Iust. 2,1 pr.[385] Die *res publicae* erscheinen bei Marcian nicht als eigenständige Gruppe.

Allein aus dieser Differenz zwischen den Digestenstellen Marcians und den Institutionen Justinians ergibt sich zwangsläufig die Frage, ob sich *res communes omnium* und *res publicae* voneinander unterscheiden oder nicht. Diese Frage ist auch deshalb zu erörtern, weil Gaius und andere römische Juristen bei der Einteilung der Sachen überhaupt nur zwischen *res privatae* und *res publicae* trennen, also die *res communes omnium* gar nicht gesondert erwähnt haben.[386] In der Literatur werden die verschiedenen Ansichten von Marcian und Gaius uneinheitlich interpretiert und erklärt.[387]

Nach *Pernice* wurde die ursprüngliche Einteilung des Marcian abgeändert.[388] Er geht davon aus, dass die Kompilatoren der Digesten eine Verschiebung der Fragmente vorgenommen haben. Nach seiner Auffassung soll also ursprünglich kein Unterschied zwischen den *res communes omnium* und den *res publicae* bestanden haben. Die Einteilung von Marcian sei tatsächlich ursprünglich wie folgt gewesen: „gemeinsame Sachen aller" (*res communes omnium*), Sachen einer Gemeinschaft (*res universitatis*), herrenlose Sachen (*res nullius*) und Sachen im Eigentum Einzelner (*res singulorum*). Die Institutionen hingegen sollen hinter den *res communes omnium* noch die *res publicae* als eigene Kategorie einschieben (zum Beispiel für Flüsse und Häfen). Die *res communes omnium* sollen sich wesentlich von den öffentlichen Sachen im Gemeingebrauch unterscheiden.[389]

Die *res publicae* stünden im Staatseigentum und seien dem Allgemeingebrauch durch Edikt (also durch Widmung) überwiesen worden. Das Recht der Benutzung werde durch die Widmung bestimmt, Privatbefugnisse seien nur in Form von servitutähnlichen Nutzungsverhältnissen und für Bürger denkbar. Die privaten Rechte müssten hinter dem Gemeingebrauch zurückstehen.[390]

---

385 *Inst. Iust. 2,1 pr.: Superiore libro de iure personarum exposuimus: modo videamus de rebus. quae vel in nostro vel extra nostrum patrimonium habentur. quaedam enim naturali iure communia sunt omnium, quaedam publica, quaedam universitatis, quaedam nullius, pleraque singulorum, quae variis ex causis cuique adquiruntur, sicut ex subiectis apparebit.*

386 Vgl. insbesondere Gai. Inst. 2,10; D. 1,8,5 pr.-1.

387 So auch *Weidner*, S. 18 f.

388 *Pernice*, S. 129.

389 *Pernice*, S. 130.

390 Zur Unterstützung der These werden folgende Textbelege von *Pernice*, S. 130 Fn. 11, angeboten: D. 39,3,15,1, D. 43,8,2,10 und D. 43,8,2,15 ff., D. 43,24,5,4, D. 43,20,1,23 und D. 43,20,3,4.

Die *res communes omnium* würden demgegenüber anders behandelt. Sie seien nach dem Naturrechte für die allgemeine Benutzung bestimmt, sie seien allen Menschen zugänglich.[391] Die Freiheit der Benutzung gehe so weit, dass derjenige, der Herr des Bodens werde, Privateigentum erwerben könne. Jedoch solle dieser Zustand nur so lange andauern, wie die tatsächliche Herrschaft währt. Das Eigentum erlösche somit bei Verfall des Hauses oder ähnlicher Bauten.[392] Der Gemeingebrauch habe im Zustand des Privateigentums anders als bei den *res publicae* hinter den Interessen des Eigentümers zurückzustehen.[393]

Dieser Unterschied wird im Folgenden durch die ursprünglichen Vorstellungen von der Aufteilung der Welt und der Lehre von den Elementen, aus denen die Erde besteht, erklärt: Während das Land schon immer beherrschbar war, konnte es aufgeteilt werden, während dies beim Meer nicht der Fall war. Daher gehe auch die Naturrechtslehre (etwa von Grotius und Pufendorf) davon aus, dass das Meer einer Okkupation und damit Aneignung nicht zugänglich sei.[394] Diese Ansicht des Naturrechts entspreche auch der älteren römischen Vorstellung.[395] *Pernice* meint, dass diese Grundidee aus der stoischen Lehre stamme. Selbst die Grundstücke würden teilweise, obwohl sie im Privateigentum stehen, nicht als *communis*, sondern als *publicus* bezeichnet. Der Leitgedanke sei daher: „Eigentlich ist alles gemeinsam, hat aber einer die Herrschaft über die Sache so erworben, dass er sie rechtlich ausübt, dann müssen die anderen zurückstehen, solange die tatsächliche Unterwerfung dauert. Es steckt also dahinter der Gedanke der ursprünglichen Gemeinschaft der Güter (…).“[396]

Die römischen Juristen, also auch Marcian, sollen diese Grundidee dann modifiziert angewandt haben. Für eine klare juristische Handhabung sei es am praktischsten gewesen, diejenigen Sachen, die beherrschbar sind, als des Privateigentums fähig anzusehen, und diejenigen, die nicht beherrschbar sind,

391 *Pernice*, S. 130.

392 *Pernice*, S. 130.

393 *Pernice*, S. 130.

394 *Pernice*, S. 131 ff. Zum Einfluss der griechischen Philosophie auf die Idee der *res communes omnium* und das Aufgreifen dieser Idee durch Hugo Grotius vgl. *Schermaier*, Grotiana, S. 20 ff.

395 So *Pernice*, S. 132, unter Berufung auf verschiedene literarische Quellentexte u.a. von Ovid, Vergil und Macrobius in Fn. 14 und 15.

396 *Pernice*, S. 134.

davon als „außer Verkehr stehende“ zu unterscheiden. Sie sollen daher der gesamten Menschheit gehören. Es sei aber weder möglich, sie als im Privateigentum der Menschheit zu betrachten, noch sie zu den herrenlosen Sachen (*res nullius*) oder zu den Sachen „*in commercio*“ zu zählen. Denn weder ist ein Eigentum der gesamten Menschheit juristisch nachvollziehbar noch sind sie immer herrenlos: Ein Einzelner kann sich ein Stück dieser „Sachen“ zu eigen machen.

Scialoja führt in seiner Untersuchung eine Einteilung der *res* in solche *in patrimonio* und *extra patrimonium* einer Privatperson, und damit unter anderen Vorzeichen durch. Denn nach seiner Auffassung ist der Gegensatz *extra patrimonium* und *in patrimonio* nicht inhaltsgleich mit dem Gegensatzpaar *extra commercium* und *in commercio*.[397] Er unterscheidet daher die Sachen, die *res privatae* sind, von denen, die *res nullius*, also in niemandes Eigentum, sind.

Nach ihm besteht ein Unterschied zwischen den *res communes omnium* und den *res publicae*, der rechtlich relevant ist. Dieser sei erkennbar, wenn die Aneignungsfähigkeit von kleinen Teilen der *res communes omnium* möglich ist, während die Begründung von Eigentum an den *res publicae* nicht denkbar sei.[398] Weiterhin sei der Gebrauch der *res communes omnium* viel weitgehender und allgemeiner als der der *res publicae*. Denn deren Gebrauch könnte vom Staat, dem sie gehören, entzogen werden.[399]

Danach untergliedert *Scialoja* die Sachen, die nicht einer Privatperson gehören, sondern *res nullius* sind: Diese umfassen die *res communes omnium*, die *res publicae* und die *res universitatis*, die in einer gestuften Reihenfolge gedacht werden können: Am nächsten den nicht im *patrimonium* stehenden *res communes omnium* stehen die *res publicae*, als die Sachen, die dem Staat gehören. Es folgen die *res universitatis*, als Sachen im allgemeinen Gebrauch, die einer öffentlichen Körperschaft oder dem Staat gehören. Schließlich gibt es die Sachen, die Teil des *patrimonium* einer *universitas* oder von Privatleuten sind, aber einem öffentlichen Gebrauch unterworfen sind. Am weitesten entfernt von den *res communes omnium* seien dann die Sachen im *patrimonium* einer *universitas* oder von Privatleuten, die keinem öffentlichen Gebrauch unterworfen sind.[400]

397 *Scialoja*, S. 123 und S. 137.

398 *Scialoja*, S. 127 f.

399 *Scialoja*, S. 129 und zusammenfassend auf S. 137.

400 *Scialoja*, S. 137.

Scialojas Auffassung von der Einteilung der *res* in solche *in patrimonio* und *extra patrimonium* wendet sich insbesondere gegen die Darstellung von *Bonfante*. Dieser hält die Unterscheidung von *res communes omnium* und *res publicae* für unbrauchbar. So soll allein Marcian, mehr Philosoph und Literat denn praktischer Jurist, die *res communes omnium* als besondere Kategorie eingeführt haben. Die Grundlage dieser Kategorie finde sich möglicherweise in der stoischen Naturrechtslehre. Zumindest zu Zeiten Justinians sei eine Unterscheidung zwischen *res communes omnium* und *res publicae* nicht vorgenommen worden.[401]

Kaser geht allein auf Grund der bereits dargestellten Quellenlage davon aus, dass zwischen beiden Arten von *res* eine „scharfe Grenze" im klassischen Recht noch nicht gezogen worden ist.[402] Unter der Bezeichnung *res publicae* sollen im technischen Sinne die Sachen im Eigentum des Staates verstanden werden[403], während die *res communes omnium* als *res publicae* nicht im Staatseigentum, sondern im Gemeingebrauch stehen.[404]

Behrends führt das Problem auf eine geschichtliche Entwiclung der *res publicae* und *res communes omnium* zurück, die durch verschiedene Ansichten der prokulianischen und der sabinianischen Rechtsschule geprägt sei.[405] So sollen die Anhänger der prokulianischen Rechtsschule Marcians streng institutioneller, systematischer Darstellung gefolgt sein. *Res publicae* sind danach Sachen, die einer *universitas* zugeordnet waren. Der Begriff *publicus* existierte ursprünglich in der Einteilung der Sachen nicht. Es sei nur zwischen *res universitatis* und *res communes omnium* sowie *res singulorum* und *res nullius* unterschieden worden. Die Unterscheidung *publicus* und *privatus* sei hingegen durch die Vertreter der sabinianischen Rechtsschule eingeführt worden. Als Beleg dafür könne D. 1,8,1 pr. von Gaius dienen, welcher als Anhänger der sabinianischen Rechtslehre nur zwischen *publicus* und *privatus* trennte: *aut publicae sunt aut privatae*. Der Begriff *publicus* sei so mit der sabinianischen Rechtsauffassung verallgemeinert und ausgedehnt worden. Auch die *res communes*

401 *Bonfante*, S. 54 f., S. 61 und S. 72.

402 *Kaser*, RP I, S. 380. Ebenso *Kunkel-Honsell/Mayer-Maly/Selb*, S. 84: Die Grenze zwischen *res communes omnium* und öffentlichem Gut „gewann nur allmählich Konturen".

403 *Kaser*, RP I, S. 381.

404 *Kaser*, RP I, S. 380.

405 *Behrends*, S. 8 ff. mit Darstellung der geschichtlichen Entwicklung der sachenrechtlichen Einteilung. Demgegenüber lehnt *Schermaier* die Annahme eines Schulenstreites ab, vgl. *ders.*, Mel. Humbert, S. 784.

omnium werden nun unter dem Begriff der *res publicae* verstanden.[406] Unter Justinian sei dann der Versuch unternommen worden, beide Theorien zu vereinen. Dieser Vorgang sei heute sowohl in den Institutionen Justinians als auch in den Digesten erkennbar.

Es erscheint plausibel, dass, der Auffassung von *Behrends* entsprechend, eine unterschiedliche philosophische (Welt-) Vorstellung Grundlage der Differenz zwischen Marcian und Gaius ist. Es ist auch wahrscheinlich, dass Justinian beide Reihen von Kategorien zu einer Rechtsauffassung später zusammengeführt hat. Die Institutionen Justinians schwanken daher auch zwischen der Zuordnung des Meeres und des Meeresstrandes zu den *res communes omnium* und den *res publicae in usu publico.*[407]

Legt man diese Auffassung zugrunde, lässt sich bezüglich der Frage, ob das Meer und der Meeresstrand *res publicae in usu publico* sind, Folgendes feststellen: Für die Anhänger der sabinianischen Rechtsauffassung war das Meer eine *res publica in usu publico.* Gleiches wird auch hinsichtlich der Einordnung des Meeres zur Zeit Justinians allgemein anzunehmen sein. Hinsichtlich der prokulianischen Auffassung besteht keine Gewissheit, dass das Meer und der Meeresstrand zu den *res extra commercium* gezählt worden sind.

Für die Extrakommerzialität nach prokulianischer Ansicht spricht, dass gerade das Alleineigentum des Einzelnen nicht am gesamten Meer oder der gesamten Meeresküste bestehen kann. Außerdem existiert nach Marcian ausdrücklich nur Eigentum an dem bebauten Teil und ausdrücklich nur für die Dauer der Bebauung.[408]

Allein die Bezeichnung als *communes omnium* spricht folglich für die Extrakommerzialität der in D. 1,8,2,1 aufgezählten Luft, *aqua profluens, mare* und *litora maris.*

Dies ist auch vor dem philosophischen Hintergrund der Sacheinteilung bei Marcian plausibel: Er unterscheidet nur zwischen *res communes omnium* und *res universitatis.* Eine Unterscheidung in extrakommerzielle und kommerzielle Sachen nimmt er nicht vor. Diejenigen Juristen, die die extrakommerziellen Sachen bestimmen, haben rein faktisch die gleiche Vorstellung vom Rechtszustand des Meeres wie Marcian: Es kann keinen Rechtshandel zwischen Privatpersonen daran geben. Das ist eindeutig. Daher werden nur die von

---

406 *Behrends*, S. 13 f.

407 Dieser Gegensatz zeigt sich insbesondere bei der Betrachtung von Inst. Iust. 2,1 pr.-1 einerseits und Inst. Iust. 2,1,5 andererseits.

408 D. 1,8,6 pr.

Marcian als *res universitatis* bezeichneten Sachen problematisiert und als Beispiel genommen.

Als Ergebnis kann daher festgehalten werden, dass zu den *res publicae* neben den in den Digesten explizit als *res publicae* genannten Objekten auch die *res communes omnium* zu zählen sind. Dies gilt zumindest dann, wennn die Bedeutung des Begriffs der *res publicae* nach spätklassischem und justinianischem Verständnis weit ausgelegt wird.

Die Zuordnung des Meers und der Meeresküste zu den *res communes omnium* ist in der Literatur unbestritten. Anders verhält es sich bei den in D. 1,8,2,1 vorangestellten *res communes omnium* (*aqua profluens* und *aer*). So wird in der Literatur zum Teil bezweifelt, dass diese beiden nicht von Marcian zu den *res communes omnium* gezählt worden sind.[409] Andere Literaturansichten beschäftigten sich mit dem Gedanken, ob die Aufzählung Marcians vielleicht nur exemplarisch und nicht abschließend gewesen sein könnte.[410] Herrschend ist aufgrund der Quellenlage indes weiterhin die Meinung, dass auch *aqua profluens* und *aer* als *res communes omnium* zu bezeichnen sind.[411]

Hinsichtlich des Begriffs *aqua profluens* ist fraglich, was er konkret bedeutet und damit, welche Gewässer darunter verstanden worden sind. Unter „fließenden Wasser“ sind im Prinzip alle möglichen Arten vorstellbar. Sofern Marcian allgemein jedes weitere fließende Wasser außer dem Meer gemeint haben sollte, kommen sowohl öffentliche und private Flüsse, Aquädukte, Wasserquellen, das Regenwasser und auch der Inhalt der Abwasserleitungen (*cloaca*e) in Betracht.

Auch der Begriff „Luft“ wird in den Digesten an keiner Stelle näher erläutert. Es kann nur durch das Vergleichen der *res communes omnium* untereinander gemutmaßt werden, was Marcian unter beiden Begriffen verstanden hat.

In der Literatur wird teilweise herausgearbeitet, dass die *res communes omnium* ein besonderes Charakteristikum aufweisen, nämlich die Unkörperlichkeit und damit Ungreifbarkeit. Das Meer ist wie die Luft als Ganzes nicht fassbar, sondern nur in kleinen Teilen, umschlossen von Gefäßen, körperlich begrenzt und dadurch beherrschbar.[412] Damit würden einige der aufgezählten Gewässer als *aqua profluens* ausscheiden, weil das Wasser in den Aquädukten, Kloaken und in jedem anderen künstlichen Wasserlauf abgegrenzt werden kann und damit bestimmbar wird.

409 *Bonfante*, S. 78.

410 Etwa *Pernice*, S. 136.

411 Vgl. statt aller die Darstellungen von *Kaser/Knütel*, S. 113; *Kunkel/Mayer-Maly*, S. 84.

412 *Pernice*, S. 140.

Ein anderes Kriterium muss der Bezeichnung dieser Gruppe von Sachen entnommen werden können, damit die Bezeichnung als *communis omnium* überhaupt einen Sinn hat. Mit dem Ausdruck kann aber nur ein Gewässer bezeichnet werden, das tatsächlich der Gesamtheit von Menschen und nicht nur einem abgegrenzten oder einem abgrenzbaren Personenkreis Nutzen bringt. Ein solcher Nutzen kann dem Meer und den öffentlichen Flüssen nicht abgesprochen werden. Anders verhält es sich bei den meisten anderen oben aufgezählten Gewässern. Aus diesen Erwägungen heraus wird unter *aqua profluens* zumeist im Sinne von Marcian das Regen- und Flusswasser verstanden.[413]

6. Weitere *res extra commercium*

Die zu Beginn der Untersuchung wiedergegebenen Quellen haben als *extra commercium* nur die bisher behandelten Sachen bezeichnet. Bei der Frage, ob diese Nennungen insbesondere in den Fragmenten D. 18,1,6 pr. und D. 18,1,34,1 abschließend sind, gehen die Auffassungen in der Literatur auseinander. In Betracht kommen neben den bisher genannten Sachen verbotene Gifte, verbotene Bücher, und die sogenannten *res in patrimonium Caesaris*. Zu diesen ist im Einzelnen Folgendes festzuhalten:

a) Venena mala *und* libri magicae artis

Insbesondere *Wappäus*[414] erklärt die verbotenen Gifte und die verbotenen Bücher zu *res extra commercium*. Unter den verbotenen Giften sind nach der Legaldefinition in D. 50,16,236 pr. die Gifte zu verstehen, die nicht als Heilmittel, sondern zum Schaden einer Person dienen sollen.[415]

---

413 *Kaser/Knütel*, S. 113; *Kunkel/Mayer-Maly*, S. 84. Zur Unterscheidung von Flusswasser als für den Privaten ableitbare *res communes omnium* und als für den Privaten nicht (legal) ableitbare *res publicae* vgl. *Hinker*, S. 180. Anders *Pernice*, S. 140, der das Regenwasser nicht dazu zählt, sondern nur alle fließenden Gewässer aus Flüssen und Quellen neben dem Meer.

414 *Wappäus*, S. 17.

415 *D. 50,16,236 pr. Gaius libro quarto ad legem duodecim tabularum: Qui „venenum" dicit, adicere debet, utrum malum an bonum: nam et medicamenta venena sunt, quia eo nomine omne continetur, quod adhibitum naturam eius, cui adhibitum esset, mutat. cum id, quod nos venenum appellamus, Graeci φάρμακον dicunt, apud illos quoque tam medicamenta quam quae nocent, hoc nomine continentur: unde adiectione alterius nomine distinctio fit. admonet nos summus apud eos poetarum Homerus: nam sic ait. πολλὰ μὲν ἐσθλὰ μεμιγμένα, πολλὰ δὲ λυγρά.*

Die wesentlichen Fragmente, die Anlass geben, die Eigenschaft als *extra commercium* vermuten zu lassen, sind D. 48,8,3 pr.-3[416], D. 18,1,35,2[417] und D. 10,2,4,1[418]. Nach D. 48,8,3 pr.-3 ist das Inbesitzhaben und Anbieten von verbotenen Giften verboten und ein Besitz an ihnen soll nicht möglich sein. Nach D. 18,1,35,2 ist jedes Rechtsgeschäft über diese Gifte unbedingt nichtig und nach D. 10,2,4,1 sind Gifte bei ihrem Auffinden in einem Nachlass sofort zu vernichten. D. 10,2,4,1 behandelt zudem die Gifte und die verbotenen Bücher gleich. Es geht um die *libri magicae artis* und die *libri mathematicorum et vaticinatorum*.

Gegen die rechtliche Zuordnung dieser Sachen zu den *res extra commercium* haben sich bereits *Kaufmann* und *Kollath* ausgesprochen.[419] Die Auffassung von

---

416 *D. 48,8,3 pr.-3: Marcianus libro quarto decimo institutionum: Eiusdem legis Corneliae de sicariis et venficis capite quinto, qui venenum necandi hominis causa fecerit vel vendiderit vel habuerit, plectitur.*
(1) Eiusdem legis poena adficitur, qui in publicum mala medicamenta vendiderit vel hominis necandi causa habuerit.
(2) Adiecto autem ista „veneni mali" ostendit esse quaedam et non mala venena. ergo nomen medium est et tam id, quod ad sanandum, quam id, quod ad occidendum paratum est, continet, sed et id quod amatorium appellantur: sed hoc solum notatur in ea lege, quod hominis necandi causa habet. Sed ex senatus consulto relegari iussa est ea, quae non quidem malo animo, sed malo exemplo medicamentum ad conceptionem dedit, ex quo ea quae acceperat decesserit.
(3) Alio senatus consulto effectum est, ut pigmentarii, si cui temere cicutam salamandram aconitum pituocampas aut bubrostim mandragoram et id, quod lustramenti causa dederit cantharidas, poena teneantur huius legis.

417 *D. 18,1,35,2 Gaius libro decimo ad edictum provinciale: Veneni mali quidam putant non contrahi emptionem, quia nec societas aut mandatum flagitiosae rei ullas vires habet: quae sententia potest sane vera videri de his quae nullo modo adiectione alterius materiae usu nobis esse possunt: de his vero mixta aliis materiis adeo nocendi naturam deponunt, ut ex his antidoti et alia quaedam salubria medicamenta conficiantur, aliud dici potest.*

418 *D. 10,2,4,1: Ulpianus libro nono decimo ad edictum: Mala medicamenta et venena veniunt quidem in iudicium, sed iudex omnino interponere se in his non debet: boni enim et innocentis viri officio eum fungi oportet: tantundem debebit facere et in libris improbatae lectionis, magicis forte vel his similibus. haec enim omnia protinus corrumpenda sunt.*

419 Vgl. *Kollath*, S. 4 f.

Wappäus hat sich in der Literatur bereits früh zu Recht nicht durchgesetzt. Bezüglich der *venena mala* und *libri prohibiti* ist der Argumentation *Kollaths* zuzustimmen: In den Digesten ist nur die Aussage enthalten, dass diese Gifte und Bücher nicht im Privateigentum stehen dürfen, „wohl aber können".[420]

Damit fehlt aber ein entscheidendes, zentrales Merkmal, das sie von den *res extra commercium* unterscheidet. Die Gifte und Bücher werden folglich nur teilweise mit den *res extra commercium* rechtlich auf derselben Ebene behandelt. Gegen ihre Zuordnung spricht auch, dass sie an keiner Stelle im Corpus Iuris Civilis im Zusammenhang mit den *res extra commercium* genannt werden. Sie sind insoweit höchstens mit dem *homo liber* vergleichbar, der teilweise ähnlich, teilweise gleich behandelt wird, aber dennoch aufgrund der Quellenlage nicht eine *res extra commercium* darstellt.

b) Res in patrimonium Caesaris

In der Literatur werden unter den *res extra commercium* teilweise auch die *res in patrimonium Caesaris* verstanden.[421] Maßgeblich dafür ist

> *D. 30,39,10 Ulpianus libro vicesimo primo ad Sabinum:*
> *Sed et ea praedia Caesaris, quae in formam patrimonii redacta sub procuratore patrimonii sunt, si legentur, nec aestimatio eorum debet praestari, quoniam commercium eorum <nisi iussu principis>*[422] *non sit, cum distrahi non soleant.*

wonach Ulpian in Hinblick auf die *praedia Caesaris* davon spricht, dass *commercium eorum non sit*, also auch ihre Kommerzialität verneint wird. Allerdings ist die Zuordnung dieser Sachen nicht ganz eindeutig. *Kollath* weist mit Recht darauf hin, dass das einleitende *sed* die *praedia Caesaris* von den zuvor erwähnten *res extra commercium* trennt.[423]

Die *res extra commercium* unterscheiden sich auch in ihrer rechtlichen Behandlung, wie noch im Folgenden zu sehen sein wird, von den *praedia Caesaris*. So enthält D. 30,39,10 gerade nicht die Aussage, dass diese in einem absoluten Sinne nicht verkauft werden können, sondern nur, dass dies einen Befehl des Kaisers voraussetzt.

Die *praedia Caesaris* weisen insoweit mehr Ähnlichkeit mit den vorerwähnten Giften und verbotenen Büchern auf: Ihre Unveräußerlichkeit beruht nicht

---

420 So bereits *Kollath*, S. 5.

421 Etwa *Kaufmann*, S. 68; *Weidner*, S. 19. Wohl auch *Kaser*, Commercium, S. 162.

422 Beachte Anmerkung in *Krueger / Mommsen*, S. 459 Fn. 1.

423 *Kollath*, S. 4 f.

auf ihrer Eigenschaft als *res divini iuris* oder ihrer besonderen öffentlichen Bedeutung, sondern auf einer gesetzlichen Vorschrift.[424] Die Ulpian zugeschriebene Aussage mit der darin enthaltenen Einschränkung ist somit kein ausreichender Beleg für eine sichere Zuordnung der *praedia Caesaris* zu den *res extra commercium*.

424 So bereits *Kollath*, S. 5.

Teil 3: Die Rechtsfolgen der Extrakommerzialität

Nachdem die einzelnen *res extra commercium* bestimmt worden sind, sollen nun die sich aus dem Status der Extrakommerzialität ergebenden Konsequenzen anhand der maßgeblichen und wichtigsten Rechtsgeschäfte und sonstigen Rechtspositionen, die nach römischem Recht an einer Sache möglich waren, untersucht werden. Im Einzelnen lassen sich auf Grund der Quellenlage Aussagen treffen zum Eigentum, dem Besitz, der Stipulation, dem Kaufvertragsrecht, dem Pfandrecht, dem Dienstbarkeitsrecht und dem Nießbrauch, der Ersitzung, dem Vermächtnis und dem Schatzfund. Darüber hinaus hat der Status der Extrakommerzialität auch Auswirkung in Bezug auf die Anwendbarkeit einzelner Klagen und auf das römische Strafrecht.

Der Gang der folgenden Darstellung zu den Rechtsfolgen der Extrakommerzialität folgt den römisch-rechtlichen Instituten und ihren Voraussetzungen: Der Besitz, *possessio,* ist den meisten anderen Rechtsinstituten vorangestellt, da der Besitz für die Dienstbarkeit, den Nießbrauch, die Ersitzung, die Stipulation und das Eigentum Anknüpfungspunkt und Voraussetzung ist. Das Pfandrecht folgt der Darstellung über das Kaufrecht, da die Quellen auf das Kaufrecht Bezug nehmen. Da die weitaus meisten Textstellen zur Extrakommerzialität in den kaufrechtlichen Digestenstellen stehen, erscheint es angebracht, damit zu beginnen.

I. Das Kaufvertragsrecht *(emptio venditio)*

1. Die Wirksamkeit des Kaufvertrags

Über die Behandlung des Kaufvertrages, der über *res extra commercium* abgeschlossen worden ist, gibt es im Vergleich zu den anderen Rechtsinstituten und Vertragstypen die meisten Textstellen in den Digesten. Diese Texte geben kein ganz einheitliches Bild ab. Sie stehen zum Teil im Widerspruch zueinander.

Zentraler Problempunkt ist dabei die bereits in der Literatur vieldiskutierte Frage, ob ein Kaufvertrag über die Sachen, die dem Rechtsverkehr entzogen sind, wirksam ist und welche Rechtsfolgen eine Kaufabrede über *res extra commercium* entstehen lässt.[425] In diesem Zusammenhang sollen zunächst die Textstellen D. 18,1,4–6 pr. genauer betrachtet werden:

425 Die nachfolgenden Texte über den Kauf von *res extra commercium* sind dabei zugleich die zentralen Digestenstellen, auf deren Grundlage Rudolf von Jhering die

D. 18,1,4 Pomponius libro nono ad Sabinum:
Et liberi hominis et loci sacri et religiosi, qui haberi non potest, emptio intellegitur, si ab ignorante emitur,

D. 18,1,5 Paulus libro quinto ad Sabinum:
quia difficile dinosci potest liber homo a servo.

D. 18,1,6 pr. Pomponius libro nono ad Sabinum:
Sed Celsus filius ait hominem liberum scientem te emere non posse nec cuiuscumque rei si scias alienationem [prohibitam] esse: ut sacra et religiosa loca aut quorum commercium non sit, ut publica, quae non in pecunia populi, sed in publico usu habeantur, ut est campus Martius.[426]

In D. 18,1,4 erklärt Pomponius zunächst, dass der Kauf eines freien Menschen oder eines *locus religiosus* oder eines *locus sacer* als wirksam anzusehen ist, wenn der Käufer unwissend ist (*ab ignorante emitur*). In D. 18,1,5 wird offenbar eine Begründung für diese Rechtsansicht gegeben: Der Kauf sei wirksam, weil es schwierig (*difficile*) sei, einen freien Menschen von einem Sklaven zu unterscheiden. Im Anschluss wird in D. 18,1,6 durch Pomponius erneut eine Rechtsauffasssung des Celsus wiedergegeben, nach der man wissentlich (*scientem*) einen freien Menschen oder (hier insoweit zusammengefasst) die *res extra commercium* nicht wirksam kaufen könne.

In der Literatur wurden diese Textstellen zum Kauf von *res extra commercium* und zum Kauf eines *homo liber* bereits lebhaft diskutiert.[427] Nach wohl herrschender Auffassung lautete die Textstelle D. 18,1,4 ursprünglich anders, als sie heute in den Digesten wiedergegeben wird. Seit den ersten Untersuchungen von *Scialoja*[428] und *Pernice*[429] ist die Mehrzahl der Autoren ihren Thesen im Großen

Entwicklung des Rechtsinstituts der *culpa in contrahendo* begründet hat, vgl. *Jhering*, S. 8 ff. Nach inzwischen fast einhelliger Auffassung in der Literatur geht dieser Versuch aber bezogen auf die Heranziehung dieser Digestenstellen fehl, da – wie im Folgenden noch aufgezeigt werden wird – die Haftung des Verkäufers anders als bei der Haftung wegen *culpa in contrahendo* nicht auf das negative Interesse, den Ersatz des Vertrauensschadens, beschränkt war, vgl. *Honsell*, S. 107 ff.; ihm folgend *Gröschler*, S. 138 Fn. 98; a.A. *Medicus*, S. 165. Zur Betrachtung der Quellentexte im Hinblick auf die *culpa in contrahendo* vgl. insbesondere *Medicus*, FG Kaser, S. 169 ff.; *Harke*, S. 39; *Honsell*, S. 107 mit Fn. 1; *Behrends*, SZ (RA) 95 (1978), S. 194 Fn. 13.

426 Zu Interpolationsvermutungen in D. 18,1,6 pr. vgl. *Ind. Interp.*, S. 308.

427 *Zimmermann*, S. 241 ff.; *Evans-Jones/MacCormack*, SZ (RA) 112 (1995), S. 334 mit weiterer Literatur in Fn. 4, *Gröschler*, S. 137 mit weiteren Nachweisen in Fn. 92 und 93.

428 *Scialoja*, BIDR 2 (1889), S. 178 ff.

429 *Pernice*, Labeo, S. 329 Fn. 2.

und Ganzen gefolgt. Danach besteht Einigkeit darüber, dass Pomponius tatsächlich den Kauf eines freien Menschen als gültig angesehen hat, wenn der Käufer unwissend war. Der Zusatz *et loci sacri et religiosi, qui haberi non potest* soll dagegen erst später eingefügt worden sein und stelle daher eine Interpolation der Kompilatoren der Digesten dar.[430] Begründet wird diese These im Wesentlichen erstens damit, dass der Wortlaut zweifelhaft sei, und zweitens mit einem Widerspruch zu den Aussagen der übrigen Textstellen, die den Kauf von *res extra commercium* thematisieren: Zunächst wird auf den Wortlaut von D. 18,1,4 Bezug genommen: Das Wort *potest* in der Singularform soll darauf hinweisen, dass es sich ursprünglich nur auf ein Objekt, nämlich den *homo liber*, bezogen habe.[431] Das spreche dafür, dass die *loci sacri et loci religiosi* jedenfalls nicht ursprünglich Mitbestandteil der von Pomponius getroffenen Aussage gewesen, sondern nachträglich eingefügt worden seien.

Als zweites, gewichtigeres Argument kann sodann auf die sich insgesamt ähnelnden Aussagen in den übrigen Digestenstellen zum Kauf von *res extra commercium* verwiesen werden.[432] Dies sind insbesondere die nachfolgenden Digestenstellen D. 18,1,22, D. 18,1,34,1, D. 18,1,73 pr. und D. 11,7,6,1:

> *D. 18,1,22 Ulpianus libro vicensimo octavo ad Sabinum:*
> *Hanc legem venditionis ‚si quid sacri vel religiosi est, eius venit nihil' supervacuam non esse, sed ad modica loca pertinere. Ceterum si omne religiosum vel sacrum vel publicum venierit, nullam esse emptionem,*

Nach Ulpians Auffassung kommt ein Kaufvertrag über *res religiosae, sacrae* oder *publicae* nicht wirksam zustande (*nullam esse emptionem*), wenn das gesamte Grundstück *extra commercium* ist. Dabei äußert sich Ulpian nicht zur Kenntnis oder Unkenntnis des Käufers.[433] Und ganz allgemein formuliert es auch Paulus in dem bereits bekannten Fragment D. 18,1,34,1:

430 So u.a. *Albertario*, S. 370; *Grosso*, S. 55 f.; *Thomas*, S. 140; *Reggi*, S. 248; *Longo*, S. 367. Vgl. dazu im Übrigen *Ind. Interp.*, S. 307/308.

431 Vgl. *Evans-Jones/MacCormack*, SZ (RA) 112 (1995), S. 334; *Thomas*, S. 140.

432 Vgl. *Haymann*, S. 154 ff.

433 Die Kenntnis oder Unkenntnis des Käufers ergibt sich auch nicht aus einer Gesamtbetrachtung mit D. 18,1,23–24 (dazu noch unten). Die Vereinbarung einer Klausel, dass die Grundstücksteile, welche *extra commercium* stehen, nicht mitverkauft werden, lässt für sich genommen nicht den Schluss zu, der Käufer handele wissentlich. Anders *Harke*, S. 187 Fn. 108, der annimmt, dass die Beachtung dessen, was sakral oder religiös ist, den Käufer dem Vorwurf aussetzt, mit der mangelnden Verkehrsfähigkeit gerechnet zu haben und daher „*sciens*" gewesen zu sein.

D. 18,1,34,1 Paulus libro trigensimo tertio ad edictum:
Omnium rerum quas quis habere vel possidere vel persequi potest, venditio recte fit: quas vero natura vel gentium ius vel mores civitatis commercio exuerunt, earum nulla venditio est.

Nach Paulus können Sachen, die nach ihrer Natur, dem Völkergemeinrecht oder dem Gewohnheitsrecht der Gesellschaft von dem *commercium* ausgeschlossen sind, nicht Gegenstand eines Verkaufs sein. Auch Paulus schränkt seine Rechtsauffassung nicht durch Erwägungen über die Kenntnis oder Unkenntnis des Käufers ein.

Die beiden zuletzt genannten Digestenstellen geben eine einheitliche Aussage zur Wirksamkeit des Kaufvertrags über *res extra commercium* im klassischen römischen Recht: Der Kauf ist unwirksam, nichtig.

Dies wird im Lateinischen mit den Worten *nullam esse emptionem*[434] und *nulla venditio est*[435] auf zwei verschiedene Arten ausgedrückt. Dies ist ein deutlicher Beleg für die Richtigkeit der These, dass der Kaufvertrag über *res extra commercium* in klassischer und spätklassischer Zeit prinzipiell als unwirksam angesehen worden ist und es auf die Gut- oder Bösgläubigkeit der Kaufvertragsparteien dabei nicht ankam.[436]

Die weiteren oben erwähnten Digestenstellen verneinen die Wirksamkeit des Kaufvertrags nur in Bezug auf einzelne *res extra commercium*. Sie lauten:

D. 18,1,73 pr. Papinianus libro tertio responsorum:
Aede sacra terrae motu diruta locus aedificii non est profanus et ideo venire non potest.

D. 11,7,6,1 Ulpianus libro vicensimo quinto ad edictum:
Si adhuc monumentum purum est, poterit quis hoc et vendere et donare. Si cenotaphium fit, posse hoc venire dicendum est: nec enim esse hoc religiosum divi fratres rescripserunt.

Paul. Sent. 1,21,7 (de sepulchris et lugendis):
Vendito fundo religiosa loca ad emptorem non transeunt nec in his ius inferre mortuum habet.

Nach Papinian kann der *locus sacer*, der nicht durch das Erdbeben wieder profan geworden ist, nicht wirksam verkauft werden: *venire non potest*. Anders vehält es sich bei einem *monumentum* bzw. einem *cenotaphium*, die als nicht religiöse

---

434 D. 18,1,22.

435 D. 18,1,34,1.

436 Für *Gröschler*, S. 136, folgt dies bereits aus der in D. 50,17,185 überlieferten Regel des Celsus, dass *impossibilium nulla obligatio est*. Die Kaufvertragsstellen zu den *res extra commercium* sind insoweit auch die Kardinalstellen für Abhandlungen, die die Lehre von der Unmöglichkeit im römischen Recht thematisieren, vgl. dazu insbesondere die Untersuchungen von *Flume*, S. 113 ff., *Apathy*, S. 11 ff. und *Harke*, S. 178 ff.

Stätten sowohl verkauft (*poterit vendere / posse venire*) als auch verschenkt (*poterit donare*) werden können. Weiterhin erklärt Paulus, dass bei einem Grundstücksverkauf die Teile, die *loca religiosa* sind, nicht an den Käufer übergehen.

Hinzu kommen noch zwei weitere Texte aus dem Codex Justinians mit gleicher Aussage:

> *C. 3,44,2 Imperator Antonius A. Hilariano:*
> *Invito vel ignorante te ab alio illatum corpus in puram possessionem tuam vel lapidem locum religiosum facere non potest. Si autem voluntate tua mortuum aliquis in locum tuum intulerit, religiosus iste efficitur: quo facto monumentum neque venire neque obligari a quoquam prohibente iuris religione posse in dubium non venit.*

> *C. 3,44,9 Imperator Philippus A. et Philippus C. Faustinae:*
> *Locum quidem religiosum distrahi non posse manifestum est. Verum agrum purum monumento cohaerentem profani iuris esse ideoque efficaciter venumdari non est opinionis incertae.*

Die zuletzt angeführten Texte beschränken sich zwar auf Aussagen zu Sachen, die *divini iuris* sind, jedoch zeigen die erstgenannten Texte mit ihrer gemeinsamen Aufzählung aller *res extra commercium* eindeutig auf, dass alle *res extra commercium* in dieser Frage gleich behandelt worden sind. Die zuletzt genannten fünf Textstellen differenzieren nicht nach der Kenntnis oder Unkenntnis des Käufers, sondern sehen den Kauf wie die zentralen Stellen D. 18,1,22 und D. 18,1,34,1 übereinstimmend als nichtig an.[437]

Zu dieser prinzipiellen Aussage steht nun aber nicht nur D. 18,1,4–6 pr. im Widerspruch, sondern eine Reihe von Texten, die auf die Kenntnis beziehungsweise Unkenntnis des Käufers abstellen. Dazu gehört insbesondere Inst. Iust. 3,23,5. Dort heißt es:

> *Inst. Iust. 3,23,5:*
> *Loca sacra vel religiosa, item publica, veluti forum basilicam, frustra quis sciens emit, quas tamen si pro privatis vel profanis deceptus a venditore emerit, habebit actionem ex empto, quod non habere ei liceat, ut consequatur, quod sua interest deceptum eum non esse. Idem iuris est, si hominem liberum pro servo emerit.*

Danach kauft derjenige eine *res extra commercium* vergebens (*frustra*), der um den Status wissend diesen Ort kaufen will (*sciens emit*). Andererseits wird dem nichtwissenden und gutgläubigen Käufer (*deceptus a venditore*) eine *actio ex*

437 Auch in C. 3,44,2 wird nicht auf die Kenntnis oder Unkenntnis des Käufers abgestellt, sondern nur das bereits oben im Rahmen der Darstellung der *res religiosae* dargestellte Kriterium problematisiert, dass die Entstehung eines *locus religiosus* die Berechtigung des Bestattenden oder zumindest dessen Zustimmung voraussetzt.

empto gewährt. Damit enthält Inst. Iust. 3,23,5 eine mit D. 18,1,4–6 pr. vergleichbare Aussage: Die Wirksamkeit des Kaufs hänge vom Wissen des Käufers ab.

Auch nach Modestin in D. 18,1,62,1 spielt der Gesichtspunkt der Gutgläubigkeit beim Kauf einer *res sacra vel religiosa vel publica* eine Rolle:

> *D. 18,1,62,1 Modestinus libro quinto regularum:*
> *Qui nesciens loca sacra vel religiosa vel publica pro privatis comparavit, licet emptio non teneat, ex empto tamen adversus venditorem experietur, ut consequatur quod interfuit eius, ne deciperetur.*

Diese Quellenlage hat in der Literatur zu unterschiedlichsten Erklärungsansätzen geführt, die sich im Wesentlichen wie folgt zusammenfassen lassen: Die wohl vorherrschende Auffassung in der Literatur geht aufgrund des ersten Satzes der Institutionenstelle Inst. Iust. 3,23,5 davon aus, dass die Wirksamkeit des Kaufvertrages jedenfalls zu Zeiten Justinians von der Kenntnis bzw. Unkenntnis des Käufers abhängig ist.[438] Die Aussage von Inst. Iust. 3,23,5 wird insoweit für echt gehalten.[439] Ob und inwieweit aus D. 18,1,4–6 pr. gefolgert werden kann, dass die in Inst. Iust. 3,23,5 enthaltene Rechtsauffassung zur Wirksamkeit des Kaufvertrages auch schon zur klassischen oder spätklassischen Zeit Geltung beansprucht hat, lässt sich aus den Quellentexten nicht mit abschließender Sicherheit ableiten. Auch wenn beide Fragmente (Inst. Iust. 3,23,5 und D. 18,1,4–6 pr.) gemeinsam haben, dass eine Gleichsetzung des Kaufs einer *res extra commercium* und des Kaufs eines freien Menschen vorgenommen wird und auf das Wissen des Käufers abgestellt wird, so wird geltend gemacht, dass für die Zeit der klassischen Jurisprudenz nur D. 18,1,4 gegen die Unwirksamkeit des Kaufvertrags spreche.[440] Dieses Fragment wird aber, wie dargestellt, als verfälscht angesehen.[441]

---

438 So etwa *Honsell*, S. 107; *Medicus*, S. 164 mit Fn. 4; *Thomas*, S. 139 ff.; *Evans-Jones/MacCormack*, SZ (RA) 112 (1995), S. 334; *Zimmermann*, S. 243.

439 Anders aber noch z.B. *Heldrich*, S. 20, der eine Interpolation des Wortes *sciens* in Inst. Iust. 3,23,5 annimmt. Mit der Annahme einer Interpolation erhält das Fragment die gleiche Aussage wie D. 18,1,62,1. Unter der gleichzeitigen Annahme der Unechtheit von D. 18,1,4–6 pr.in Bezug auf die dort erwähnten *res extra commercium* wird die Annahme eines Entwicklungsprozesses von der klassischen Zeit zur Zeit Justinians so völlig entbehrlich.

440 Vgl. nur *Honsell*, S. 107 mit Fn. 7; *Medicus*, S. 164 mit Fn. 4.

441 Die Unechtheit von D. 18,1,4 ist allgemeine Meinung in der Literatur, die sich bisher mit dem Kaufvertragsrecht im Bezug auf die *res extra commercium* auseinandergesetzt hat: Vgl. etwa *Albertario*, S. 369; *Biondi*, S. 50 ff.; *Evans-Jones/MacCormack*,

Diese Quellenlage kann ein Hinweis darauf sein, dass bei der Behandlung von Kaufverträgen über *res extra commercium* eine Entwicklung stattgefunden hat. So wird in der Literatur weitgehend der Ansatz vertreten, dass im vorklassischen und klassischen römischen Recht ein Kaufvertrag zumindest nach der damals herrschenden Meinung immer unwirksam war, während im nachklassischen Recht unter Justinian eine Gleichsetzung der *res extra commercium* mit dem *homo liber* vorgenommen worden ist.[442] Diese Rechtsvereinheitlichung soll dann in Inst. Iust. 3,23,5 zum Ausdruck kommen: Der Kaufvertrag ist unter bestimmten Voraussetzungen gültig. Diese nachklassische Rechtsauffassung soll dann auch in D. 18,1,4–6 pr. nachträglich eingefügt worden sein.[443]

SZ (RA) 112 (1995), S. 333 ff.; *Grosso*, S. 57 f.; *Haymann*, S. 157 ff.; *Honsell*, S. 107 mit Fn. 7; *Medicus*, S. 164 mit Fn. 4; *Stein*, S. 75 ff.; *Thomas*, S. 139 f.; *Voci*, S. 150 f.

442 *Honsell*, S. 107 mit Fn. 7, lässt die Frage letztlich offen; deutlicher *Medicus*, S. 164 mit Fn. 4. Auch *Zimmermann*, S. 241f., nimmt an, dass zunächst jeder Kaufvertrag über *res extra commercium* nichtig war, aber jedenfalls spätestens zu Zeiten Justinians eine Angleichung vollzogen war.

443 Allgemeine Meinung, vgl. etwa *Evans-Jones/MacCormack*, SZ (RA) 112 (1995), S. 333 ff.; *Thomas*, S. 139 ff. Einen anderen Ansatz haben in der Literatur *Gradenwitz*, SZ (RA) 26 (1905), S. 481, und *Stein*, S. 76, erörtert. Beide überlegen, ob die Fragmente D. 18,1,4 und D. 18,1,6 pr. nicht auch in der Weise verstanden werden können, dass von Pomponius tatsächlich alle *res extra commercium* genannt worden sind – also keine Interpolation vorliegt – und dass Celsus anschließend in D. 18,1,6 pr. eine neue Rechtsauffassung vertrat. Nach dieser sollte dann nur noch der Kauf eines *homo liber* gültig sein. So sei denkbar, dass das „*sed*" den Gegensatz unterschiedlicher Rechtsauffassungen der sabinianischen und prokulianischen Rechtsschule ausdrücke. Es könne sein, dass Sabinus ursprünglich in D. 18,1,4 behauptet habe, dass der Kauf eines freien Menschen gültig, der Kauf einer *res extra commercium* aber ungültig sei und dass trotz dieser Unterscheidung dem unwissenden Käufer gegen den arglistigen Verkäufer eine *actio empti* gewährt werde. Celsus könne dann in D. 18,1,6 pr. die Ansicht vertreten haben, dass die *actio empti* zwar im Fall des *homo liber*, nicht aber im Falle der *res extra commercium* gegeben sei. Das widersprechende „*sed*" beziehe sich dann nur auf den letzten Teil des sabinianischen Gedankens zur Gewährung einer *actio empti* auch bei den *res extra commercium*. Auch die Richtigkeit dieser Auffassung ist letztlich aber nicht beweisbar. Nicht überzeugend ist nach dem vorliegenden Quellenmaterial auch die These von *Voci*, S. 147 ff., dass der Kaufvertrag auch zu klassischer Zeit als wirksam angesehen worden ist. Dabei sei die Wirksamkeit des Kaufvertrages vom guten Glauben bei den *res extra commercium* ebenso abhängig, wie beim Verkauf eines freien Menschen. Es ist kaum vorstellbar, dass hier eine Interpolation dergestalt stattgefunden hat, dass die Wirksamkeit des Kaufvertrags in klassischer Zeit zunächst von der Kenntnis des Käufers abhhängig

Zur Unterstützung der These, dass der Kaufvertrag im klassischen Recht zunächst ungültig war und erst in nachklassischer Zeit die Wirksamkeit bejaht worden ist, wird in der Literatur zumeist auf den Vergleich mit dem Kauf eines *homo liber* verwiesen, wie er in den Quellen selbst vorgenommen wird.[444] Dieser war zwar keine Sache, die dem Rechtsverkehr entzogen war, jedoch haben die römischen Juristen den *homo liber* als das Rechtssubjekt angesehen, das grundsätzlich nicht selbst zum Objekt gemacht werden kann. Insofern musste der *homo liber* dem Rechtsverkehr entzogen sein.[445] Das naheliegende Problem bei dieser Rechtsstellung war die Tatsache, dass die Römer die Sklaven nicht als solche Rechtssubjekte anerkannt haben. Da aber eine Unterscheidung und Bestimmung des Status eines Menschen nicht immer leicht möglich war, konnte es vorkommen, dass ein freier Mensch als Sklave verkauft werden sollte.[446]

Diese Schwierigkeit wird als Grund dafür angenommen, dass auch in Bezug auf den Kauf eines *homo liber* eine ähnliche Entwicklung stattgefunden hat wie bei den *res extra commercium*: So ist es auch beim Kauf eines *homo liber* denkbar, dass ein Kauf ursprünglich immer als unwirksam angesehen worden ist, aber allmählich die Notwendigkeit erkannt wurde, den unwissenden Käufer besser zu schützen.[447] Grundlage für die Annahme einer solchen Entwicklung

---

gemacht wurde und dann spätere Kompilatoren in manchen Texten wieder ganz generell die Nichtigkeit des Kaufvertrages hinein interpoliert haben. Die Annahme der Nichtigkeit des Kaufvertrages muss daher die ältere Rechtsansicht sein.

444 Vgl. die bereits bekannten Texte D. 18,1,4, D. 18,1,6 pr. und Inst. Iust. 3,23,5.

445 Zum Problem der gutgläubigen Ersitzung siehe unten und den Beitrag von *Reggi*.

446 Dass der rechtliche Status der *res extra commercium* im Vergleich mit dem Status des Menschen deutlich leichter erkennbar war, wird von *Stein*, S. 64, *Evans-Jones/MacCormack*, SZ (RA) 112 (1995), S. 331, und *Thomas*, S. 139 (ihm folgend *Zimmermann*, S. 242 mit Fn. 54), hervorgehoben. Soweit sich dieser Hinweis auf die Erkennbarkeit von Tempeln, Straßen und sonstigen öffentlichen Bauwerken bezieht, ist diese Ansicht gut nachvollziehbar. Andererseits ist es durchaus möglich, dass eine religiose Sache wie ein Grab für ein freies Grundstück gehalten werden kann, wenn die entsprechenden Merkmale fehlen oder der Tempel eingestürzt ist, aber der Ort weiterhin heilig ist (*locus sacer*, vgl. D. 18,1,73 pr.). Entgegen der in der soeben zitierten Literatur vertretenen Auffassung von *Thomas, Stein* und *Evans-Jones/MacCormack* erscheint es nicht völlig ausgeschlossen, dass diese Probleme auch bei *res publicae in usu publico* aufgetreten sein können: So sind beispielsweise Fälle denkbar, bei denen ein verkauftes Grundstück zum Zeitpunkt des Verkaufs in Unkenntnis der Kaufvertragsparteien durch eine Flussumbettung zu einer *res publica in usu publico* geworden war (ähnlich ebenso *Kaser*, SZ (RA) 78 (1961), S. 171).

447 So *Arp*, S. 104; *Apathy*, S. 14 f.; *Zimmermann*, S. 241 f.

auch beim *homo liber* ist die Diskussion des Problems durch Licinnius Rufinus in D. 18,1,70.[448]

> *D. 18,1,70 Licinnius Rufinus libro octavo regularum:*
> *Liberi hominis emptionem contrahi posse plerique existimaverunt, si modo inter ignorantes id fiat. Quod idem placet etiam, si venditor sciat, emptor autem ignoret. Quod si emptor sciens liberum esse emerit, nulla emptio contrahitur.*

Nach Licinnius Rufinus ist ein Kauf nach einer Mehrheitsmeinung (*plerique existimaverunt*) wirksam möglich. Gerade aufgrund dieser Formulierung wird geschlossen, dass die Mehrheitsmeinung nicht ursprünglich eine gesicherte Rechtsauffassung war.[449] Aus D. 40,13,4 wissen wir zudem, dass er sich bei dieser Einschätzung der Rechtslage auf die Meinung seines Lehrers Paulus stützt.[450] Es lassen sich also mehrere Textbelege finden, in denen der Kauf eines *homo liber* diskutiert und unter bestimmten Voraussetzungen als wirksam angesehen wird.

Allerdings wurden *homo liber* und *res extra commercium* nicht in allen Fragmenten und in jeglicher Hinsicht stets gleichbehandelt: In D. 18,1,5 wird nur auf die schwierige Unterscheidbarkeit von *homo liber* und Sklaven verwiesen, nicht aber auf entsprechende Probleme bei den *res extra commercium*. Die unterschiedliche Behandlung von einem freien Menschen und einer *res extra commercium* zeigt sich auch darin, dass ein gutgläubiger Besitz eines *homo liber* möglich ist.[451] Insofern lässt sich aus diesem Vergleich mit dem *homo liber* letztlich kein

---

448 Vgl. *Arp*, S. 104 Fn. 165 mit weiterer Literatur. Ähnlich *Medicus*, S. 163, und *Honsell*, S. 107, der meint, dass der *homo liber* jedenfalls ursprünglich nicht wirksam verkauft werden konnte und der Kauf ungültig war.

449 Allgemeine Ansicht, vgl. etwa *Arp*, S. 104 Fn. 165, ihm folgend *Apathy*, S. 14.

450 *D. 40,13,4 Paulus libro duodecimo quaestionum: Licinnius Rufinus Iulio Paulo. Is cui fideicommissa libertas debebatur post vicensimum annum veniri se passus est: quaero, denegandum sit ei ad libertatem proclamare. Movet me exemplum cuiusvis liberi hominis: nam et si consecutus esset libertatem, si se vendidisset, denegaretur ei ad libertatem proclamare, nec debet meliori loco intellegi, quod in servitute constitutus passus est se venum dari, quam si esset libertatem consecutus. Sed e contrario movet me, quod in hoc, de quo quaeritur, venditio constitit et est qui veneat, in libero autem homine neque venditio constitit et nihil est quod veneat. Peto itaque plenissime instruas. Respondit: venditio quidem tam servi quam liberi contrahi potest et stipulatio de evictione contrahitur: non enim de eo loquimur, qui sciens liberum emit: nam adversus hunc nec ad libertatem proclamatio denegatur. Sed is, qui adhuc servus est, etiam invitus veniri potest, quamvis et ipse in eo malus sit, quod de condicione sua dissimulat, cum in sua potestate habeat, ut statim ad libertatem perveniat.[...]*

451 Zur abweichenden Behandlung der *res extra commercium* im Rahmen der Ersitzung siehe das gesonderte Kapitel zur Ersitzung unten. Die Möglichkeit des gutgläubigen

sicherer Schluss ziehen, dass der Kauf von *res extra commercium* zu klassischer Zeit wie der Kauf eines *homo liber* behandelt worden ist.

Dieser Ansatz versucht somit, im Vergleich mit dem *homo liber* und unter gewissen Schwierigkeiten, eine geschichtliche Entwicklung von der ursprünglichen Nichtigkeit des Kaufvertrages hin zu der von der Kenntnis des Käufers abhängenden Wirksamkeit des Kaufvertrages darzustellen.

Daneben wird der Ansatz vertreten, dass die Wirksamkeit des Kaufvertrages auch schon zu klassischer Zeit hauptsächlich vom Wissen des Käufers abhängig sei: Die Begründung in D. 18,1,5 gebe nicht irgendein nebensächliches Motiv, sondern gerade das zentrale Kriterium zur Abgrenzung von Wirksamkeit und Unwirksamkeit des Vertrages wieder. So meint *Flume*, die Stelle D. 18,1,62,1 sei nur dann widerspruchsfrei zu erklären, wenn die *emptio venditio* zugunsten des *emptor nesciens* als wirksam anzusehen sei.[452] Der Halbsatz *licet emptio non teneat* in D. 18,1,62,1 bedeute nicht, dass kein Kauf vorliege oder der Kaufvertrag nichtig sei.[453] Es sei vielmehr anzunehmen, dass sowohl der *homo liber* als auch die *res extra commercium* von Anfang an für den Kaufvertrag keine möglichen Kaufgegenstände seien, aber zu solchen werden könnten, wenn der Käufer *nesciens* ist.[454] Begründet wird dies von Harke hauptsächlich damit, dass der Kauf einer *res extra commercium* grundsätzlich gegen *natura vel ius gentium vel mores civitatis*[455] verstoße und der Wirksamkeit des Kaufs daher ein „moralisches Unwerturteil" entgegenstehe.[456] Dieses Unwerturteil entfalle aber in den Fällen, wo der Käufer unwissend sei.[457] Die in D. 18,1,62,1 enthaltene Aussage von Modestin stehe damit nicht im Widerspruch zu Inst. Iust. 3,23,5, in der ebenso

---

Ersitzens eines *homo liber* wird in Inst. Iust. 2,9 pr. erklärt. Zwar wird in Inst. Iust. 3,23,5 keine Unterscheidung mehr zwischen Mensch und *res extra commercium* hinsichtlich der Wirksamkeit des Kaufvertrages gemacht, jedoch besteht bei der Frage der Ersitzung weiterhin eine unterschiedliche Rechtsauffassung:
Inst. Iust. 2,9 pr.: Adquiritur nobis non solum per nosmet ipsos, sed etiam per eos quos in potestate habemus: item per eos servos, in quibus usum fructum habemus: item per homines liberos et servos alienos quos bona fide possidemus. de quibus singulis diligentius dispiciamus.

452 *Flume*, S. 113; ihm folgend *Harke*, S. 181 ff., insbesondere S. 186, und erneut *Harke*, Studien, S. 39 f., insbesondere S. 40.

453 *Flume*, S. 114. Dies gelte jedenfalls für den Kauf eines *homo liber* als *servus* (so *Flume*, S. 115), sei aber auch für die *res extra commercium* anzunehmen (*Flume*, S. 116).

454 So *Flume*, S. 115; *Harke*, S. 186.

455 So lautet die Begründung von Paulus in D. 18,1,34,1.

456 Vgl. *Harke*, S. 179 und S. 181.

457 *Harke*, S. 181.

die Wirksamkeit des Kaufs von *res extra commercium* und eines *homo liber* im Falle des *emptor nesciens* angenommen werde. Die Digestenstellen D. 18,1,34,1, D. 18,1,73 und D. 18,1,22 seien mit dieser Interpretation auch kompatibel, wenn angenommen werde, dass die verschiedenen Juristen sich dort nur auf den allgemeinen Grundsatz der Unwirksamkeit des Kaufvertrages über eine *res extra commmercium* beziehen, ohne dabei eine Aussage über den Ausnahmefall des *emptor nesciens* treffen zu wollen oder treffen zu müssen.[458] Ebenso würde sich auch die in D. 18,1,4 enthaltene Rechtsauffassung, die ebenfalls auf das Wissen abstellt, in diese Argumentation widerspruchsfrei einfügen.[459]

Dieser Deutung steht Ulpians Rechtsansicht aus D. 11,7,8,1[460] entgegen, der dort eine *actio in factum* und gerade keine *actio empti* im Fall des unwissentlichen (*pro puro*) Kaufs eines *locus religiosus* gewährt. Dies müsste Ulpian nicht, wenn er dieser Auffassung entsprechend den Kauf als wirksam ansehen würde. Denn dann wäre ein Vorgehen mit der *actio empti* für den unwissenden Käufer problemlos möglich.[461]

Man geht also aufgrund der Quellenlage davon aus, dass der Kauf einer *res extra commercium* grundsätzlich nicht wirksam war. Folgt man der Ansicht *Flumes*, ist in Betracht zu ziehen, dass aber schon zu klassischer Zeit der Kaufvertrag zugunsten des *emptor nesciens* als wirksam anzusehen war. Eventuell hat sich die Rechtsauffassung im Laufe der Zeit geändert. Dabei kann diejenige zum gutgläubigen Kauf eines *homo liber* einen erheblichen Einfluss gehabt haben. Es ist denkbar, dass dann zu Zeiten Justinians sowohl der gutgläubige Kauf eines *homo*

458 Vgl. in Bezug auf D. 18,1,73 pr. und D. 18,1,22 ausdrücklich *Harke*, S. 187 mit Fn. 108, und bezüglich D. 18,1,34,1 vgl. *ders.*, S. 183.

459 Dazu und zur unterschiedlichen Beurteilung der Echtheit von D. 18,1,4 vgl. *Flume*, S. 115, und andererseits *Harke*, S. 181 f., und erneut *Harke*, Studien, S. 40.

460 *D. 11,7,8,1 Ulpianus libro vicensimo quinto ad edictum: Si locus religiosus pro puro venisse dicetur, praetor in factum actionem in eum dat ei ad quem ea res pertinet: quae actio et in heredem competit, cum quasi ex empto actionem contineat.*

461 *Harke* löst diesen Widerspruch damit, dass er gegen die wohl herrschende Auffassung in der Literatur (vgl. nur *Lenel*, EP, S. 227; ihm folgend z.B. *Behrends*, SZ (RA) 95 (1978), S. 194 Fn. 13; *Medicus*, S. 163 f.; *Honsell*, S. 108) behauptet, Ulpian untersuche in D. 11,7,8,1 „die Rechtsmittel, welche dem Inhaber eines Begräbnisrechts beim Verkauf des locus religiosus zustehen." Der Text befasse sich also gar nicht mit dem Kauf einer *res extra commercium* durch einen unwissentlichen Käufer, vgl. *Harke*, S. 186 Fn. 101; ebenso schon *Stein*, S. 73 ff.; *Peters*, S. 302. Dagegen hält *Behrends*, SZ (RA) 95 (1978), S. 204 Fn. 37, diese Ansicht für „unannehmbar", weil die von *Harke* angenommene Klage des Grabherrn deliktischer Art und daher nicht vererblich sein würde. Zu diesem Fragment weiterhin ausführlich *Murga*.

liber als auch der einer *res extra commercium* als wirksam angesehen worden ist und damit *Flumes* Auffassung jedenfalls für die justinianische Zeit richtig sein kann. Letztlich sind alle davon abweichenden Versuche, mit Hilfe von Textstreichungen und Worteinfügungen Erklärungen für die klassische und für die justinianische Zeit zu finden, nicht beweisbar.

Schließlich zeigt sich für *Behrends* insbesondere in den vorgehend behandelten Kaufrechtsstellen D. 18,1,62,1 und D. 18,1,4–6 pr. das Ergebnis einer Kontroverse der prokulianischen und der sabinianischen Rechtsschule.[462] So soll der Kauf einer *res extra commercium* nach der klassischen Auffassung der prokulianischen Rechtsschule nichtig und auch eine *actio empti* ausgeschlossen gewesen sein.[463] Die sabinianische Rechtsschule habe gegenüber der prokulianischen Rechtsschule diesen Standpunkt zur Nichtigkeit des Kaufvertrages zwar nicht aufgegeben, aber eine Haftung des Verkäufers nach der *actio empti* trotz nichtigen Vertrages bejaht.[464]

Dieser rechtsphilosophische und historische Hintergrund eines Schulenstreits ist als Erklärungsansatz gut denkbar, aber aufgrund der Quellen zum Kauf der *res extra commercium* unmittelbar nicht beweisbar. Denn es gibt dazu keine frühere Aussage in den Digesten als das Zitat von Celsus.[465]

Gleichwohl ist es anhand der Quellen zum Kauf einer *res extra commercium* möglich, die Nichtigkeit des Kaufvertrages sowohl in klassischer als auch in nachklassischer Zeit unabhängig von der Kenntnis des Käufers anzunehmen. Den oben aufgeführten Quellentexten, die die allgemeine Aussage treffen, dass kein Kauf geschlossen worden ist, steht kein Quellentext entgegen, der bei Gutgläubigkeit des Käufers explizit die Wirksamkeit des Kaufvertrages erklärt. Insbesondere die Texte D. 18,1,34,1 und D. 18,1,22 sagen aus, dass kein Kauf stattfindet (*nullam esse emptionem*[466], *nulla venditio est*[467]).[468]

---

462 Vgl. *Behrends*, SZ (RA) 95 (1978), S. 187 ff.

463 *Behrends*, SZ (RA) 95 (1978), S. 194 Fn. 13.

464 *Behrends*, SZ (RA) 95 (1978), S. 204. Zur Frage des zulässigen Rechtsbehelfs (*actio in factum* bzw. *actio empti*) vgl. noch sogleich.

465 D. 18,1,6 pr.

466 D. 18,1,22.

467 D. 18,1,34,1.

468 Einige Digestenstellen gerade in Bezug auf den Kauf von Grundstücken zeigen dabei deutlich, dass bei den Kaufvertragsparteien zum Teil eine gewisse Besorgnis bestanden haben muss, unwissentlich oder ungewollt eine *res extra commercium* mit zu veräußern, die den Kaufvertrag insgesamt nichtig machen könnte. Dies zeigen zunächst D. 18,1,22 und D. 18,1,24, in denen Ulpian die Erforderlichkeit von Vertragsklauseln wie *si quid sacri vel religiosi est, eius venit nihil* (D. 18,1,22) kommentiert. Eine solche

Ebenso sprechen die die einzelnen *res divini iuris* betreffenden Texte D. 18,1,73 pr., D. 11,7,6,1, C. 3,44,2 und C. 3,44,9 davon, dass bei diesen Sachen eine *venditio* nicht geschehen kann (*venire non potest*[469], *poterit quis hoc et vendere et donare*[470], *neque venire neque obligari (...) posse*[471], *distrahi non posse*[472]). In D. 18,1,34,1 und C. 3,44,9 scheint bei den Sachen, die nicht *extra commercium* sind, die uneingeschränkte Gültigkeit des Kaufs durch ein Adverb noch ausdrücklich betont zu sein. Paulus spricht von „regelrechtem" Verkauf (*venditio recte fit*) und C. 3,44,9 gebraucht das Wort „wirksam" im Zusammenhang mit dem Verkauf von *res profani iuris* (*efficaciter venumdari*).

Demgegenüber enthalten diejenigen Quellentexte, die auf das Wissen oder Nichtwissen des Käufers abstellen, in keinem Fall eindeutig die Aussage, dass der Kaufvertrag wirksam ist. Es findet sich keine Textstelle, die im Zusammenhang mit *emptio* oder *venditio* die Wirksamkeit im Sinne von *emptionem esse* oder *emptionem fieri* bzw. *venire posse* ausdrücklich erklären. Vielmehr betreffen alle

---

Klausel, dass nicht mitverkauft sein soll, was extrakommerziell ist, habe seinen Sinn, weil der Kaufvertrag bei einem Grundstück, bei dem nur der kleinere Teil *extra commercium* stehe, die Wirksamkeit des Kaufs des größeren Teils dann nicht berühre. Anders verhält es sich natürlich, wenn das gesamte Grundstück extrakommerziell ist. Dann bleibt nur die Nichtigkeit. Die gleiche Klausel wird auch von Papinian in D. 18,1,72,1 mit dem Hinweis erwähnt, dass diese nur für die *res publicae in usu publico* und nicht für die *res publica in patrimonio fisci* gelte:

D. 18,1,72,1 Papinianus libro decimo quaestionum: Lege venditionis illa facta „si quid sacri aut religiosi aut publici est, eius nihil venit", si res non in usu publico, sed in patrimonio fisci erit, venditio eius valebit, nec venditori proderit exceptio, quae non habuit locum.

Damit nimmt Papinian genau dieselbe Unterscheidung vor, wie sie im Kapitel über die *res publicae* bereits nachvollzogen wurde. Die Rechtsauffassung Papinians fügt sich insoweit widerspruchslos in das Gesamtbild: Die *res publica in patrimonio fisci* ist nicht Teil der *res extra commercium* und daher ist ihr Verkauf möglich und wirksam (*venditio eius valebit*). Folglich kann auch die Klausel *si quid sacri aut religiosi aut publici est, eius nihil venit* bezüglich dieser *res* keine Rechtsfolgen bewirken.

Dass die vorgenannte Vertragsklausel nur die extrakommerziellen Teile umfasst, wird von Papinian auch in D. 18,1,73,1 noch einmal bestätigt, indem er aussagt, dass nicht religiös gewordene, also kommerzielle Grundstücksteile der Grabanlange mitverkauft sind, wenn der Verkäufer diese nicht explizit vom Kauf ausnimmt (*si nihil venditor nominatim excepit, ad emptorem pertinent*).

469 D. 18,1,73 pr.

470 D. 11,7,6,1 in Bezug auf ein *monumentum purum* im Gegensatz zu einem *locus religiosus*.

471 C. 3,44,2.

472 C. 3,44,9

diese Texte jeweils nur die Problematik, ob und welcher Anspruch einem gutgläubigen Käufer einer *res extra commercium* zusteht. In diesem Fällen scheint es tatsächlich so, dass die *emptio venditio* nur als ein gedankliches Konstrukt bzw. eine Fiktion von den römischen Juristen angenommen wurde.

In D. 18,1,4 sagt Pomponius vom Kauf eines freien Menschen oder einer Sache, die man nicht haben kann, dass er als Kauf vorgestellt wird (*emptio intellegitur*). In gleicher Weise formuliert auch Modestin in D. 18,1,62,1, dass der Kauf nicht vollständig durchgeführt wird, weil keine Obligation entsteht (*licet emptio non teneat*), dass aber trotzdem dem gutgläubigen Käufer eine *actio empti* gewährt wird (*ex empto tamen adversus venditorem experietur*).

In Inst. Iust. 3,23,5 erscheint der Gesichtspunkt Modestins in einer ähnlichen Weise und mit gleicher Begründung. Es wird die *actio empti* gewährt, damit der Käufer das Interesse erhält, was er erhalten hätte, wenn er nicht getäuscht worden wäre (*ut consequatur, quod interfuit eius ne deciperetur / quod sua interest deceptum eum non esse*), weil ihm das *habere licere* an *res extra commercium* versagt wird.

Inst. Iust. 3,23,5 enthält darüber hinaus keine Aussage über die Wirksamkeit des Kaufvertrages. Die Annahme der generellen Unwirksamkeit des Kaufvertrages wäre damit auch mit Ulpians Aussage in D. 11,7,8,1 kompatibel, in der er einen Kaufvertrag nicht annnimmt, sondern die Haftung ganz im Sinne der These eines gedanklichen Konstrukts nur *quasi ex empto* bejaht.

Dazu steht auch nicht die Aussage von Pomponius bzw. Celsus in D. 18,1,6 pr. im Widerspruch, wonach man wissentlich einen *homo liber* oder eine *res extra commercium* nicht kaufen kann (*emere non posse*). Denn der mit dem Wort *sed* eingeleitete und angedeutete Gegensatz zum vorhergehenden Fragment D. 18,1,4 bezieht sich, wie bereits zu Beginn dieser Arbeit aufgezeigt, nur auf die Unterscheidung, ob der Käufer den Status der Sache kennt oder nicht. D. 18,1,6 pr. modifiziert insoweit nicht die Grundaussage von D. 18,1,4, wonach beim gutgläubigen Käufer der Kauf dieser Sachen als Kauf vorgestellt wird (*intellegitur*).[473]

Diese Annahme der Unwirksamkeit des Kaufvertrags lässt sich in Bezug auf die *res extra commercium* widerspruchsfrei vertreten.[474] Die Frage der Wirksamkeit

---

473 Das Wort *intellegere* erscheint auch an anderer Stelle in den Digesten in dem gleichen Sinn, zum Beispiel etwa in D. 8,2,32,1.

474 Dies gilt nicht in Bezug auf den *homo liber*. Denn zumindest in D. 18,1,70 und insbesondere in D. 40,13,4 werden, so scheint es zumindest, von Licinnius Rufinus und dem von ihm zitierten Paulus der Kauf eines freien Menschen als wirksam angesehen. Allerdings zeigt es sich auch bei anderen Rechtsinstituten, dass *homo liber* und *res extra commercium* unterschiedlich behandelt wurden. So ist etwa gutgläubiger Besitz eines *homo liber* (vgl. zum *bonae fidei possessor* z.B. *Apathy*, S. 14), nicht aber einer *res*

lässt sich aufgrund der Quellenlage letztlich nicht mit absoluter Sicherheit beantworten. Eine Festlegung in dieser Rechtsfrage ist aber auch nicht erforderlich. Die in der Literatur vertretenen Auffassungen zur Frage der Wirksamkeit des Kaufvertrages haben tatsächlich nur geringe Auswirkungen auf die rechtliche Behandlung der *res extra commercium*. Denn die Bejahung der Wirksamkeit des Kaufvertrages führt nicht dazu, dass anzunehmen ist, dass der Käufer dadurch etwas anderes erhält als bei Annahme der Nichtigkeit des Kaufvertrages.

In beiden Fällen erhält der Käufer keinesfalls die gekaufte Sache, sondern nur einen Schadensersatzanspruch, wie sich noch im Folgenden zeigen wird. Denn eine Erfüllung des Kaufvertrages war dem Verkäufer nicht möglich. Es gilt der Grundsatz *impossibilium nulla obligatio est*.[475] Insofern kommt es auch nicht auf die in der Literatur streitig diskutierte Frage an, ob der Verkäufer dem Wortlaut der Formel der *actio empti* getreu nur das *habere licere* im Sinne von D. 50,16,188 pr.[476], also die Einräumung ungestörten Besitzes und Gebrauchs, schuldet[477] oder etwa auch die Übereignung der Sache.[478] Beides (die Verschaffung von Besitz und von Eigentum) ist dem Verkäufer bei den *res extra commercium* nicht möglich.[479]

2. Die Ersatzansprüche des Käufers

Mit der Annahme, dass der Kaufvertrag über *res extra commercium* (zumindest in klassischer Zeit) unwirksam ist, stellt sich im Anschluss die weitere Frage, welche wechselseitigen Rechtsfolgen dies verursachte. Dabei geht es im Wesentlichen um die Frage, ob, und wenn ja, welcher Anspruch dem Käufer zugestanden worden ist, wenn der Verkäufer von der Verpflichtung aus dem Kaufvertrag wegen

---

extra commercium möglich, wie sich unten noch zeigen wird. Insofern ist es möglich, dass der *homo liber* und die *res extra commercium* in D. 18,1,4–6 pr. und in Inst. Iust. 3,23,5 zwar gleich behandelt werden, sich diese Gleichbehandlung aber nicht auf die Wirksamkeit des Kaufvertrages, sondern nur auf die rechtliche Konsequenz bezieht, dass der Käufer nur bei seiner Gutgläubigkeit schutzwürdig erscheint und ihm in diesem Fall ein Schadensersatzanspruch zugesprochen wird.

475 *Gröschler*, S. 136; *Apathy*, S. 11, jeweils unter Verweis auf D. 50,17,185. Zur Lehre von der anfänglichen Unmöglichkeit im Sinne von D. 50,17,185 im klassischen römischen Recht vgl. im Übrigen ausführlich *Arp*, S. 63 ff.

476 *D. 50,16,188 pr. Paulus libro trigensimo tertio ad edictum: „Habere" duobus modis dicitur, altero iure dominii, altero optinere sine interpellatione id quod quis emerit.* Vgl. weiterhin Gai. Inst. 2,86 und Gai. Inst. 2,92.

477 So etwa *Zimmermann*, S. 242; *Harke*, S. 183 mit Fn. 89; *Bauer*, S. 58.

478 So *Peters*, SZ (RA) 96 (1979), S. 192 f.; ihm folgend *Apathy*, S. 12.

479 Zu der Frage, ob Besitz und Eigentum an *res extra commercium* möglich ist, vgl. noch ausführlich unten.

Unwirksamkeit befreit worden ist. In den Digesten werden mehrere verschiedene Klagemöglichkeiten von unterschiedlichen Juristen erwähnt. In der Literatur werden aufgrund der vorhandenen Quellenlage insbesondere folgende Klagemöglichkeiten diskutiert: *actio auctoritatis*, *stipulatio duplae*, *stipulatio simplae*, *condictio*, *actio de dolo*, *actio utilis*, *actio in factum* und natürlich die *actio empti*.[480]

Die in der Literatur angenommenen Klagemöglichkeiten basieren dabei hauptsächlich auf den Fragmenten D. 18,1,62,1 und D. 11,7,8,1:

> *D. 11,7,8,1 Ulpianus libro vicensimo quinto ad edictum:*
> *Si locus religiosus pro puro venisse dicetur, praetor in factum actionem in eum dat ei ad quem ea res pertinet: quae actio et in heredem competit, cum quasi ex empto actionem contineat.*

Nach Ulpian soll der Käufer eine *actio in factum* gegen den Verkäufer haben, wenn ein unwirksamer Kaufvertrag über einen religiösen Ort geschlossen worden ist.

Bei Modestin, einem Schüler Ulpians, wird dem Käufer bereits mehr gewährt. Nach dem Wortlaut von D. 18,1,62,1 (*ex empto experietur*) hat der Käufer die Möglichkeit, aus dem Kaufvertrag zu klagen. Ihm wird nach dem Wortlaut des Fragments also die *actio empti* gewährt.

Im Zusammenhang mit der Gültigkeit eines Kaufvertrages sprechen weiterhin die folgenden Fragmente die Klagemöglichkeiten des Käufers an:

> *D. 18,1,22 Ulpianus libro vicensimo octavo ad Sabinum:*
> *in modicis autem ex empto esse actionem, quia non specialiter locus sacer vel religiosus venit, sed emptioni maioris partis accessit.*[481]

Nachdem Ulpian in D. 11,7,8,1 nur eine *actio in factum* als Klagemöglichkeit genannt hatte, scheint er nach D. 18,1,22 wie sein Schüler Modestin eine *actio empti* für anwendbar zu halten. Diese unterschiedlichen Aussagen von Ulpian können entweder als widersprüchlich und dann als interpoliert behandelt werden oder es kann behauptet werden, dass beide Stellen unterschiedliche Situationen behandeln, oder man kann in ihnen einen Entwicklungsschritt von der Abkehr der *actio in factum* hin zur *actio empti* in der klassischen Zeit erblicken. Es werden in dieser Hinsicht wieder alle Auffassungen vertreten.[482]

---

480 Vgl. nur *Medicus*, S. 163 f.; *Evans-Jones/MacCormack*, SZ (RA) 112 (1995), S. 330; *Stein*, S. 67 (jeweils mit Darstellung der Literaturmeinungen).

481 Beachte *B/K/K/S*, III, S. 447 mit Fn. 3: Gemeint ist der Fall, in dem die in D. 18,1,22 erwähnte Vertragsklausel fehlt.

482 *Stein* (vgl. *ders.*, S. 68) erkennt nur die ersten beiden Möglichkeiten. Die dritte denkbare Erklärung, dass Ulpian einen Entwicklungsschritt vollzogen haben könnte, behandelt er nicht.

Das Fragment D. 18,1,23 gibt eine weitere Klagemöglichkeit wieder. Danach kann der Käufer den Kaufpreis vom Verkäufer kondizieren:

D. 18,1,23 Paulus libro quinto ad Sabinum
et quod solverit eo nomine, emptor condicere potest.

Diese Möglichkeit der Kondiktion stellte die schlechtere Klagemöglichkeit dar. Die Kondiktion beschränkte sich auf das, was der Käufer dem Verkäufer rechtsgrundlos geleistet hatte, also den Kaufpreis.[483] Die *actio empti* gab dem Käufer demgegenüber mehr Rechte. Danach hatte der Käufer nicht nur Anspruch auf Rückzahlung des Kaufpreises, sondern obendrein auf Schadensersatz. Sowohl hinsichtlich dieser als auch im Hinblick auf weitere Klagemöglichkeiten wird viel spekuliert:

So vertreten *Evans-Jones/MacCormack* die Auffassung, dass in der vorklassischen Zeit vor Einführung des Konsensualvertrags der Käufer mit einer *actio auctoritatis* gegen den Verkäufer vorgehen konnte. Die *actio auctoritatis* war die Klagemöglichkeit bei der *mancipatio*, dem traditionellen Kauf unter römischen Bürgern. Diese *actio auctoritatis* soll auch nach der Erfindung des Konsensualvertrags eventuell noch anwendbar gewesen sein.[484] Daneben kann die *stipulatio duplae* eine Klagemöglichkeit gewesen sein.[485] Gerichtet waren die *actio auctoritatis* und die *actio ex stipulatu* auf das Kaufpreisduplum.[486] Die Entwicklung der *actio empti* kann dann als weitere Klagemöglichkeit zur *actio doli* hinzugekommen sein. Gegenüber der *actio doli*, der Klagemöglichkeit bei arglistigem Verhalten des Verkäufers, hatte die *actio empti* den entscheidenden Vorteil einer Beweiserleichterung.[487]

Nach anderer Auffassung von *Thomas* hat Ulpian tatsächlich nur eine *actio in factum* und keine *actio empti* zugelassen.[488] Ebenso soll auch Modestin

483 *Medicus*, S. 163. Zum Inhalt und Umfang der *condictio indebiti* vgl. nur D. 12,6,7: *Quod indebitum per errorem solvitur, aut ipsum aut tantundem repetitur.* Ferner D. 12,6,65,5 und speziell bei Unmöglichkeit der Erfüllung eines Kaufvertrags: D. 12,6,37.

484 *Evans-Jones/MacCormack*, SZ (RA) 112 (1995), S. 331 und S. 339; ebenso *Medicus*, S. 163

485 Vgl. die Aufzählung der denkbaren Klagemöglichkeiten bei *Evans-Jones/MacCormack, SZ (RA) 112 (1995)*, S. 330.

486 Vgl. *Medicus*, S. 163.

487 *Evans-Jones/MacCormack*, SZ (RA) 112 (1995), S. 336; so auch *Zimmermann*, S. 242. Diesen Vorteil sieht *Heldrich*, S. 19, nicht.

488 *Thomas*, S. 148; ebenso noch *Medicus*, S. 164 f., aufgegeben in *Medicus*, FG Kaser, S. 170 Fn. 11. Weitere Literaturnachweise bei *Gröschler*, S. 137 mit Fn. 93.

dem Käufer nur eine an die *actio empti* angelehnte *actio in factum* zugebilligt haben.[489] Die *actio empti* als Klagemöglichkeit sei nicht vorhanden gewesen, da diese logisch einen wirksamen Kaufvertrag vorausgesetzt habe, der aber – wie oben dargestellt – nicht vorgelegen habe. Erst spätere Kompilatoren, womöglich aus justinianischer Zeit, sollen die *actio empti* für anwendbar erklärt haben. Dies werde mit der Gleichsetzung von *homo liber* und *res extra commercium* in Inst. Iust. 3,23,5 deutlich.[490] Die *actio in factum* sei daher als klassische Klageart anzusehen.

Neben diesen Ansichten vertritt ein Teil der älteren Literatur weiterhin die These, dass die *actio empti* erst zur Zeit der Kompilatoren gewährt worden sei. Die Juristen der klassischen Zeit sollen dagegen allein die *actio doli* für anwendbar gehalten haben.[491] Die Textstellen bezüglich der *actio empti* oder der *actio in factum* seien interpoliert und gäben daher nicht die Rechtslage der klassischen Zeit wieder.[492]

Heldrich glaubt nachweisen zu können, dass die Kompilatoren Justinians grundsätzlich eine Abneigung gegen die Anwendung der *actio doli* gehabt haben.[493] Um die *actio doli* verschwinden zu lassen, sollen die Kompilatoren die Klage an zahlreichen Stellen gestrichen haben. Diese Abneigung gegen *actio doli* sei hingegen bei den Juristen der klassischen Zeit noch nicht vorhanden gewesen. Während Justinian grundsätzlich eine Haftung für Verschulden bei Vertragsschluss aus vertraglichen Ansprüchen herzuleiten versucht haben soll, soll vorher allein eine Haftung aus Delikt wegen Arglist, also die *actio doli*, in Frage gekommen sein.[494]

Diese allgemeine These wird von ihm aber sofort eingeschränkt: Eine Ausnahme soll die Haftung des Verkäufers für arglistiges Verschweigen darstellen.[495] Insbesondere betrifft diese Ausnahme aber auch die Haftung für die Fälle, in denen ein Verschulden beim Vertragsschluss bei nichtigem Kaufvertrag vorliegt.[496] Diese sind genau die oben zitierten problematischen Stellen, in denen es um die Gewährung eines vertraglichen Anspruchs geht. In D. 18,1,62,1 soll Modestin

489 *Thomas*, S. 148.
490 *Thomas*, S. 139 ff., S. 149.
491 *Heldrich*, S. 20; *Albertario*, S. 367 ff. (siehe insb. S. 369 Fn. 3); *Grosso*, S. 60 f.
492 *Albertario*, S. 368 und S. 370.
493 *Heldrich*, S. 1 ff.
494 *Heldrich*, S. 3.
495 *Heldrich*, S. 3 ff.
496 *Heldrich*, S. 18.

daher nicht auf den Gedanken gekommen sein, eine *actio empti* trotz nichtigen Kaufvertrages zu geben.[497] Ebenso soll es sich in Inst. Iust. 3,23,5 verhalten: Ursprünglich soll der getäuschte Käufer nur eine *actio doli* und keine *actio empti* erhalten haben.[498] Nach dieser Auffassung haben die Kompilatoren später jedes Mal die *actio ex empto* durch die *actio ex dolo* ersetzt.[499]

Gegen diese Ansicht kann zunächst eingewandt werden, dass in keinem der von der Literatur behandelten Texte eine *actio doli* gewährt worden ist, die anderen Klagemöglichkeiten aber zumindest ein Mal genannt worden sind. Diese These ist daher allein auf dem Glauben aufgebaut, dass die römischen Juristen der klassischen Zeit wegen der Unwirksamkeit des Kaufvertrages keine *actio empti* gewähren konnten, und auf den Textstellen, die die Unwissenheit und das Wissen von Käufer und Verkäufer betonen.[500] Die Auffassung von Heldrich wird in der neueren Literatur daher nicht mehr geteilt.[501]

Letztlich bleibt auch die Beantwortung der Frage, ob eine *actio in factum* oder eine *actio empti* von den klassischen bzw. spätklassischen Juristen trotz nichtigen Kaufvertrages gewährt worden ist, spekulativ. Insofern sind alle Erklärungsversuche diesbezüglich ebenso spekulativ wie diejenigen zu der Frage, ob in der Spätklassik oder in justinianischer Zeit die Wirksamkeit eines Kaufvertrages über *res extra commercium* eventuell im Sinne von Inst. Iust. 3,23,5 wirksam war oder nicht.

Wie sich aber oben bereits gezeigt hat, lässt sich die Unwirksamkeit des Kaufvertrags beim Kauf von *res extra commercium* unter Berücksichtigung sämtlicher Digestenstellen ohne Widerspruch durchhalten. Dabei hat sich gezeigt, dass sich gleich mehrere römische Juristen bei der Lösung sowohl der Frage der Wirksamkeit als auch der Frage der statthaften *actio* eines gedanklichen Konstrukts bedient haben. So schreibt Ulpian *quasi ex empto*[502] und Modestin weist ausdrücklich darauf hin, dass *emptio non teneat*[503], bevor er die *actio ex empto* zur Anwendung gelangen lässt. Auch die Aussage von Pomponius, *emptio intellegitur*,[504] zeigt, wenn man der Ansicht folgt, dass diese Textstelle ebenfalls die Frage

497 *Heldrich*, S. 20.
498 *Heldrich*, S. 20.
499 *Heldrich*, S. 18.
500 Auch für weitere in den Quellentexten nicht erwähnte *actiones*, z.B. für eine *actio utilis*, bestehen keine belastbaren Nachweise, vgl. *Gröschler*, S. 138.
501 So bereits *Medicus*, S. 164 mit Fn. 5.
502 D. 11,7,8,1.
503 D. 18,1,62,1.
504 D. 18,1,4.

der statthaften Klagemöglichkeit behandelt, dass er auf die *actio empti* abstellt und dafür sich ebenfalls einer Fiktion bedient.[505]

Daher ist *Honsell* im Ergebnis Recht zu geben, dass für ein Eingreifen Justinians und für eine nachklassische Glossierung sowohl Motiv als auch Anhaltspunkte fehlen.[506]

Weitere Voraussetzung für einen Anspruch des Käufers nach der *actio empti* ist, dass dieser im Sinne von Inst. Iust. 3,23,5[507] bzw. D. 18,1,62,1[508] getäuscht worden ist. In der Literatur ist bereits untersucht worden, ob das Wort *decipere* in den beiden vorgenannten Texten nur den vorsätzlich über den Status der Sache täuschenden Verkäufer oder auch den nur fahrlässig täuschenden Verkäufer mitumfasst und haften lässt. Allgemein haftete der Verkäufer dem Käufer mit der *actio empti* nur für *dolus*, d.h. nur für Vorsatz und nicht auch für jede Fahrlässigkeit.[509] Zu dieser Auffassung, der Haftung nur für Vorsatz, kommen im Ergebnis auch *Honsell*[510] sowie *Evans-Jones* und *MacCormack*[511] in ihren Untersuchungen in Bezug auf die Texte D. 18,1,62,1, Inst. Iust. 3,23,5 und D. 11,7,8,1 (*si locus religiosus pro puro venisse dicetur*).[512] Diese Auffassung erscheint unter Berücksichtigung von D. 19,1,13 pr.-4[513] zutreffend.[514] Die wohl von *Medicus* im Ergebnis angenommene Deutung, dass als *deceptus* auch derjenige Käufer bezeichnet werden kann, „der ohne fremde Schuld in einer Erwartung enttäuscht worden ist“, ohne dass „Vorsatz des Verhandlungspartners im Spiel“ gewesen sein muss,

505 Ähnlicher Auffassung wohl *Behrends*, SZ (RA) 95 (1978), S. 204 Fn. 38: „Für die *loca religiosa* Modestin 5 reg D 18,1,62,1 (Vertragshaftung auf den Enttäuschungsschaden trotz nichtigen Austauschvertrages; s. bereits o. A. 13) und undeutlicher Pomp 9 Sab D 18,1,4 (…)“.

506 *Honsell*, S. 108, ihm folgend *Wacke*, SZ (RA) 94, 1977, S. 239 Fn. 40 und *Kranjc*, SZ (RA) 106 (1989), S. 460 Fn. 75.

507 Inst. Iust. 3,23,5: *deceptus a venditore.*

508 D. 18,1,6,2,1: *deciperetur.*

509 So *Kaser/Knütel*, S. 246, unter Verweis auf eine bei Justinian erfolgte Angleichung.

510 *Honsell*, S. 87 f. und S. 108 f.

511 *Evans-Jones/MacCormack*, SZ (RA) 112 (1995), S. 344 f., die allerdings für die justinianische Zeit eine *actio empti* auch bei einer unvorsätzlichen Fehlbeschreibung durch den Verkäufer für anwendbar halten, vgl. *dies.*, S. 349: „Consequently, we should interpret the factual situation contemplated by Inst. Iust. 3,23,5 as comprising either fraudulent or innocent misdescription on the part of the seller.“

512 Zum Verständnis von *decipere* vgl. ähnlich auch *Thomas*, S. 138 und S. 142.

513 Zu D. 19,1,13 pr.-4 vgl. ausführlich *Evans-Jones/MacCormack*, SZ (RA) 112 (1995), S. 345 f. und *Honsell*, S. 95.

514 Ebenso auch *Zimmermann*, S. 243.

erscheint im Hinblick auf das Fragment D. 11,7,8,1 falsch.[515] Die Formulierung in D. 11,7,8,1 deutet an, dass der *locus religiosus* vom Verkäufer wissentlich, also dolos, als *locus purus* bezeichnet worden ist.

Dagegen spricht weiterhin, dass eine unvorsätzliche Falschbezeichnung des Verkäufers, sei sie etwa durch eigenen redlichen vermeintlichen Kauf des Verkäufers oder durch eine vermeintliche Erbschaft bedingt,[516] zum Teil sogar einen Fahrlässigkeitsvorwurf im Sinne von *culpa* nicht begründen könnte. Diese Deutung erscheint aus drei Gründen unzutreffend. Erstens spricht Inst. Iust. 3,23,5 davon, dass der Käufer vom Verkäufer getäuscht worden ist. Darin liegt eine Schuldzuweisung.[517] Zweitens würde dies auf der Rechtsfolgenseite bedeuten, dass der Verkäufer, obwohl noch nicht einmal fahrlässig handelnd, eventuell dem Käufer sogar für entgangenen Gewinn haften müsste. Diese Deutung wäre unbillig. Schließlich ist, wie *Medicus* richtig hervorhebt, von *culpa* oder einem anderen Haftungsmaßstab in den vorbehandelten Kaufrechtsstellen nicht die Rede.[518] Es hätte allerdings gerade in diesen Fällen nahe gelegen, den Haftungsmaßstab genauer zu erklären, wenn von der Haftung für *dolus* abgewichen werden sollte.[519] Daher ist im Ergebnis nur von einer Haftung des dolosen Verkäufers auszugehen.

Auf der Rechtsfolgenseite haftet der Verkäufer auf *quod sua interest deceptum eum non esse*[520] bzw. *ut consequatur quod interfuit eius, ne deciperetur*[521]. Der genauere Inhalt oder Umfang dieser Haftung geht aus den die *res extra commercium* behandelnden Texten nicht hervor.

Nach wohl herrschender Meinung ist die Haftung nicht auf das negative Interesse, den Vertrauensschaden beschränkt. Vielmehr haftet der Verkäufer dem Käufer auf das positive Interesse und damit auch auf eventuell entgangenen Gewinn.[522] Es besteht in der Tat kein Grund anzunehmen, dass die römischen Juristen Schwierigkeiten bei der Bestimmung der Schadenshöhe hatten, zumindest wenn die Kaufvertragsparteien schon eine Einigung über den Kaufpreis erzielt hatten und damit jedenfalls eine Schätzgrundlage bestand.

---

515 *Medicus*, FG Kaser, S. 171.

516 Beispiele von *Medicus*, S. 171.

517 So ähnlich auch *Evans-Jones/MacCormack*, SZ (RA) 112 (1995), S. 345.

518 *Medicus*, FG Kaser, S. 172.

519 Insoweit zweifelnd auch *Medicus*, FG Kaser, S. 172.

520 Inst. Iust. 3,23,5.

521 D. 18,1,62,1.

522 So *Honsell*, S. 108, ihm folgend *Kaser*, RP I, S. 549, und *Zimmermann*, S. 244. Anderer Auffassung etwa *Medicus*, S. 165 (nicht aufgegeben in *Medicus*, FG Kaser, S. 170 mit Fn. 11) und *Stein*, S. 66 ff., 75 f..

II. Das Pfandrecht *(pignus* und *obligatio)*

Eine Parallele zum Kaufrecht findet sich in dem Quellenmaterial über das Pfandrecht, insbesondere in D. 20,3,1,2: Marcian erklärt, dass bestimmte Sachen nicht mit einem Pfandrecht belastet werden konnten.[523] Dabei handelt es sich wieder um die *res extra commercium*:

> *D. 20,3,1,2 Marcianus libro singulari ad formulam hypothecariam:*
> *Eam rem, quam quis emere non potest, quia commercium eius non est, iure pignori accipere non potest, ut divus Pius Claudio Saturnino rescripsit. Quid ergo, si praedium quis litigiosum pignori acceperit, an exceptione summovendus sit? Et Octavenus putabat etiam in pignoribus locum habere exceptionem: quod ait Scaevola libro tertio variarum quaestionum procedere, ut in rebus mobilibus exceptio locum habeat.*

Nach Marcian kann an einer Sache, die man nicht kaufen kann, weil sie extrakommerziell ist, auch kein Pfandrecht erworben werden. Er scheint anschließend die Frage zu thematisieren, was passiert, wenn jemand an einer solchen Sache dennoch versucht hat, ein Pfandrecht zu erhalten. Unter Bezugnahme auf Octaven erklärt er dann, dass die Geltendmachung des Anspruchs des scheinbaren Pfandrechtsinhabers durch eine Einrede abgewehrt werden könne.[524]

Diese eher allgemeine Feststellung von Marcian findet sich im Corpus Iuris Civilis auch nur bezogen auf einzelne *res extra commercium* wieder. Die

---

523 Zur Übersetzung des Wortes „*obligare*" vgl. *Heumann/Seckel*, S. 380: Es bedeutet unter anderem „verpfänden, haftbar machen, belasten" im Gegensatz zu *distrahere*, *vendere* und *alienare*. Gleiches gilt für die Bedeutung von *obligatio* im Gegensatz zur *alienatio* und *venditio*, siehe etwa D. 18,1,81 pr. und D. 20,1,23,1 und *Heumann/Seckel*, aaO.

524 Die zugehörige Einrede findet sich nach *Behrends*, *Knütel*, *Kupisch* und *Seiler*, B/K/K/S, III, S. 631, in Gai. Inst. 4,117 und D. 44,6,1,1:
Gai. Inst. 4,117: In his quoque actionibus, quae <non> in personam sunt, exceptiones locum habent, velut si metu me coegeris aut dolo induxeris, ut tibi rem aliquam mancipio dem, tua est; si vero eam rem a me petas, datur mihi exceptio, per quam, si metus causa te fecisse vel dolo malo arguero, repelleris; Item si fundum litigiosum sciens a non possidente emeris eumque a possidente petas, opponitur tibi exceptio, per quam omni modo summoveris.
D. 44,6,1,1 Ulpianus libro septuagensimo sexto ad edictum: Litigiosam rem non facit denuntiatio, quae impediendae venditionis causa fit. Si inter Primum et Secundum sit lis contestata et ego a Tertio emero, qui nullam controversiam patiebatur, videamus, an exceptioni locus sit. Et putem subveniendum mihi, quia is, qui mihi vendidit, nullam litem habuit et quod fieri potest, ut duo in necem eius litem inter se iungant, qui cum ipso litigare non poterant. Si tamen cum procuratore tutore curatoreve alicuius iudicium acceptum sit, consequens erit dicere, quasi cum ipso litigetur, ita eum ad exceptionem pertinere.

Unmöglichkeit einer Verpfändung wird etwa in Bezug auf den *locus religiosus* auch in C. 3,44,2 und in C. 8,16,3 thematisiert:

> *C. 3,44,2 Imperator Antonius A. Hilariano:*
> *Invito vel ignorante te ab alio illatum corpus in puram possessionem tuam vel lapidem locum religiosum facere non potest. Si autem voluntate tua mortuum aliquis in locum tuum intulerit, religiosus iste efficitur: quo facto monumentum neque venire neque obligari a quoquam prohibente iuris religione posse in dubium non venit.*

> *C. 8,16,3 Imperator Antonius A. Restituto:*
> *Si monumento corpus filiae tuae intulisti, religiosum id fecisti: quo facto obligari a quoquam prohibente iuris religione non posse in dubium non venit.*

Der Text C. 3,44,2 enthält wie D. 20,3,1,2 eine Aussage zur Unmöglichkeit des Kaufs. Es wird sowohl der Verkauf als auch die Verpfändung (*neque venire neque obligari*) für unwirksam erklärt.

Ebenso besagt C. 8,16,3, dass ein *locus religiosus* nicht zum Gegenstand einer Verpfändung gemacht werden kann.

III. Der Besitz

Für das römiche Recht ist der Besitz von zentraler Bedeutung, um eine Sache erwerben zu können. Denn sowohl der Erwerb des Eigentums als auch der Erwerb anderer dinglicher Rechte als auch der gesetzliche Eigentumserwerb durch Schatzfund und Ersitzung knüpfen an den Besitz einer Sache an.

In mehreren Textstellen wird die Möglichkeit eines Besitzes an den *res extra commercium* verneint:

> *D. 18,1,4 Pomponius libro nono ad Sabinum:*
> *Et liberi hominis et loci sacri et religiosi, qui haberi non potest, emptio intellegitur, si ab ignorante emitur,*

> *D. 41,2,30,1 Paulus libro quinto decimo ad Sabinum:*
> *Possessionem amittimus multis modis, veluti si mortuum in eum locum intulimus, quem possidebamus: namque locum religiosum aut sacrum non possumus possidere, etsi contemnamus religionem et pro privato eum teneamus, sicut hominem liberum.*

> *Inst. Iust. 2,6,1:*
> *Sed aliquando etiamsi maxime quis bona fide rem possiderit, non tamen illi usucapio ullo tempore procedit, veluti si quis liberum hominem vel rem sacram vel religiosam vel servum fugitivum possideat.*

Nach Pomponius in D. 18,1,4 ist ein *habere* an *homo liber et loci sacri et religiosi* nicht möglich. Nach der deutschen Übersetzung bedeutet *qui haberi non potest* soviel wie „die man nicht besitzen kann“.[525] Das ist richtig, denn das Wort *haberi* kommt von *habere*, das im juristischen Sinn „im Besitz haben“ bedeutet: In diesem Sinn kommt es zum Beispiel auch in D. 46,4,18,1 vor. Dort ist die für die Stipulation erforderliche allgemeine Formel enthalten, die *habere* neben *tenere* und *possidere* synonym mit der Bedeutung als „im Besitz haben“ aufzählt.[526]

Auch D. 41,2,30,1 ist zu entnehmen, dass eine *res religiosa* oder eine *res sacra* nicht besessen werden kann, selbst wenn jemand im Unklaren über den rechtlichen Status des Ortes diesen als einen privaten Ort besitzen möchte und damit die Voraussetzungen des Besitzes bei objektiver Betrachtungsweise nach dem äußeren Erscheinungsbild vorgelegen haben könnten.[527] In ähnlicher Weise wird auch in Inst. Iust. 2,6,1 bei der Beantwortung der Frage, ob eine Ersitzung eines *homo liber*, eines *servus fugitivus* und von *loci sacri et religiosi* möglich ist, auf den Besitz abgestellt. Diese Institutionenstelle ist allerdings insofern missglückt, als nach Inst. Iust. 2,6,1 eine Ersitzung trotz Besitzes nicht möglich sein soll, während nach D. 41,2,30,1 ein Besitz an den *res religiosae* und *res sacrae* nicht möglich ist.

Beide Textstellen stehen aber nur scheinbar im Widerspruch zueinander. Denn auch in der in D. 41,2,30,1 beschriebenen Situation wird der mit Besitzwillen Auftretende die Voraussetzungen des Besitzes dem äußeren Erscheinungsbild nach erfüllen, indem er über die religiösen oder sakralen Orte mit Besitzwillen (*animus possessoris*) die tatsächliche Sachherrschaft ausübt.[528]

Eine andere Auffassung zum Besitz vertritt, insoweit seiner Auffassung zum Kaufrecht konsequent folgend, Voci[529]: Eine Ersitzung sei zwar nicht möglich, aber ein gutgläubiger Besitz schon. Das folge aus einem Gegenschluss zu D. 41,2,30,1. Danach sei ein gutgläubiger Besitz zwar möglich, ein bösgläubiger Besitz hingegen nicht.[530] Diese Auffassung erscheint aber deshalb fragwürdig, weil in den Institutionen des Gaius (Gai. Inst. 2,48) die Ersitzung ohne Begründung oder Bezug zu einer Besitzmöglichkeit verneint wird. In D. 41,2,30,1 spielt

---

525 *B/K/K/S*, II, S. 441.

526 D. 46,4,18,1: *(…) tu meum habes tenes possides (…).*

527 Ebenso auch *Gröschler*, S. 136 mit Fn. 89.

528 Vgl. D. 41,2,3,1: *Et apiscimur possessionem corpore et animo, neque per se animo aut per se corpore.* Zu den Voraussetzungen des Besitzerwerbs siehe im Übrigen *Kaser/Knütel*, § 20 Rn. 1 ff., *Kaser*, RP I, S. 390 f.

529 *Voci*, S. 152 ff., insbesondere S. 153.

530 Vielleicht meint *Voci* statt D. 41,2,30,1 in Wirklichkeit Inst. Iust. 2,6,1. Der These *Vocis* folgt *Peters*, S. 300 mit Fn. 75.

die Gutgläubigkeit ebenfalls keine Rolle. Auch die Erwähnung der *bona fides* in Inst. Iust. 2,6,1 muss nicht in dem von Voci gebrauchten Sinne verstanden werden. Zwar ist derjenige, der die dort aufgezählten Orte für private hält, in diesem Sinne gutgläubig, die Institutionenstelle thematisiert die *bona fides* aber in Bezug auf die Möglichkeit der Ersitzung und nicht mit Bezug auf eine Möglichkeit des gutgläubigen Besitzerwerbs.

Dass ein gutgläubiger Besitz an den *res extra commercium* in Betracht kommt, ergibt sich auch nicht aus D. 18,1,4. Soweit mit der wohl herrschenden Meinung im Schrifttum dieser Text hinsichtlich der *res sacrae* und *religiosae* als unecht angesehen wird, trifft er zum Besitz keine Aussage.

Hält man den Text jedoch wie etwa *Peters* für echt,[531] erscheint eine Deutung dahingehend, dass ein gutgläubiger Besitz möglich ist, ebenfalls nicht richtig:

In D. 18,1,4–6 geht es maßgeblich um die Frage des Wissens des Käufers. Obwohl diese Frage von Pomponius und Paulus in diesen drei zusammenhängenden Textstellen im Mittelpunkt steht, wird von ihnen nicht erörtert, welche Konsequenz ein wirksamer Kaufvertrag bei einem nichtwissenden Käufer auf die Besitzmöglichkeit entfaltet. Pomponius erklärt in D. 18,1,4 vielmehr ohne Einschränkung, dass ein Besitz nicht möglich ist, ohne Unterscheidung zwischen gutgläubigem und bösgläubigem Besitz.

Gegen eine Besitzmöglichkeit an *res extra commercium* spricht zuletzt noch D. 41,2,30,3:

> *D. 41,2,30,3:*
> *Item quod mari aut flumine occupatum sit, possidere nos desinimus, aut si is qui possidet in alterius potestatem pervenit.*

Danach verliert man den Besitz unter anderem an den Sachen, die durch das Meer oder einen (öffentlichen) Fluss, also zwei Arten von *res extra commercium*, okkupiert worden sind. Damit stellt D. 41,2,30,3 eine Parallele zu dem bereits behandelten Fall dar, dass auch das Eigentum an Privatland verloren geht, wenn ein (öffentlicher) Fluss sich dauerhaft ein neues Flussbett sucht.

IV. Die Ersitzung *(usucapio)*

Die bereits aus der Erörterung der Möglichkeit eines Besitzes bekannte Institutionenstelle Inst. Iust. 2,6,1 lässt eine Ersitzung der *res sacrae* et *religiosae* nicht zu. Eine parallele Textstelle findet sich inhaltsgleich in Gai. Inst. 2,48:

---

531 *Peters*, S. 294 ff. und S. 300 mit weiteren Literaturnachweisen.

Gai. Inst. 2,48:
Item liberos homines et res sacras et religiosas usucapi non posse manifestum est.

Es ist auf Grund von Gai. Inst. 2,48 unzweifelhaft, dass eine Ersitzung der dort aufgezählten Personen und Sachen auch bei gutem Glauben nicht möglich ist. Eine Aussage zu der Frage, ob der Besitz an diesen Sachen möglich war, trifft Gaius an dieser Stelle nicht. Es erscheint jedoch mit dem oben zu D. 41,2,30,1 zum Besitz gefundenen Ergebnis plausibel, dass die Ersitzung am fehlenden Besitz scheitert. Die fehlenden Möglichkeiten des Besitzes und der Ersitzung von *res divini iuris* stehen in einem Gleichklang mit den bereits thematisierten Stellen zum Kaufrecht. Sowohl in Inst. Iust. 2,6,1 als auch in Gai. Inst. 2,48 wird eine Gleichsetzung von *homo liber* und *res extra commercium* vorgenommen, wie sie aus D. 18,1,4–6 und den weiteren Kaufrechtsstellen bekannt ist.

Die gleiche allgemeine Aussage von Gaius findet sich weiterhin auch in D. 41,3,9:

D. 41,3,9 Gaius libro quarto ad edictum provinciale:
Usucapionem recipiunt maxime res corporales, exceptis rebus sacris, sanctis, publicis populi Romani et civitatium, item liberis hominibus.

Und auch in den nichtjuristischen Quellentexten wird die *usucapio* ausgeschlossen. Nach Cic., de leg. 2,24,61[532] ist eine *usucapio* des Eingangsbereichs des Grabes (des *forum*[533]) und des Verbrennungsplatzes (des bustum[534]) verboten.[535]

V. Das Recht der Dienstbarkeiten

Das Recht der Dienstbarkeiten weist eine starke Nähe zum römischen Besitzrecht auf, weil nach der römisch-rechtlichen Vorstellung eine Dienstbarkeit nicht besessen wird, sondern der Dienstberechtigte selbst als Besitzer der Sache angesehen wird.[536] So erklärt es Julian ganz grundsätzlich in D. 8,2,32,1:

532 *Cic., de leg. 2,24,61: quod autem forum, id est vestibulum sepulchri, bustumve usu capi vetat, tuetur ius sepulchrorum.*

533 So die Definition bei Festus: *Quarto, cum id forum antiqui appellabant, quod nunc vestibulum sepulchri dicari solet.*

534 Vgl. Festus: *Bustum proprie dicitur locus, in quo mortuus est combustus et sepultus.*

535 *Mayer-Maly*, SZ (RA) 78 (1961), S. 257. Dazu siehe auch *Watson*, S. 9; *Kaser*, RP I, S. 378 mit Fn. 23 und S. 379 mit Fn. 30 und 31.

536 *Kaser/Knütel*, S. 167 f. (Rn. 21). Zum Recht der Servituten allgemein vgl. die gleichnamige ausführliche Untersuchung von *Möller*.

D. 8,2,32,1 Iulianus libro septimo digestorum:
Libertas servitutis usucapitur, si aedes possideantur [...]. Natura enim servitutium ea est, ut possideri non possint, sed intellegatur possessionem earum habere, qui aedes possidet.

Nachdem bereits bei der Betrachtung der Textstellen zum Besitz festgestellt wurde, dass ein Besitz an den *res extra commercium* nicht möglich ist, ist es nicht verwunderlich, dass auch Dienstbarkeiten an *res extra commercium* nicht möglich waren.

Am deutlichsten wird dies in Bezug auf die *res divini iuris*. So wird in dem Fragment D. 8,4,4 von Javolen bezogen auf die *res religiosae* das Bestehen einer Dienstbarkeit verneint und dabei zugleich eine Begründung für diese Rechtsauffassung gegeben:

D. 8,4,4 Iavolenus libro decimo ex Cassio:
Caveri, ut ad certam altitudinem monumentum aedificetur, non potest, quia id, quod humani iuris esse desiit, servitutem non recipit: sicut ne illa quidem servitus consistere potest, ut certus numerus hominum in uno loco humetur.

Soweit der Ort ein *locus religiosus* geworden ist, ist er dem menschlichen Recht entzogen. Aber alles, was dem menschlichen Recht entzogen worden ist, kann nicht Gegenstand einer Dienstbarkeit sein.

Diese nur in Bezug auf die *res religiosae* geäußerte Ansicht lässt sich erst recht auf die übrigen *res divini iuris* übertragen, denn die *res sacrae* unterliegen wie die *res religiosae* ebenfalls nicht mehr dem menschlichen Recht, sondern dem göttlichen.

Zur Bestätigung lässt sich D. 8,1,14,2 anführen.

D. 8,1,14,2 Paulus libro quinto decimo ad Sabinum:
Publico loco interveniente vel via publica haustus servitus imponi potest, aquae ductus non potest: a principe autem peti solet, ut per viam publicam aquam ducere sine incommodo publico liceat. Sacri et religiosi loci interventus etiam itineris servitutem impedit, cum servitus per ea loca nulli deberi potest.

Paulus erklärt dort zunächst, an welchen Orten Dienstbarkeiten des Wasserleitungs- und des Durchgangsrechts nicht möglich sind. Nach Paulus ist eine Servitut für eine Wasserleitung von einem Grundstück zum nächsten, die dafür auch über eine öffentliche Straße verlaufen muss, grundsätzlich nicht möglich. Es könne nur ein Wasserschöpfrecht als Servitut bestellt werden. Allgemeine Definitionen, was unter dem Wasserleitungs- und dem Durchgangsrecht zu verstehen ist, werden von Ulpian in D. 8,3,1 pr. gegeben.[537] Danach gestattet das

537 Zu den vier Dienstbarkeiten (*iter, actus, via* und *aquae ductus*) an ländlichen Grundstücken in D. 8,3,1 pr. vgl. ausführlich *Möller*, Servituten, S. 43 ff. und S. 76 ff.

Wasserleitungsrecht, Wasser über ein fremdes Grundstück zu leiten. Das Durchgangsrecht erlaubt einer Person, über ein Grundstück zu gehen. Der Unterschied zwischen dem Wasserleitungs- und dem Wasserschöpfrecht liegt somit darin, dass das eine Recht die öffentliche Sache mehr beeinträchtigt als das andere. Das Wasserschöpfrecht erlaubt dem Begünstigten nicht die Verlegung einer Wasserleitung. Das Verbot folgt aus der Extrakommerzialität der *via publica*. Zugleich wird deutlich, dass wie im Grabrecht und bei den *res sanctae* durch die Einholung von besonderen Erlaubnissen Bautätigkeiten ausnahmsweise durch den Kaiser gestattet wurden, solange sich dies mit der öffentlichen Nutzung der Straße vertrug. Hier wird also rein praktisch gedacht: Etwas, was dem *usus publicus* nicht hinderlich ist, kann erlaubt werden.

Der zweite Satz des Fragments D. 8,1,14,2 trifft dann eine allgemeine Aussage über die Möglichkeit, Servituten an *res sacrae* und *religiosae* bestellen zu können: Paulus erklärt, dass auch nur ein Wegerecht als Servitut (*etiam itineris servitutem)* zu bestellen bei *loca religiosa* und *loca sacra* nicht möglich sei. Wie aus D. 8,3,1 pr. hervorgeht, ist das Durchgangsrecht die leichteste Beeinträchtigung, die man sich als Inhalt einer Dienstbarkeit an solchen speziellen Orten vorstellen kann. Bei der Bestellung einer Dienstbarkeit muss in Hinblick auf das vorhergehende Fragment D. 8,1,14,1 eine Abgrenzung nach den oben behandelten Kriterien erfolgen, um zu ermitteln, welche Grundstücke Teil des *locus religiosus* werden und welche außen vor bleiben.

Der besondere Rechtszustand des *locus religiosus* zeigt sich zugleich auch in dem Digestentitel, der davon handelt, wie Dienstbarkeiten verloren gehen. So weist Paulus in D. 8,6,4 darauf hin, dass das (durch eine Servitut) eingeräumte Recht, einen Weg zu einer Grabstätte zu benutzen, nicht durch Nichtgebrauch (*non usus*)[538] verloren gehen kann:

> *D. 8,6,4 Paulus libro vicensimo septimo ad edictum:*
> *Iter sepulchro debitum non utendo numquam amittitur.*

D. 8,6,4 zeigt zumindest, dass der Grabweg einen besonderen Status inne hat, der mit dem Status des *locus religiosus* zusammenhängen muss: Ohne den für die Dauer der Existenz garantierten Zugang zum *locus religiosus* wäre dieser selbst schließlich relativ nutz- und wertlos.

Der Zugang zum Grab ist zwar nach der Aussage von D. 8,6,4 in besonderer Weise vor Verlust geschützt. Der Weg zum Grab ist aber privatrechtlichen

538 Zum Verlust einer Servitut durch *non usus* allgemein vgl. *Möller*, Servituten, S. 252; *Kaser/Knütel*, S. S. 167 Rn. 18.

Verfügungen nicht vollständig entzogen und bleibt damit in diesem Sinne eine kommerzielle Sache.

Dies betont Paulus in D. 8,1,14,1, wonach eine Wegeservitut für den Grabweg weiterhin dem Privatrecht unterliegt (*privati iuris manet*):

> *D. 8,1,14,1 Paulus libro quinto decimo ad Sabinum:*
> *Servitus itineris ad sepulchrum privati iuris manet et ideo remitti domino fundi servientis potest: et adquiri etiam post religionem sepulchri haec servitus potest.*

Diese beiden zuletzt erwähnten Textstellen stehen auch nicht im Widerspruch zu D. 8,5,1[539]. Danach kann ein Wegerecht vindiziert werden, während eine Klage hinsichtlich des Grabes selbst an dessen Eigentumsfähigkeit scheitert.

Neben diesen Texten zu den *res divini iuris* gibt es auch solche zu den *loca publica*, insbesondere den öffentlichen Wegen, die etwas über den besonderen Status der *res extra commercium* in Bezug auf Dienstbarkeiten aussagen:

> *D. 8,2,1 pr. Paulus libro vicensimo primo ad edictum:*
> *Si intercedat solum publicum vel via publica, neque itineris actusve neque altius tollendi servitutes impedit: sed immittendi protegendi prohibendi, item fluminum et stillicidiorum servitutem impedit, quia caelum, quod supra id solum intercedit, liberum esse debet.*

Paulus sagt in diesem Fragment, dass der Raum über dem öffentlichen Grund und Boden frei bleiben muss.[540] Es geht aus D. 8,2,1 pr. nicht hervor, warum diese Notwendigkeit besteht. Es kann angenommen werden, dass dieser Regel der gleiche Gedanke zu Grunde liegt, wie er bereits in D. 8,1,14,1 herausgearbeitet werden konnte: Die Gefährdung des Zwecks von Sachen, die gerade dem „Gemeingebrauch" (*usus publicus*) dienen, soll unterbunden werden.[541] Dafür ist ein Verbot von Dienstbarkeiten, die sonst den Zustand der öffentlichen Sachen verändern würden, erforderlich.

Eine weitere Stelle befasst sich mit der Unterscheidung von privaten Wasserquellen und öffentlichen Gewässern. Aus

> *D. 8,3,3,3 Ulpianus libro septimo decimo ad edictum:*
> *Qui habet haustum, iter quoque habere videtur ad hauriendum et, (...) sive ei ius hauriendi et adeundi cessum sit, utrumque habebit (...). Haec de haustu ex fonte privato. Ad*

---

539 *D. 8,5,1 Ulpianus libro quarto decimo ad edictum: Actiones de servitutibus rusticis sive urbanis eorum sunt, quorum praedia sunt: sepulchra autem nostri dominii non sunt: adquin viam ad sepulchrum possumus vindicare.*

540 Zum Text vgl. *Möller*, Servituten, S. 313 f.

541 So auch *Möller*, Servituten, S. 313 f. mit Fn. 327, die zutreffend auf die vergleichbaren Stellen in D. 8,1,14,1 und D. 39,3,17,2–4 verweist.

flumen autem publicum idem Neratius eodem libro scribit iter debere cedi, haustum non oportere, et si quis tantum haustum cesserit, nihil eum agere.

geht hervor, dass die Dienstbarkeiten des Durchgangs- und Wasserschöpfrechts für die Nutzung einer sich in fremdem Privateigentum befindlichen Wasserquelle erforderlich ist.[542] Gleiches gilt nach der wiedergegebenen Ansicht von Neraz im letzten Satz des Fragments nicht für öffentliche Gewässer. Die Bestellung einer Dienstbarkeit ist der Privatperson hier nicht möglich, weil es sich um ein öffentliches Gewässer handelt. Der Ausdruck „*nihil eum agere*" steht folglich stellvertretend als Umschreibung für die Extrakommerzialität des *flumen publicum* als einer *res publica*.

Auch in Bezug auf die *res communes omnium* wird von Ulpian die wirksame Bestellung einer Dienstbarkeit am Meer und an der die Meeresküste verneint:

D. 8,4,13 pr. Ulpianus libro sexto opinionum:
Venditor fundi Geroniani fundo Botriano, quem retinebat, legem dederat, ne contra eum piscatio thynnaria exerceatur. Quamvis mari, quod natura omnibus patet, servitus imponi privata lege non potest, quia tamen bona fides contractus legem servari venditionis exposcit, personae possidentium aut in ius eorum succedentium per stipulationis vel venditionis legem obligantur.

Er erklärt, dass eine Dienstbarkeit in Gestalt einer Nebenabrede des Kaufvertrages, die den Fischfang von dem verkauften, an der Meeresküste gelegenen Grundstück verbietet, rechtlich nicht wirksam sei, weil eine Dienstbarkeit am Meer nach dem privaten Recht nicht möglich sei (*servitus imponi privata lege non potest*). Für die Einhaltung der versprochenen Verpflichtung muss Ulpian daher den Grundsatz von Treu und Glauben bemühen.

Die Bestellung von Dienstbarkeiten an *res extra commercium* war somit insgesamt nicht möglich.

VI. Der Nießbrauch

Der Nießbrauch an fremden Sachen oder Grundstücken berechtigt nach römischem Recht zum Gebrauch derselben einschließlich des Rechts der Fruchtziehung, ohne deren Substanz zu beeinträchtigen.[543] Wie aus dem Digestenabschnitt über den Nießbrauch D. 7,4 bereits zu Beginn deutlich hervorgeht,

---

542 Anders *Möller*, Servituten, S. 91 ff., nach welcher ein Eigentum an der Quelle (als *res extra commercium*) nicht möglich gewesen sei (vgl. oben Teil 2, II, 4. e), ee). Ebenso *Möller*, Servituten, S. 258 mit Fn. 168, in Bezug auf D. 8,3,30. Dagegen spricht etwa *Daube* ausdrücklich vom Eigentum an der Quelle, vgl. *ders.*, S. 97 f.

543 Vgl. D. 7,1,1; Kunkel/*Mayer-Maly*, § 71, S. 184.

knüpft die wirksame Bestellung des Nießbrauchs nicht an den Besitz, sondern an das Eigentum an.[544]

Bereits im Zusammenhang mit der Entstehung und Begründung eines *locus religiosus* wurden oben die Digestentexte behandelt, bei denen an dem *locus religiosus* ein Nießbrauch bestand (insbesondere D. 7,1,17 pr. und D. 11,7,46 pr.). Dort ging es um die Frage der Berechtigung des Eigentümers, ohne oder gegen den Willen des Nießbrauchers einen *locus religiosus* zu schaffen. Daneben gibt es auch Texte, die Aussagen über die Möglichkeit der Einräumung eines Nießbrauchs an *res extra commercium* treffen:

So wird von Pomponius in D. 7,4,14 erklärt, dass unter anderem im Falle der Bestattung ein Nießbrauch nicht nur teilweise untergehen kann.

D. 7,4,14 Pomponius libro quinto ad Sabinum:
Excepta capitis minutione vel morte reliquae causae vel pro parte interitum usus fructus recipiunt.

Im Falle der Bestattung wird der Ort religiös. Er steht damit, wie bereits aufgezeigt, nicht mehr im privatrechtlichen Eigentum. Somit besteht auch kein Nießbrauch mehr.

Ebenso knüpft Pomponius in D. 7,4,23 das Bestehen des Nießbrauchs an das Vorhandensein von Eigentum:

D. 7,4,23 Pomponius libro vicensimo sexto ad Quintum Mucium:
Si ager, cuius usus fructus noster sit, flumine vel mari inundatus fuerit, amittitur usus fructus, cum etiam ipsa proprietas eo casu amittatur: ac ne piscando quidem retinere poterimus usum fructum. Sed quemadmodum, si eodem impetu discesserit aqua, quo venit, restituitur proprietas, ita et usum fructum restituendum dicendum est.

Wenn ein Grundstück durch einen (öffentlichen) Fluss oder das Meer überschwemmt wird, geht der Nießbrauch verloren. Mit dem Eigentum geht auch der Nießbrauch verloren. Pomponius behandelt beide Gewässer gleich. Das Grundstück wird Teil der *res publica in usu publico* und damit *extra commercium*. Aber Eigentum und Nießbrauch können, wie bereits bei den Textstellen zum Flussbett eines öffentlichen Flusses in vergleichbarer Weise gesehen, bei den ursprünglichen Inhabern dieser Rechte wieder entstehen, wenn das Gewässer das Grundstück verlässt. Ebenso wie Pomponius differenziert unmittelbar anschließend in D. 7,4,24 pr.-1 Javolen die Problematik der Überschwemmung:

544 Vgl. etwa D. 7,4,23. Zum juristischen Charakter des Nießbrauchs und sein Verhältnis zum Eigentum vgl. ausführlich Kunkel/*Mayer-Maly*, § 71, S. 184 ff.

D. 7,4,24 pr.-1 Iavolenus libro tertio ex posterioribus Labeonis:
Cum usum fructum horti haberem, flumen hortum occupavit, deinde ab eo recessit: ius quoque usus fructus restitutum esse Labeoni videtur, quia id solum perpetuo eiusdem iuris mansisset. Ita id verum puto, si flumen inundatione hortum occupavit: nam si alveo mutato inde manare coeperit, amitti usum fructum existimo, cum is locus alvei publicus esse coeperit, neque in pristinum statum restitui posse.
Idem iuris in itinere et actu custodiendum esse ait Labeo: de quibus rebus ego idem quod in usu fructu sentio.

Nach D. 7,4,24 pr. bleibt das Eigentum ununterbrochen an dem Grundstück bestehen, wenn es nur überschwemmt wird und anschließend wieder frei gegeben wird. Aus dem gleichen Grund, so entscheidet Labeo, soll auch das Nießbrauchsrecht wiederhergestellt werden. Javolen und Labeo gehen damit zunächst wie Pomponius davon aus, dass der Nießbrauch restituiert wird (*usum fructum restituendum*[545]; *ius usus fructus restitutum esse*[546]). Abweichendes gilt aber, wenn der Fluss dauerhaft sein Flussbett ändert, weil dann das betreffende Stück Land ein *locus publicus* und damit extrakommerziell geworden ist.

In D. 7,4,24,1 folgt sodann der Zusatz von Labeo, dass in gleicher Weise die Rechtslage hinsichtlich der Dienstbarkeiten des Wege- und des Viehtriftrechts zu entscheiden ist, was nachvollziehbar ist. Denn soweit der privatrechtliche Zustand des Bodens im Sinne von D. 7,4,24 pr. unverändert bleibt, besteht kein Widerspruch bezüglich der Stellen, die die Begründung einer Dienstbarkeit an einem öffentlichen Fluss verneinen.[547]

VII. Die Stipulation *(stipulatio)*

In der bereits bekannten Stelle D. 45,1,83,5 erklärt Paulus sodann, dass eine Stipulation an den *res extra commercium* nicht möglich ist (*sacram vel religiosam rem vel usibus in perpetuum relictam (...) inutiliter stipulor*, unter Nennung von Beispielen: *ut forum aut basilicam*):

D. 45,1,83,5 Paulus libro septuagensimo secundo ad edictum:
Sacram vel religiosam rem vel usibus publicis in perpetuum relictam (ut forum aut basilicam) aut hominem liberum inutiliter stipulor, quamvis sacra profana fieri et usibus publicis relicta in privatos usus reverti et ex libero servus fieri potest. Nam et cum quis rem profanam aut Stichum dari promisit, liberatur, si sine facto eius res sacra esse coeperit aut

545 D. 7,4,23.
546 D. 7,4,24 pr.
547 Vgl. oben, etwa D. 8,2,1 pr. und D. 8,3,3,3.

Stichus ad libertatem pervenerit, nec revocantur in obligationem, si rursus lege aliqua et res sacra profana esse coeperit et Stichus ex libero servus effectus sit. Quoniam una atque eadem causa et liberandi et obligandi esset, quod aut dari non possit aut dari posset: (nam et si navem, quam spopondit, dominus dissolvit et isdem tabulis (…).

Paulus entscheidet in diesem Fragment auch gegen die Wirksamkeit einer Stipulation, die den aktuellen extrakommerziellen Status der Sache aufgreift. Auch das Versprechen, die extrakommerzielle Sache zu geben, wenn die Sache wieder profan bzw. kommerziell geworden ist, sei unwirksam. Bestätigt wird diese Aussage erneut in

D. 45,137,6 Venuleius libro primo stipulationum:
Cum quis sub hac condicione stipulatus sit, si rem sacram aut religiosam Titius vendiderit vel forum aut basilicam et huiusmodi res, quae publicis usibus in perpetuum relictae sint: ubi omnino condicio iure impleri non potest vel id facere ei non liceat, nullius momenti fore stipulationem, proinde ac si ea condicio, quae natura impossibilis est, inserta esset. Nec ad rem pertinet, quod ius mutari potest et id, quod nunc impossibile est postea possibile fieri: non enim secundum futuri temporis ius, sed secundum praesentis aestimari debet stipulatio.

mit einer Begründung, die an die Aussage von Paulus in D. 18,1,34,1 erinnert:

Eine Stipulation an den *res extra commercium* ist nach deren Natur unmöglich (*quae natura impossibilis est*).

Auch die bedingte Stipulation (*sub condicione*) ist unwirksam, denn es kommt nicht auf die eventuell künftig eintretende Kommerzialität der Sache an, sondern auf den aktuellen Status *(non enim secundum futuri temporis ius, sed secundum praesentis aestimari debet stipulatio)*.[548]

Inhaltsgleich ist die Aussage von Inst. Iust. 3,19,2, wonach die Stipulation sogleich unwirksam ist und die spätere Umwandlung in eine profane bzw. kommerzielle Sache rechtlich unerheblich sei.[549] Die einleitende Wendung *idem iuris*

---

548 Dieselbe Rechtsfrage zur Möglichkeit einer bedingten Stipulation ist ebenso in D. 45,1,83,5 noch im Anschluss an den oben wiedergegebenen Teil als konkret formulierte Frage enthalten:
Item „eum locum, cum ex sacro religiosove profanus esse coeperit, dari?" Quia nec praesentis temporis obligationem recipere potest et ea dumtaxat, quae natura sui possibilia sunt, deducuntur in obligationem. (…)

549 *Inst. Iust. 3,19,2: Idem iuris est, si rem sacram aut religiosam, quam humani iuris esse credebat, vel publicam, quae usibus populi perpetuo exposita sit, ut forum vel theatrum, vel liberum hominem, quem servum esse credebat, vel cuius commercium non habuit, vel rem suam dari quis stipuletur. Nec in pendenti erit stipulatio ob id, quod publica res in privatum deduci et ex libero servus fieri potest et commercium adipisci stipulator potest et res stipulatoris esse desinere potest: sed protinus inutilis est.*

est bezieht sich auf Inst. Iust. 3,19,1, wonach unter den dort genannten Umständen eine Stipulation ebenfalls unwirksam sein wird (*inutilis erit stipulatio*).[550]

Die Frage der Wirksamkeit einer Stipulation von *res extra commercium* wird insgesamt einheitlich behandelt. So ist auch nach

> *Gai. Inst. 3,97:*
> *Si id, quod dari stipulamur, tale sit, ut dari non possit, inutilis est stipulatio, velut si quis hominem liberum, quem servum esse credebat, aut mortuum, quem vivum esse credebat, aut locum sacrum vel religiosum, quem putabat humani iuris esse, dari stipuletur.*

eine Stipulation eines *locus sacer* oder eines *locus religosus* untauglich, eine Verbindlichkeit zu begründen.

VIII. Das Vermächtnis *(legatum)*

Weiterhin befassen sich zwei Texte, D. 30,39,8–9 und Inst. Iust. 2,20,4, mit der Frage, an welchen Objekten ein Vermächtnis bestehen kann:

> *D. 30,39,8–9 Ulpianus libro vicesimo primo ad Sabinum:*
> *Si vero Sallustianos hortos, qui sunt Augusti, vel fundum Albanum, qui principalibus usibus deservit, legaverit quis, furiosi est talia legata testamento adscribere.*
> *Item campum Martium aut forum Romanum vel aedem sacram legari non posse constat.*

> *Inst. Iust. 2,20,4*
> *Non solum autem testatoris vel heredis res, sed et aliena legari potest: ita ut heres cogatur redimere eam et praestare vel, si non potest redimere, aestimationem eius dare. Sed si talis res sit, cuius non est commercium, nec aestimatio eius debetur, sicuti si campum Martium vel basilicas vel templa vel quae publico usui destinata sunt legaverit: nam nullius momenti legatum est.*

In D. 30,39,8–9 verneint Ulpian zunächst die Möglichkeit, Grundstücke bzw. Sachen des Kaisers zu vermachen. Wie bereits oben zu der unmittelbar anschließenden Stelle D. 30,39,10 festgestellt, sind die *praedia Caesaris*, auch wenn sie nicht ohne seinen Willen verkauft werden können, keine *res extra commercium*. Diese werden aber von Ulpian im Anschluss in D. 30,39,9 dennoch mit den *praedia Caesaris* insoweit gleichgesetzt, als weder der Campus Martius noch das Forum noch ein Tempel Gegenstand eines Vermächtnisses sein können.

Eine ähnliche Aufzählung von Beispielen enthält Inst. Iust. 2,20,4 (*campum Martium vel basilicas vel templa vel [loca] quae publico usui destinata sunt*) unter konkreter Bezugnahme auf ihre Eigenschaft als *res extra commercium*.

---

550 Vgl. dazu *Vegting*, S. 56.

Rechtsfolge des nichtigen Vermächtnisses (*nulllius momenti legatum est*) ist, dass weder die Sache noch ihr Schätzwert zu leisten ist. Darin liegt kein Widerspruch zu der in Bezug auf die Anwendbarkeit und den Inhalt der *actio empti* oben dargestellten Annahme, dass ein Schätzwert bzw. ein Schaden bei *res extra commercium* für die römischen Juristen ermittelbar gewesen ist. Denn Inst. Iust. 2,20,4 spricht gerade nicht davon, dass eine Schätzung des Wertes bei *res extra commercium* nicht möglich ist. Der Schätzwert wird vom Erben vielmehr deshalb nicht geschuldet, weil es von vornherein an einem Vermächtnis gefehlt hat. Fehlt es aber von Beginn an an einem Objekt, das Gegenstand eines Legats sein kann, besteht auch kein Bedürfnis, dem Vermächtnisnehmer einen Ersatz zuzubilligen.

IX. Das Eigentum

Die bisher angeführten Textstellen haben ergeben, dass weder eine wirksame kaufvertragliche Verpflichtung zur Übereignung der *res extra commercium* noch Besitz an ihnen möglich war und die *res extra commercium* nicht Gegenstand einer wirksamen Schenkung, Stipulation, Ersitzung, Verpfändung oder eines Vermächtnisses sein konnten. Die Textstellen legen damit nahe, dass sowohl Verpflichtungs- als auch Verfügungsgeschäfte an diesen Sachen vollumfänglich nicht möglich waren und sie damit zu Recht allgemein in der Literatur als *extra commercium* bezeichnet werden, also als Sachen, die in diesem Sinne nicht kommerziell (handelbar) sind.[551] Dieser generellen Auffassung folgend erscheint es konsequent, dass neben der tatsächlichen Sachherrschaft in Form des Besitzes auch ein Eigentum an den *res extra commercium* nicht möglich ist und sie somit im Sinne der Einteilung der Sachen von Gaius auch zwangsläufig *extra patrimonium* sind.[552]

Im klassischen römischen Recht, jedenfalls seit der späten Republik, wird das Eigentum mit den gleichbedeutenden Ausdrücken *dominium* und *proprietas* bezeichnet.[553]

Tatsächlich gibt es eine große Anzahl von Textstellen, die ein Eigentum an den *res extra commercium* entweder ausdrücklich ausschließen oder verneinen. Dazu zählen beispielsweise die größtenteils bereits in dieser Arbeit behandelten Textstellen D. 1,8,1 pr.; D. 1,8,6,2; D. 6,1,43; D. 8,2,1 pr.; D. 8,5,1; D. 18,1,34,1; D. 18,1,51; D. 18,1,73 pr.; D. 30,39,9; D. 41,1,15; D. 43,8,2,3; D. 43,8,2,21; D. 43,12,4; D. 43,24,13,5; D. 47,12,2; D. 50,16,115; sowie Gai. Inst. 2,7; Gai. Inst. 2,11; Gai. Inst. 3,97; Inst. Iust. 2,1,5; Inst. Iust. 3,19,2; Paul. Sent. 1,21,7 und die Frontinusstelle 128.

551 *Kaser/Knütel*, S. 112; *Kunkel/Mayer-Maly*, S. 83; *Holthöfer*, S. 16.

552 Ebenso mit Verweis auf Gaius etwa *Kunkel/Mayer-Maly*, S. 83.

553 *Kaser/Knütel*, S. 129. Zur Unterscheidung der Begriffe vgl. *dies*, S. 128 f.

1. Eigentum an den *res divini iuris*

In Bezug auf die *res divini iuris* wird in D. 1,8,6,2 (*sacrae res et religiosae et sanctae in nullius bonis sunt*), in Inst. Iust. 2,1,7 (*nullius autem sunt res sacrae et religiosae*) und in den Textstellen Gai. Inst. 2,1 und Gai. Inst. 2,6 erklärt, dass die *res sacrae* und *res religiosae* nicht im Vermögen und damit auch nicht im Eigentum eines Menschen stehen. In D. 8,5,1[554] (*sepulchra autem nostri dominii non sunt*) und D. 43,24,13,5[555] (*nam et sepulchri nemo dominus fuit)* wird durch Ulpian auf das fehlende Eigentum am Grab hingewiesen. So erklärt Ulpian in D. 8,5,1 explizit, dass das *sepulchrum* nicht im Eigentum (*dominium*) der Menschen steht beziehungsweise stehen kann.

Wenn er zugleich erklärt, die Vindikation des Wegerechts zum Grab sei möglich, lässt sich daraus nicht der Schluss ziehen, es bestünde ein Eigentumsrecht am Grab. Auch nach

> *Gai. Inst. 2,1:*
> *Superiore commentario de iure personarum exposuimus; modo videamus de rebus, quae vel in nostro patrimonio sunt vel extra nostrum patrimonium habentur:*

sind die von Gaius als *res extra nostrum patrimonium* bezeichneten Sachen nicht im Eigentum von Privatleuten. Außerdem stellt das Fragment D. 47,12,2 pr. ausdrücklich klar, dass die *actio legis Aquiliae* nicht auf Gräberschädigungen anwendbar ist. Dies folgt daraus, dass als Voraussetzung für eine Klage aus der *lex Aquilia* Privateigentum an der zerstörten Sache bestehen muss.[556]

---

554 *D. 8,5,1 Ulpianus libro quarto decimo ad edictum: Actiones de servitutibus rusticis sive urbanis eorum sunt, quorum praedia sunt: sepulchra autem nostri dominii non sunt: adquin viam ad sepulchrum possumus vindicare.*

555 *D. 43, 24, 13, 5 Ulpianus libro septuagensimo primo ad edictum: Quaesitum est, si, cum praedium interim nullius esset, aliquid vi aut clam factum sit, an postea dominio ad aliquem devoluto interdicto locus sit: ut puta hereditas iacebat, postea adiit hereditatem Titius, an ei interdictum competat? Et est apud Vivianum saepissime relatum heredi competere hoc interdictum eius, quod ante aditam hereditatem factum sit, nec referre Labeo ait, quod non scierit, qui heredes futuri essent: hoc enim posse quem causari etiam post aditam hereditatem. Ne illud quidem obstare Labeo ait, quod eo tempore nemo dominus fuerit: nam et sepulchri nemo dominus fuit et tamen, si quid in eo fiat, experiri possum quod vi aut clam. Accedit his, quod herditas dominae locum optinet. Et recte dicetur heredi quoque competere et ceteris successoribus, sive ante, quam successerit, sive postea aliquid sit vi aut clam admis um.*

556 *Mommsen*, StrafR, S. 813 Fn. 1.

In Bezug auf die *res divini iuris* gibt es keine Textstelle mit der Aussage, dass diese im Eigentum einer Privatperson stehen könnten. Es ist daher davon auszugehen, dass hinsichtlich der *res divini iuris* die oben dargestellte Vermutung, dass an diesen Sachen kein Eigentum möglich ist, wahr ist. Diese Rechtsansicht deckt sich mit der Glaubensvorstellung, dass die Sache den Göttern gehört. Diese kommt auch in Macrobius Sat. 3,3,4 (*in hominum usum proprietatemque conversum est*) zum Ausdruck: Dort geht es umgekehrt um die Frage, ob und wie eine Sache wieder profan und damit eigentumsfähig wird.

Daher ist im Ergebnis festzustellen, dass jedenfalls an den *res divini iuris* kein Eigentum bestand.

2. Eigentum an den *res publicae in usu publico*

Hinsichtlich der *res publicae in usu publico* treffen ebenfalls mehrere, teilweise in dieser Arbeit bereits behandelte Textstellen eine Aussage über die Unmöglichkeit des Eigentumserwerbs:

In D. 18,1,51 erklärt Paulus, dass der Kauf von Grund und Boden an der Küste des Meeres nicht zum Eigentumserwerb führt, und vergleicht diesen Fall ausdrücklich mit den öffentlichen Wegen und den *res divini iuris* (*litora..., quia nullius sunt, ... nec viae publicae aut loca religiosa vel sacra*).

In D. 41,2,30,2 wird der Besitz an dem im Fluss und Meer befindlichen Grund und Boden für unmöglich erklärt (*item quod mari aut flumine occupatum sit, possidere nos desinimus*).

In Bezug auf die öffentlichen Straßen unterscheidet Ulpian in D. 43,8,2,21–23 die öffentliche von der privaten Straße anhand der Eigentumsverhältnisse an dem Grund und Boden, über den die Straße führt. Dies folgt im Gegenschluss aus D. 43,8,2,21 (*viae privatae solum alienum est... viae autem publicae solum publicum est*) und D. 43,8,2,23 (*privatae viae dupliciter accipi possunt*).

Ebenso zeigen die vorbehandelten Texte zu den Aquädukten, dass diese nicht über privaten, sondern über öffentlichen Grund und Boden verlaufen. Somit stehen weder die Aquädukte selbst noch der Boden, auf dem sie stehen, im Privateigentum. Auch hinsichtlich der anderen *loca publica* im Sinne von D. 18,1,32 erklärt Ulpian, dass ein Eigentumserwerb durch den Kauf dieser Grundstücke nicht geschieht (*et ceteras, quae in solo publico sunt vendit, non solum, sed ius vendit*).

Einen Sonderfall bilden die *res communes omnium* insofern, als der Zugang und ihre Nutzung im Ganzen erhalten bleiben musste, aber Eigentum an Fischerhäusern auf dem Meeresstrand für die Zeit ihrer Existenz angenommen wurde und auch Teile des Strandes oder des Wassers vermutlich rechtmäßig weggenommen werden konnten.[557] Die *res communes omnium* sind damit jedenfalls nie vollständig kommerziell. Das Eigentum an Teilen von ihnen ist immer von der tatsächlichen Gewalt und Okkupation abhängig.[558]

Damit steht in Bezug auf die zu den *res extra commercium* gezählten Objekte fest, dass privatrechtliches Eigentum an ihnen nicht besteht und auch nicht bestehen kann.

3. Eigentum an den Flussufern *(ripae fluminis)*

Wie bereits oben kurz dargestellt, sind die Flussufer aus diesem Grund nicht zu den *res extra commercium* zu zählen, weil mehrere Digestentexte übereinstimmend von Privateigentum an den Flussufern ausgehen oder dieses sogar ausdrücklich bejahen. Am deutlichsten wird dies in der Aussage von Gaius in D. 1,8,5 pr., die sich in ähnlicher Form in Inst. Iust. 2,1,4[559] wiederfindet:

> *D. 1,8,5 pr. Gaius libro secundo rerum cottidianarum sive aureorum:*
> *Riparum usus publicus est iure gentium sicut ipsius fluminis. (...) Sed proprietas illorum est, quorum praediis haerent: qua de causa arbores quoque in his natae eorundem sunt.*

Nach Gaius sind die Flussufer im Eigentum (*proprietas*) der Flussanrainer. Andererseits sind die Ufer der Flüsse wie die *viae publicae* solche *res,* die *in usu publico* sind, also dem allgemeinen Gebrauch offenstehen.

Da der Rechtsstandpunkt des Gaius sowohl in die Digesten als auch in die Institutionen aufgenommen worden ist, kann er zumindest in klassischer und justinianischer Zeit nicht eine unerhebliche Einzelmeinung gewesen sein.

Die weiteren Digestenstellen, welche ein Privateigentum an den Flussufern zumindest möglich erscheinen lassen, sind etwa D. 41,1,7 pr.-6 von Gaius[560], D. 41,1,30 pr.-4 von Pomponius und D. 41,1,56 pr.-1 von Modestin. In den genannten Textstellen geht es um den Eigentumserwerb an Flächen, insbesondere Inseln, die durch Anschwemmung entstanden sind, und um den Eigentumserwerb und Eigentumsverlust durch die Änderung eines Flusslaufs.[561]

---

557 Zur Eigentumsfähigkeit des Meeresufers und des Meeresbodens aufgrund von Okkupation durch Bebauung vgl. noch *Schermaier*, S. 1037 ff., insbesondere S. 1049; *ders.*, Mel. Humbert, S. 785; *Klingenberg*, TR 72 (2004), S. 48 ff.

558 *Pernice*, S. 136.

559 *Inst. Iust. 2,1,4: Riparum quoque usus publicus iuris gentium, sicut ipsius fluminis: (...) Sed proprietas earum illorum est, quorum praediis haerent: qua de causa arbores quoque in isdem natae eorundem sunt.*

560 Zu D. 41,1,7,3 vgl. ausführlich *Knütel*, S. 551.

561 Zum Eigentumserwerb an Inseln vgl. *Knütel*, S. 550 ff.

Kurz zusammengefasst erklären Gaius und Pomponius ohne Widerspruch zueinander, dass Anschwemmungen Eigentum dessen werden, in dessen Eigentum sich das Grundstück befindet, das durch die Anschwemmungen vergrößert worden ist. Bei der Bestimmung der Eigentumsverhältnisse bei Inseln in einem öffentlichen Fluss werden zwei Konstellationen unterschieden: Entweder die Insel liegt in der Mitte des Flusses oder sie liegt näher auf einer Seite des Ufers. Im ersten Fall werden diejenigen Eigentümer, die die nächstgelegenen Grundstückseigentümer auf beiden Seiten des Flusses sind, im zweiten Fall werden nur diejenigen Eigentümer, die auf der nähergelegenen Seite des Flussufers Grundstückseigentümer sind.[562] In den beiden Texten wird nicht zwischen den am Ufer gelegenen Grundstücken und dem Ufer differenziert und die Insel wird insgesamt, mit ihren Ufern, Eigentum der Grundstückseigentümer. Auch das angeschwemmte Land, welches sich zumindest in Ufernähe befinden muss oder aber als neues Ufer fungiert, wird Privateigentum in dem Umfang, wie es vorhanden ist. Insofern deuten beide Texte an, dass Privateigentum an den Ufern besteht.[563]

In D. 41,1,30,1 verweist Pomponius zur Frage des Eigentums am Flussufer außerdem auf die Rechtsauffassung Celsus des Jüngeren:

D. 41,1,30,1 Pomponius libro trigensimo quarto ad Sabinum:
Celsus filius, si in ripa fluminis, quae secundum agrum meum sit, arbor nata sit, meam esse ait, quia solum ipsum meum privatum est, usus autem eius publicus intellegitur, et ideo cum exsiccatus esset alveus, proximorum fit, quia iam populus eo non utitur.

Auch hier wird ausdrücklich Privateigentum am Grund und Boden des Flussufers von Celsus angenommen. Daher wird auch der darauf wachsende Baum wie von Gaius in D. 1,8,5 pr. als dem jeweiligen Eigentümer zugehörig angesehen. Dieser Rechtsauffassung des Celsus wird Pomponius zugestimmt haben, weil in den darauffolgenden Aussagen des Pomponius in D. 41,1,30,2–4 kein

562 Mit Ausnahme der sogenannten Treibinseln, die mit keinem der beiden Ufer in fester Verbindung stehen und daher einen beliebigen Standort einnehmen können. Diese stehen wie der öffentliche Fluss selbst im öffentlichen Eigentum, so *Knütel*, S. 551.

563 Den Grund für die Zuweisung des Eigentums an den Inseln entsprechend den Eigentumsverhältnissen an den Ufern sieht *Knütel* in dem Prinzip, dass derjenige, der die Gefahr der Abschwemung von Land durch den öffentlichen Fluss zu tragen hat, als Kehrseite der Medaille auch die Vorteile der Anschwemmung zugute kommen sollen. Daher finde das Okkupationsprinzip keine Anwendung, vgl. *ders.*, S. 553 unter Verweis auf Inst. Iust. 3,23,3. Anders verhält es sich bei der im Meer entstandenen Insel, wo das Okkupationsprinzip Anwendung findet, vgl. *Kaser/Knütel*, S. 149 Rn. 2; *Knütel*, S. 552, jeweils mit Verweis auf D. 41,1,3 pr.

gegenteiliger Rechtsstandpunkt vertreten wird. Vielmehr besteht zwischen Celsus, Gaius und Pomponius Einigkeit, dass im Falle einer Änderung des Flusslaufs und damit einer (Teil-)Austrocknung des Flussbettes das funktionslos gewordene Flussbett nicht mehr öffentlich ist, sondern Eigentum der daran anstoßenden Grundstücksbesitzer wird.[564] Beide Juristen teilen somit jedenfalls den Rechtsstandpunkt des Celsus in Bezug auf den zweiten Teil seiner Aussage zum Flussbett.

Auch der Text Modestins in D. 41,1,56 pr.-1 steht nicht im Widerspruch zu der Rechtsauffassung von Celsus.[565] In diesem Text ist wiederholt die Rede davon, dass ein Fluss an den Grundbesitz eines Anrainers (*contra frontem agri mei / tui*) stößt. Weiterhin ist davon die Rede, dass eine Insel näher an dem Ufer dieses Flussanrainers entstanden ist. Die Formulierung zeigt dabei ganz deutlich, dass Modestin von einem Privateigentum am Flussufer ausgeht: *tua facta est / tuum est.*

Damit lässt sich zusammenfassend feststellen, dass die hier behandelten Textstellen eine Gemeinsamkeit aufweisen. Es geht jeweils um die Eigentumsverhältnisse an einer Insel in einem *flumen publicum*. Es besteht in diesen Textstellen Einigkeit über die Beurteilung dieser Frage, indem auf die Eigentumsverhältnisse am nächstgelegenen Grundstück am Fluss abgestellt wird.[566] In keiner dieser

564 Vgl. D. 41,1,7,4–5 (Gaius) und D. 41,1,30,3 (Pomponius).

565 *D. 41,1,56 pr.-1 Modestinus libro octavo epistularum: Insula est enata in flumine contra frontem agri mei, ita ut nihil excederet longitudo regionem praedii mei: postea aucta est paulatim et processit contra frontes et superioris vicini et inferioris: quaero, quod adcrevit utrum meum sit, quoniam meo adiunctum est, an eius iuris sit, cuius esset, si initio ea nata eius longitudinis fuisset. Proculus respondit: flumen istud, in quo insulam contra frontem agri tui enatam esse scripsisti ita, ut non excederet longitudinem agri tui, si alluvionis ius habet et insula initio propior fundo tuo fuit quam eius, qui trans flumen habebat, tota tua facta est, et quod postea ei insulae alluvione accessit, id tuum est, etiamsi ita accessit, ut procederet insula contra frontes vicinorum superioris atque inferioris, vel etiam ut propior esset fundo eius, qui trans flumen habet.*
(1) Item quaero, si, cum propior ripae meae enata est insula et postea totum flumen fluere inter me et insulam coepit relicto suo alveo, quo maior annis fluerat, numquid dubites, quin etiam insula mea maneat et nihilo minus eius soli, quod flumen reliquit, pars fiat mea? Rogo, quid sentias scribas mihi. Proculus respondit: si, cum propior fundo tuo initio fuisset insula, flumen relicto alveo maiore, qui inter eam insulam fuerat et eum fundum vicini, qui trans flumen erat, fluere coepit inter eam insulam et fundum tuum, nihilo minus insula tua manet. [...]

566 Es ist plausibel, dass nur unmittelbar am Ufer liegende Grundstücke, die tatsächlich den Gefahren der Ab- und Anschwemmung unterlagen, anteilsberechtigt an einer Insel sein konnten, so ausdrücklich *Knütel*, S. 553.

Textstellen wird eine zusätzliche Unterscheidung zwischen dem an den öffentlichen Fluss angrenzenden *ager privatus* und den *ripae fluminis* vorgenommen. Das spricht dafür, dass die zitierten römischen Juristen eine solche zusätzliche Unterscheidung nicht vorgenommen haben und die Flussufer nach deren Auffassung eigentumsfähig waren.[567]

Neben den bereits oben genannten Texten, in denen Fluss und Flussufer als *publica* bezeichnet werden, gibt es in den Digesten Texte, die sich konkret mit den Rechtsverhältnissen an den Flussufern befassen und die ein Privateigentum an Flussufern zu verneinen scheinen. Insbesondere vier Texte von Neraz, Labeo, Paulus und Scaevola scheinen auszusagen, dass die Auffassung von Privateigentum an den Flussufern falsch ist:

> *D. 41,1,15 Neratius libro quinto regularum:*
> *Qui autem in ripa fluminis aedificat, non suum facit.*

In D. 41,1,15 erklärt Neraz, dass dasjenige, was auf dem Flussufer erbaut wird, nicht das Eigentum des Erbauers wird. Die Textstelle kann für sich genommen in zwei unterschiedliche Richtungen interpretiert werden: Entweder will Neraz allgemein sagen, dass ein Bauen auf dem Ufer grundsätzlich kein Eigentum begründet, weil das Ufer als *res extra commercium* nicht eigentumsfähig ist. Oder aber Neraz nimmt lediglich zu dem Fall Stellung, dass ein anderer als der Grundstückseigentümer etwas auf dem Ufer errichtet. Im ersten Fall würde seine Aussage den vorzitierten Stellen zur *proprietas* am Flussufer widersprechen.

Im zweiten Fall wäre die Erklärung demgegenüber mit den Aussagen zur Eigentumsfähigkeit kompatibel: Jemand, der nicht Eigentümer des Ufergrundstücks ist, kann durch Bebauung des Grundstücks nicht eigenmächtig Eigentum daran erwerben. Diese Beurteilung ist als allgemeiner Rechtssatz zum Eigentumserwerb bei bestehendem Eigentum eines anderen nachvollziehbar.

Aufgrund der obigen, eindeutigen Aussagen von Gaius und Celsus erscheint es richtiger, D. 41,1,15 in diesem letzteren Sinne auszulegen. Neraz nimmt nur zur Eigenschaft des Flussufers als eigenmächtig okkupierbare *res nullius* Stellung und verneint diese Möglichkeit.

Ebenso ist denkbar, dass Neraz nur eine Aussage über die Reichweite des *usus publicus* an den Flussufern trifft. Dieser geht dann eben nicht so weit, dass es durch die Nutzung zu einer Änderung der Eigentumsverhältnisse kommen kann. Auch eine Aussage Scaevolas steht sodann nicht im Widerspruch zur Eigentumsfähigkeit der Flussufer:

567 Eigentum der Flussanrainer an den Flussufern setzt auch *Simshäuser*, S. 351, voraus.

D. 43,12,4 Scaevola libro quinto responsorum:
Quaesitum est, an is, qui in ultraque ripa fluminis publici domus habeat, pontem privati iuris facere potest. Respondit non posse.

Scaevola verneint die Möglichkeit eines privaten Brückenbaus auf den Ufern eines öffentlichen Flusses für den Fall, dass jemand an zwei sich gegenüberliegenden Flussgrundstücken Eigentum hat. Aus dieser Textstelle ergibt sich allerdings die Extrakommerzialität der Flussufer nicht. Entscheidend für das Verbot des Brückenbaus ist vielmehr, dass auch der Raum oberhalb des öffentlichen Flusses von Privatbauten frei bleiben muss.

Das Fragment D. 43,12,4 folgt im Anschluss an das Paulus-Fragment D. 43,12,3 pr.-2[568], das ebenfalls in abstrakterer Form die Öffentlichkeit der Flussufer betont. In gleicher Weise und auch mit Bezug auf den Rechtsstandpunkt des Paulus abgegeben, beschäftigt sich der Text D. 41,1,65,1–4 von Labeo mit dem in der damaligen Zeit offenbar schwierigen und praktisch bedeutsamen Rechtsstatus der Ufer der öffentlichen Flüsse:

D. 41,1,65,1–4 Labeo libro sexto pithanon a Paulo:
(1) [...] Si qua insula in flumine propria tua est, nihil in ea publici est. Paulus: immo in eo genere insularum ripae flumini et litora mari proxima publica sunt, non secus atque in continenti agro idem iuris est.
(2) Si qua insula in flumine publico proxima tuo fundo nata est, ea tua est. Paulus: videamus ne hoc falsum sit de ea insula, quae non ipsi alveo fluminis cohaeret, sed virgultis aut alia qualibet levi materia ita sustinetur in flumine, ut solum eius non tangat, atque ipsa movetur: haec enim propemodum publica atque ipsius fluminis est insula.
(3) Paulus: Si insula in flumine nata tua fuerit, deinde inter eam insulam et contrariam ripam alia insula nata fuerit, mensura eo nomine erit instruenda a tua insula, non ab agro tuo, propter quem ea insula tua facta fuerit: nam quid interest, qualis ager sit, cuius propter propinquitatem posterior insula cuius sit quaeratur?
(4) Si id quod in publico innatum aut aedificatum est, publicum est, insula quoque, quae in flumine publico nata est, publica esse debet.

Labeo beginnt in diesem Fragment mit der eigenen Meinung, dass die Insel im Fluss insgesamt Eigentum dessen ist, der nach den oben geschilderten Kriterien an ihr Eigentum erwirbt. An der Insel soll nichts *publicus* sein. Im Anschluss an diese These wird Paulus bemüht, der die Sichtweise Labeos als falsch bezeichnet. In Übereinstimmung mit dem Paulusfragment D. 43,12,3 pr.-2 erklärt Paulus

568 *D. 43,12,3 pr.-2 Paulus libro sexto decimo ad Sabinum: Flumina publica quae fluunt ripaeque eorum publicae sunt. Ripa ea putatur esse, quae plenissimum flumen continet. Secundum ripas fluminum loca non omnia publica sunt, cum ripae cedant, ex quo primum a plano vergere incipit usque ad aquam.*

die Ufer der Insel ebenso wie die Flussufer der angrenzenden Grundstücke für öffentlich. Paulus differenziert in diesen Texten nicht eindeutig zwischen dem öffentlichen Gebrauch und *publicus* in der Bedeutung, dass etwas nicht im Privat-, sondern im öffentlichen Eigentum steht. Seine Aussagen in D. 43,12,3 pr.-2 und D. 41,1,65,1 können insoweit ohne Widerspruch zu den die Eigentumsfähigkeit bejahenden Texten in dem Sinne gedeutet werden, dass Paulus vorliegend nur den öffentlichen Gebrauch bejaht. In diesem Sinne besteht auch kein Widerspruch zu den von ihm erwähnten *litora maris*, die als *res communes omnium* ebenso allen zum Gebrauch offen stehen.

Die nachfolgenden Fragmente D. 41,1,65,2 und D. 41,1,65,3 unterstützen diese Interpretation. Labeo meint in D. 41,1,65,2 zunächst übereinstimmend mit den bereits dazu oben genannten Texten, dass das Eigentum an neu entstandenen Flussinseln sich nach den Eigentumsverhältnissen an den Flussufern richtet. Die daran anschließende Aussage des Paulus widerspricht dieser Auffassung grundsätzlich nicht. Paulus differenziert nur noch stärker danach, ob die Flussinsel in irgend einer Form fest mit dem Boden verbunden ist oder ob sie sich frei bewegen oder nur lose durch Zweige und ähnliches an einer Stelle im Fluss gehalten wird. Eigentumserwerb bejaht Paulus nur im erstgenannten Fall der festen Verknüpfung mit dem Boden. Diese Unterscheidung ist nachvollziehbar, denn eine frei sich bewegende Insel oder eine, die dies leicht wieder werden könnte, würde erhebliche Zuordnungsprobleme auslösen, wenn sie als Eigentum anerkannt und später an ein fremdes Eigentum eines anderen angeschwemmt werden würde.

Auch der Rechtsstandpunkt in D. 41,1,65,3 zur Zugehörigkeit einer neu entstandenen Insel zum Eigentum der Flussanrainer und die dazu aufgeworfene Frage, wie die Entfernung zu bemessen ist, spricht klar für die Eigentumsfähigkeit der Insel und des Flussufers.

Zwischen den Texten D. 41,1,65,1–2 und D. 41,1,65,4 besteht sodann offenbar ein Widerspruch. Die Auffassung, dass eine in einem öffentlichen Fluss entstandene Insel öffentlich sein muss (*publica esse debet*[569]) ergibt sich gerade weder aus den Aussagen von Labeo selbst noch aus denen des zitierten Paulus. Auch insoweit ist allerdings denkbar, dass diese Aussage wiederum nur in Bezug auf den *usus publicus* abgegeben worden ist. In diesem Sinne wäre eine übereinstimmende Deutung von D. 41,1,65,1–4 ohne Textänderungen möglich. Aufgrund der vorherigen Aussagen fehlt jedenfalls jeglicher sinnvolle Anhaltspunkt, dass Labeo oder Paulus nach D. 41,1,65,1–3 einen neuen, konträren Rechtsstandpunkt vertreten wollten.

569 Vgl. D. 41,1,65,4.

Somit ist im Ergebnis festzuhalten, dass keiner der vorhandenen Texte in den Digesten ein Eigentum an den Flussufern sicher ausschließt. Daher ist davon auszugehen, dass zwar das Flussbett wie der öffnetliche Fluss nicht eigentumsfähig war, aber Flussufer und Flussinseln im Privateigentum stehen konnten. Damit unterscheiden sie sich in diesem Punkt maßgeblich von den *res extra commercium*, sodass sie nicht als ihnen zugehörig gelten können.

Mit Teilen der *res extra commercium* haben sie nur einen gewissen rechtlichen Sonderstatus gemein, indem der *usus publicus* an ihnen besteht. Dieser allein begründet ihre Extrakommerzialität aber nicht. Es ist vielmehr ohne weiteres denkbar, dass das Flussufer als Teil des Eigentums verkauft oder verpachtet werden kann. Jedenfalls wird in keiner Digestenstelle diese Möglichkeit explizit verneint.

X. Der Schatzfund *(thesaurus)*

Eine zentrale Textstelle, die den Schatzfund thematisiert und dabei zugleich eine Aussage über den Fund von *res extra commercium* trifft, ist Iust. 2,1,39.[570]

> *Inst. Iust. 2,1,39:*
> *Thesauros, quos quis in suo loco invenerit, divus Hadrianus naturalem aequitatem secutus ei concessit qui invenerit. idemque statuit, si quis in sacro aut in religioso loco fortuito casu invenerit. at si quis in alieno loco non data ad hoc opera, sed fortuitu invenerit, dimidium domino soli concessit. et convenienter, si quis in Caesaris loco invenerit, dimidium inventoris, dimidium Caesaris esse statuit. cui conveniens est, ut si quis in publico loco vel fiscali invenerit, dimidium ipsius esse, dimidium fisci vel civitatis.*

Nach Inst. Iust. 2,1,39 hat Kaiser Hadrian den Schatzfund an Orten, die zu den *res extra commercium* gehören, durchaus unterschiedlich behandelt: So führt der zufällige Schatzfund auf dem eigenen Grundstück oder an einem *locus sacer* oder einem *locus religiosus* dazu, dass der Finder als Begünstigter angesehen wird. Beim Fund auf dem Grund eines anderen, aber auch auf dem *locus publicus*, auf Grundstücken des *fiscus* und auf kaiserlichen Grundstücken erhält der Finder allerdings nur die Hälfte des Schatzes zugesprochen. Die andere Hälfte erhält die Gemeinde, der *fiscus* oder der Kaiser.[571]

570 Zum Schatzfund vgl. allgemein *Schulz*, S. 365; *Kaser*, RP I, S. 426 mit weiteren Literaturnachweisen in Fn. 15; *Scialoja*, Proprieta II, S. 48 ff. mit weiteren Quellentexten; ebenso *Schmidt*, S. 25 ff., der in seiner Arbeit die weitere Entwicklungsgeschichte des Rechtsinstituts im Privatrecht untersucht.

571 Zur Geschichte und Dogmatik des Schatzfundes vgl. *Nörr*, S. 13 ff.; *Knütel*, S. 569 ff. Danach besteht Einigkeit, dass es der *naturalis aequitas* entsprach, sowohl dem Bodeneigentümer als auch dem Finder einen Teil des Schatzes zuzusprechen.

Diese unterschiedliche Behandlung von *res divini iuris* und *res publicae* führt aber nicht zu einer grundlegenden Ungleichbehandlung innerhalb der *res extra commercium*. Die Unterscheidung dürfte vielmehr darauf zurückzuführen sein, dass im Fall der *res divini iuris*, wie oben im Zusammenhang mit den einzelnen *res divini iuris* und mit den Eigentumsverhältnissen an ihnen bereits herausgearbeitet wurde, das Eigentum an ihnen nach dieser römisch-rechtlichen Vorstellung auf die Gottheiten übergegangen ist und daher zumindest formal kein Adressat für eine hälftige Zuwendung des Schatzes vorhanden ist.[572] Demgegenüber gibt es hinsichtlich der *res publicae* für Kaiser Hadrian keinen Grund, den Schatzfund auf einem *locus publicus in usu publico* anders zu behandeln als den auf einem *locus fisci* oder *locus Caesaris*. Mit der *civitas* besteht eine rechtliche Einheit, die die Hälfte des Schatzes gebrauchen und verwenden kann.[573]

Von dieser Regelung in den Institutionen weicht D. 49,14,3,10 zum Teil ab:

> *D. 49,14,3,10 Callistratus libro tertio de iure fisci:*
> *Si in locis fiscalibus vel publicis religiosisve aut in monumentis thesauri reperti fuerint, divi fratres constituerunt, ut dimidia pars ex his fisco vindicaretur, item si in Caesaris possessione repertus fuerit, dimidiam aeque partem fisco vindicari.*

Nach D. 49,14,3,10 hat eine hälftige Teilung zwischen dem Schatzfinder und dem Fiskus auch dann zu erfolgen, wenn der Schatz auf einem *locus religiosus* gefunden wird. Nach Inst. Iust. 2,1,39 gilt dies bei einem *locus religiosus* oder *locus sacer* nicht. Dort wird diesbezüglich dem Finder der gesamte Schatz zugesprochen.

Welche dieser Auffassungen die klassische Auffassung enthält und welcher der Vorzug zu geben ist, ist in der Literatur wohl umstritten.[574] Insgesamt gab es mehrere Änderungen bei der Verteilung des Schatzes.[575] Die in D. 49,14,3,10 erwähnten *divi fratres* lebten aber später als der in Inst. Iust. 2,1,39 genannte Kaiser Hadrian.[576]

Daher ist anzunehmen, dass diesbezüglich einmal mehr im Laufe der Zeit eine Änderung der rechtlichen Handhabung in diesem Punkt durch die *divi fratres* begründet worden ist.[577] Schulz meint, im vorklassischen und im frühen

572 Zu Recht weist *Knütel* darauf hin, dass für den Erwerb des Eigentums allerdings Voraussetzung sei, dass es sich um einen Schatz im technischen Sinne handeln müsse. Dies ist bei einem einer Gottheit geweihten Gegenstand (*res sacra*) nicht der Fall, vgl. *Knütel*, S. 571 mit Fn. 74.

573 Vgl. *Kollath*, S. 18 f.

574 Vgl. *Scialoja*, Proprieta II, S. 52 f.; *Kaser*, RP I, S. 426 mit Fn. 17.

575 Vgl. etwa die Darstellung der Entwicklung bei *Kunkel/Mayer-Maly*, S. 165 f.

576 *Scialoja*, Proprieta II, S. 52.

577 *Schulz*, S. 362.

klassischen Recht sei der Schatz als Bestandteil des Grundstücks verstanden worden.[578] Diese ursprüngliche Rechtsauffassung habe sich dann durch Kaiser Hadrians Entscheidung zu Gunsten einer hälftigen Teilung verändert. Dieser Annahme folgend stellt die hälftige Aufteilung des Schatzes bei dessen Fund auf einem *locus religiosus* keinen großen Entwicklungsschritt dar.[579] Umgekehrt mag die in D. 49,14,3,10 enthaltene Änderung der Rechtsauffassung nur hinsichtlich der *res extra commercium* dann nur wegen deren rechtlicher Gleichbehandlung mit den *res publicae* oder schlicht aus dem materiellen Interesse der Staatskasse an zusätzlichen Einnahmen vorgenommen worden sein.[580]

XI. Die *res extra commercium* im Strafrecht

Auch in strafrechtlicher Hinsicht besteht ein Unterschied zwischen den *res extra commercium* und den dem Privatrechtsverkehr zugänglichen Sachen:

So wird die Wegnahme einer fremden *res privata* als *furtum* bezeichnet.[581] Die gleiche Tat in Bezug auf *res publicae* und *res divini iuris* wird aber als *peculatus* (*res publicae*) und als *sacrilegium* (*res divini iuris*) bezeichnet.[582] *Mommsen* ist der Auffassung, dass sich die Delikte *furtum, sacrilegium* und *peculatus* „fast nur nomenclatorisch" von einander unterscheiden.[583] „Die für das Furtum wesentlichen Momente kehren bei dem Sacrilegium wieder: die Berührung, die Beschränkung auf bewegliche Gegenstände, die Absicht widerrechtlicher Bereicherung, die Schädigung der betroffenen Gottheit."[584] Gleiches gilt für den *peculatus*, bei dem bloß statt einer Gottheit eine Gemeinde geschädigt wird.[585]

Dennoch ist aus der begrifflichen Unterscheidung ableitbar, dass die römischen Juristen ein *furtum* an Sachen, die nicht im Privateigentum einer Person stehen konnten, nicht akzeptieren konnten. Diese Trennung findet sich dementsprechend auch in den Digesten:

---

578 Schulz, S. 362; ebenso *Knütel*, S. 570 f.; *Nörr*, S. 15 f.

579 *Schulz*, S. 362.

580 *Nörr*, S. 15 mit Fn. 18, vermutet plausibel, dass die *divi fratres* allein aus materiellem Interesse eine Beteiligung der Staatskasse an den auf den *loci religiosi* gefundenen Schätzen gegangen sei. Zur hadrianische Lösung und deren Bestätigung durch D. 49,14,3,10–11 vgl. *Knütel*, S. 570 m. w. N. in Fn. 72.

581 *Watson*, Obligations, S. 220 ff.

582 *Mommsen*, StrafR, S. 760 f.; *Watson*, Obligations, S. 226.

583 *Mommsen*, StrafR, S. 734.

584 *Mommsen*, StrafR, S. 763 mwN.

585 *Mommsen*, StrafR, S. 768.

D. 48,13,6 Marcianus libro quinto regularum:
Divi Severus et Antoninus Cassio Festo rescripserunt res privatorum si in aedem sacram depositae subreptae fuerint, furti actionem, non sacrilegii esse.

Cicero, de inv. 1,8,11:
si quis sacrum ex privato surripuerit, an sacrilegus sit iudicandus

Aus den Textstellen geht eindeutig hervor, dass eine private Sache, die nicht *extra commercium* steht, immer mit der *actio furti* zu verfolgen ist und umgekehrt eine *res sacra* immer ein *sacrilegium* darstellt.[586] Deshalb ist auch *furtum* und nicht *sacrilegium* gegeben, wenn eine Sache nicht öffentlich, sondern nur durch die einzelne Privatperson den Göttern als *res sacra privata* im Sinne von D. 1,8,6,3[587] dediziert wird:

D. 48,13,11,1 Paulus libro singulari de iudiciis publicis:
Qui privata sacra vel aediculas incustoditas temptaverunt, amplius quam fures, minus quam sacrilegi merentur.

Sacrilegium ist nicht nur an den *res sacrae*, sondern auch an den *res religiosae* möglich.[588] Da sich die Strafbarkeit in jedem Fall nur auf Entwendung von beweglichen Sachen bezieht, ist die Einbeziehung der *res sanctae* sowohl aus praktischen wie rechtlichen Gründen überflüssig. Es ist kaum denkbar, dass Mauern und Stadttore als solche entwendet worden sind. Dennoch zeigt sich eine Gemeinsamkeit hinsichtlich der strafrechtlichen Konsequenzen: Wie erwähnt, wurde bei Beeinträchtigungen der *res sanctae* die Kapitalstrafe verhängt. Ebenso ist es zumindest ursprünglich auch beim *sacrilegium* und beim *peculatus*.[589]

586 Es soll hier nicht verschwiegen werden, dass bezüglich dieser Einteilung auch widersprüchliche Quellen vorhanden sind. *Mommsen* verweist auf Cicero, de leg. 2,16,40–41, der anders als D. 48,13,6 entscheidet. Die Unterscheidung soll eine beliebte Schulkontroverse der Rhetoren gewesen sein, vgl. *Mommsen*, StrafR, S. 762 Fn. 6. Trotz dieser widersprüchlichen Auffassungen ist es aber andererseits für *Mommsen* nicht zweifelhaft, wie sich der römische Jurist allgemein oder Cicero bei der von diesem formulierten Frage in Cicero, de inv. 1,8,11 entschieden hätte: Die Entwendung der *res sacra* ist an jedem Ort *sacrilegium*, vgl. *Mommsen*, StrafR, S. 762 mit Fn. 5.

587 *D. 1,8,6,3 Marcianus libro tertio institutionum: Sacrae autem res sunt hae, quae publice consecratae sunt, non private: si quis ergo privatim sibi sacrum constituerit, sacrum non est, sed profanum. semel autem aede sacra facta etiam diruto aedificio locus sacer manet.*

588 *Mommsen*, StrafR, S. 762 f.

589 *Mommsen*, StrafR, S. 769.

Zusammenfassung

Die Untersuchung hat gezeigt, welche Gegenstände und Örtlichkeiten als *res extra commercium* verstanden worden sind. Zu ihnen gezählt wurden die *res sacrae, res religiosae* und *res sanctae* als *res divini iuris*. Im Bereich der *res humani iuris* wurden ihnen die *res publicae in usu publico* und *res communes omnium* zugerechnet. Dagegen sind die *res in patrimonium Caesaris* oder *venena mala* und *libri magicae artis* als ihnen nicht zugehörig zu betrachten.

Die *res extra commercium* weisen als gemeinsames Merkmal auf, dass sie, sofern sie einmal diesen Status erhalten haben, jeglicher privatrechtlicher, rechtsgeschäftlicher Verpflichtung oder Verfügung nicht mehr zugänglich sind. In diesem Sinne hat *Kaser* zu Recht von einer absoluten Extrakommerzialität gesprochen. Diese Extrakommerzialität wirkt sich auch unter den *res extra commercium* untereinander aus. So ist beispielsweise die Gründung eines *locus religiosus* auf einem *locus publicus* nicht möglich.

Andererseits zeigt sich gleich an mehreren Stellen, dass die römischen Juristen eine sehr pragmatische Herangehensweise an die mit der Extrakommerzialität verknüpften Folgen hatten. So folgt aus dem Status als *res extra commercium* weder in Bezug auf die *res sanctae* noch in Bezug auf die *res publicae*, dass Extrakommerzialität gleichbedeutend ist mit einem vollständigen Ausschluss der Gebrauchsmöglichkeit. Ganz im Gegenteil gilt der Nutzungsmöglichkeit insbesondere bei den *res humani iuris* das zentrale Augenmerk der römischen Juristen. Neben dem geschützten allgemeinen Gebrauch ist aufgrund kaiserlicher oder anderer hoheitlicher Erlaubnis ein Sondergebrauch dieser Sachen bzw. Orte möglich, sofern der Allgemeingebrauch dadurch insgesamt nicht gestört oder gar aufgehoben wird.

Ebenso werden auch bei den *res communes omnium* im Wesentlichen zwei Aspekte gegeneinander abgewogen. Zum einen haben die römischen Juristen Wert darauf gelegt, dass das Meer und der Meeresstrand allen Menschen zugänglich sein sollte. Andererseits war für eine ertragreiche und produktive Nutzung mehr als der bloße Zugang erforderlich, sodass hier ein partielles, vorübergehendes Eigentumsrecht an Bauten und am Meeres- bzw. Strandboden logische Konsequenz war, wobei auch dieses wiederum den Gebrauch durch andere nicht stören durfte.

Dieser Pragmatismus zeigt sich in ähnlicher Form auch bei der Frage der Umbettung eines *locus religiosus* oder bei der Frage, inwieweit die Zustimmung von Personen erforderlich war, die an dem als *locus religiosus* bestimmten Ort gewisse Formen von Berechtigungen, etwa Nießbrauch, Miteigentum oder Ähnliches, innehatten. In wieder anderer Form zeigt sich dieses Verständnis auch im Zusammenhang mit der Eroberung von *res sacrae* durch Feinde. Die dadurch bedingte Rechtsfolge der *profanatio* war eine einfache Lösung um zu verhindern, dass eine den Göttern geweihte Sache durch Feinde geschändet werden konnte.

An dieser und an weiteren Stellen wird zugleich deutlich, dass der Status als *res extra commercium* sowohl bei den *res humani iuris* als auch bei den *res divini iuris* nicht unumkehrbar gewesen ist. So war für die *res divini iuris* eine *profanatio* etwa durch eine Zeremonie der *pontifices* oder infolge der Eroberung durch Feinde möglich. Bei den *res humani iuris* ergab sich eine Statusänderung zum Beispiel als Folge der Änderung oder Austrocknung eines Flussbetts.

Aus den behandelten juristischen und nichtjuristischen Texten geht weiterhin hervor, dass durch die rechtliche Sonderstellung nicht nur rechtliche Probleme bei der Frage der Anwendbarkeit von bestehenden rechtlichen Instituten und Konstruktionen bestanden, sondern auch eigenständige, neue Konstruktionen erforderlich wurden. Dies zeigt sich sowohl im Privatrecht als auch im Strafrecht. So wurde etwa die widerrechtliche Entwendung von *res sacrae* nicht als *furtum*, sondern als eigener strafrechtlicher Tatbestand angesehen. Auch im Kaufrecht zeigt sich die rechtliche Sonderstellung besonders deutlich. Die Fragen, ob ein wirksamer Kaufvertrag geschlossen wurde und ob trotz nichtigen Kaufvertrags die *actio empti* Anwendung finden konnte, die in der heutigen Literatur kontrovers diskutiert werden, haben in der Praxis der römischen Juristen zu unterschiedlichen Lösungen geführt. In welchem zeitlichen Rahmen oder aufgrund welcher geschichtlichen Entwicklung hier letztlich eine Vereinheitlichung stattgefunden hat, lässt sich den Quellentexten aber nicht mit abschließender Gewissheit entnehmen.

Die gegenüber den übrigen *res* abweichende rechtliche Behandlung der *res extra commercium* erforderte von den römischen Juristen Problemlösungen und gedankliche Konstruktionen; ihre für den speziellen Fall formulierten Regelungen helfen, allgemeine römisch-rechtliche Prinzipien und Rechtsinstitute zu verstehen. So rücken gerade etwa anhand der Kaufrechtsstellen mehrere zentrale Tatbestandsmerkmale und Rechtsfolgen der verschiedenen Klagearten in den Fokus. Diese Textstellen zu den *res extra commercium* hatte auch *v. Jhering* im Blick, als er auf ihrer Grundlage die Rechtsfigur der *culpa in contrahendo* entwickelte.

Jene Juristen, die im 19. Jahrhundert das geltende deutsche Recht schufen, sind allerdings neue Wege gegangen; der römische Begriff der *res extra commercium* hat nicht explizit Eingang in das BGB gefunden. Aber diese historische Vorstellung einer Begrenzung privater Rechte ist für die moderne Welt nicht bedeutungslos.

Literaturverzeichnis

Albertario, Emilio: Studi di diritto romano, volume terzo: obbligazioni, Mailand 1936.

Ankum, Hans / *Van Gessel-de Roo*, Marjolijn / *Pool*, Eric: Die verschiedenen Bedeutungen des Ausdrucks in bonis alicuius esse / in bonis habere im klassischen römischen Recht, in: SZ (RA) 104 (1987), S. 238–436, SZ (RA) 105 (1988), S. 334–435, SZ (RA) 107 (1990), S. 155–215.

Apathy, Peter: Emptio suae rei – § 878 ABGB, in: Iurisprudentia universalis, Festschrift für Theo Mayer-Maly zum 70. Geburtstag, Hrsg.: Martin J. Schermaier, J. Michael Rainer und Laurens C. Winkel, Köln/Weimar/Wien 2002, S. 11–20.

Arp, Torsten: Anfängliche Unmöglichkeit, Paderborn 1988.

Bauer, Martin: *Periculum emptor*is, Eine dogmengeschichtliche Untersuchung zur Gefahrtragung beim Kauf, Berlin 1998.

Baviera, Johannes (Hrsg.): Fontes Iuris Romani Anteiustiniani, Pars Altera, Florenz 1968.

Behrends, Okko: Die allen Lebewesen gemeinsamen Sachen, in: Festschrift für Hermann Lange, Hrsg.: Dieter Medicus, Stuttgart/Berlin/Köln 1992, S. 3–34 (Zit.: *Beherends*, S.).

Ders.: Institutionelles und prinzipielles Denken im römischen Privatrecht, in: SZ (RA) 95 (1978), S. 187–231.

Behrends, Okko / *Knütel*, Rolf / *Kupisch*, Berthold / *Seiler*, Hans Hermann (Hrsg.): Corpus Iuris Civilis, Band 1: Institutionen, 2. Auflage, 1997, Band 2: Digesten 1–10, Heidelberg 1995, Band 3: Digesten 11–20, Heidelberg 1999, Band 4: Digesten 21–27, Heidelberg 2005, Band 5: Digesten 28–34, Heidelberg 2012, (Zit.: *B/K/K/S*, I/II/III,IV/V, S.).

Biondi, Biondo: La vendita di cose fuori di commercio, in: Studi in onore di Salvatore Riccobono nel XL anno del suo insegnamente, Band 4, S. 1–56, Palermo 1936 (Zit.: *Biondi*, S.).

Ders.: Beni fuori commercio, in: Novissimo Digesto Italiano, Band 2, 3. Auflage, Hrsg.: A. Azara, E. Eula, Turin 1964, S. 354–355 (Zit.: *Biondi*, Beni fuori commercio, S.).

Bonfante, Pietro: Corso di diritto romano, volume secondo: La proprietà, Parte I, Mailand 1966.

Branca, Giuseppe: Le cose extra patrimonium humani iuris, in: Annali triestini di diritto, economia e politica, Band 12, Triest 1941, S. 1ff.

Briscoe, John: Titius Livius: Ab urbe condita, libri XLI–XLV, Stuttgart 1986.

Bruns, Karl Georg: Fontes Iuris Romani Antiqui, 5. Auflage, Freiburg 1887.

Bruun, Christer: Water Legislation in the Ancient World, in: Handbook of ancient water technology, Hrsg.: Örjan Wikander, Leiden/Bosten/Köln 2000, S. 539–575.

Capogrossi Colognesi, Luigi: La struttura della proprietà e la formazione dei „iura praediorum" nell'età repubblicana, Band II, Mailand 1976.

Catalano, Pierangelo: Aspetti spaziali del sistema giuridico-religioso romano. Mundus, *templum*, urbs, ager, Latium, Italia, in: ANRW II, Band 16, 1. Teilband, Hrsg.: Wolfgang Haase, Berlin/New York 1978, S. 440–553.

Daube, David: Slightly Different, in: IURA XII (12), 1961, S. 81–116.

De Visscher, Fernand: Le droit des tombeaux romains, Mailand 1963.

Drosdowski, Thomas: Das Verhältnis von actio pro socio und actio communi dividundo im klassischen römischen Recht, Berlin 1998.

Düll, Rudolf: Studien zum römischen Sepulchralrecht 1, in: Festschrift für Fritz Schulz, Band 1, Hrsg.: Hans Niedermeyer, Weimar 1951, S. 191–208 (Zit.: *Düll*, S.).

Ders.: Studien zum römischen Sepulkralrecht 2, in: Atti del Congresso internazionale di diritto romano e di storia del diritto (Verona 27.-29.09.1948), Volume terzo (Band 3), Mailand 1951, S. 159–175 (Zit.: *Düll*, Studien 2, S.).

Egelhaaf-Gaiser, Ulrike: Kulträume im römischen Alltag: das Isisbuch des Apuleius und der Ort von Religion im kaiserzeitlichen Rom, Stuttgart 2000.

Evans-Jones, Robin / *MacCormack*, Geoffrey: The Sale of *res extra commercium* in Roman Law, in: SZ (RA) 112 (1995), S. 330–351.

Fabbrini, Fabrizio: *Res divini iuris*, in: Novissimo Digesto Italiano, Band 15, 3. Auflage, Hrsg.: A. Azara, E. Eula, Turin 1968, S. 510–565 (Zit.: *Fabbrini*, S.).

Ders.: Dai „religiosa loca" alle *„res religiosae"*, in: BIDR 73 (1970), S. 197–228.

Fantetti, Elena: L'inquadramento classico delle *„res sanctae"*, in: Labeo 2, 1956, S. 94–102.

Fischer, Renate: Umweltschützende Bestimmungen im Römischen Recht, Augsburg 1995.

Flume, Werner: Rechtsakt und Rechtsverhältnis, Römische Jurisprudenz und modernrechtliches Denken, Paderborn/München/Wien/Zürich 1990.

Fuhrmann, Manfred: Marcus Tullius Cicero, Sämtliche Reden, Band V, Düsseldorf 2000.

Geißler, Kirsten: Die öffentliche Wasserversorgung im römischen Recht, Berlin 1998.

Georges, Heinrich: Ausführliches lateinisch-deutsches Hand-wörterbuch, ausgearbeitet von Karl Ernst Georges, 11. Auflage, 1. Band, Basel 1962.

Gradenwitz, Otto: Miszellen, SZ (RA) 26 (1905), S. 480–483.

Gröschler, Peter: Actiones in factum, Eine Untersuchung zur Klage-Neuschöpfung im nichtvertraglichen Bereich, Berlin 2002.

Grosso, Giuseppe: Obbligazioni, Turin 1947.

Guarini, Antonio: Diritto Privato Romano, Sesta Edizione (6. Auflage), Neapel 1981.

Hainzmann, Manfred: Sextus Iulius Frontinus: Wasser für Rom, Zürich/München 1979.

Harke, Jan Dirk: Si error aliquis intervenit – Irrtum im klassischen römischen Vertragsrecht, Berlin 2005 (Zit.: *Harke*, S.).

Ders.: Studien zu Vertrag und Eigentumserwerb im römischen Recht, Berlin 2013. (Zit.: *Harke*, Studien, S.).

Haymann, Franz: Die Haftung des Verkäufers für die Beschaffenheit der Kaufsache, Erster Band (Studien zum klassischen römischen Recht), Berlin 1912.

Heldrich, Karl: Das Verschulden beim Vertragsschluss im klassischen römischen Recht und in der späteren Rechtsentwicklung, Leipzig 1924.

Herzig, Heinz E.: Probleme des römischen Straßenwesens: Untersuchungen zu Geschichte und Recht, in: ANRW II, Band 1, Hrsg.: Hildegard Temporini, Wolfgang Haase, Berlin/New York 1974, S. 593–648.

Heumann, Hermann Gottlieb / *Seckel*, Emil: Handlexikon zu den Quellen des römischen Rechts, 11. Auflage, Graz 1971.

Hinker, Hannes: Grundzüge des öffentlichen römischen Wasserrechts, in: Vestigia Iuris Romani, Festschrift für Gunter Wesener, Hrsg.: Georg Klingenberg, Graz 1992, S. 177–186.

Holthöfer, Ernst: Sachteil und Sachzubehör im Römischen und im Gemeinen Recht, Berlin 1972.

Honsell, Heinrich: Quod interest im bonae fidei iudicium, Studien zum römischen Schadensersatz-recht, München 1969 (Zit.: *Honsell*, S.).

Jakobs, Horst Heinrich / *Schubert*, Werner: Die Beratung des Bürgerlichen Gesetzbuchs in systematischer Zusammenstellung der unveröffentlichten Quellen, Allgemeiner Teil, §§ 1–240, 1. Teilband, Berlin/New York 1985.

Jhering, Rudolf von: Gesammelte Aufsätze aus den Jahrbüchern für die Dogmatik des heutigen römischen und deutschen Privatrechts, Band 1, Jena 1881 (Neudruck Aalen 1969).

Jones, J. Walter: Expropriation in Roman Law, in: The Law Quarterly Review 45 (1929), 512–527.

Karlowa, Otto: Römische Rechtsgeschichte in zwei Bänden, Band 2, Leipzig 1901 (Zit.: *Karlowa*, S.).

Kaser, Max: Das römische Privatrecht, 1. Abschnitt: Das altrömische, das vorklassische und das klassische Recht, 2. Auflage, München 1971 (Zit.: *Kaser*, RP I, S.).

Ders.: Vom Begriff des *commercium*, in: Studi Arangio-Ruiz, Band 2, S. 131–167 Neapel 1953 (Zit.: *Kaser*, *Commercium*, S.).

Ders.: Zum römischen Grabrecht, SZ (RA) 95 (1978), S. 15–92 (Zit.: *Kaser*, SZ (RA) 95 (1978), S.).

Ders.: In bonis esse, SZ (RA) 78 (1961), S. 173–220 (Zit.: *Kaser*, SZ (RA) 78 (1961), S.).

Ders.: Rechtsgeschäftliche Verfügungsbeschränkungen im römischen Recht, in: Beiträge zur europäischen Rechtsgeschichte und zum geltenden Zivilrecht: Festgabe für Johannes Sontis, Hrsg.: Fritz Baur, München 1977, S. 11–31 (Zit.: *Kaser*, FG Sontis, S.).

Ders.: „Occupatio", in: RE, Supplementband 7, Stuttgart 1940, Sp. 682–691.

(Zit.: *Kaser*, Occupatio, S.).

Kaser, Max / *Knütel*, Rolf: Römisches Privatrecht, 20. Auflage, München 2014.

Kaufmann, Franz: Die Stellung des Privatrechtssubjekts zur *res extra commercium* des corpus juris, Bonn 1887.

Klingenberg, Georg: Maris proprium ius in D. 47,10,14, in: TR 72 (2004), S. 37–60.

Knütel, Rolf: Von schwimmenden Inseln, wandernden Bäumen, flüchtenden Tieren und verborgenen Schätzen, in: Rechtsgeschichte und Privatrechtsdogmatik, Hrsg.: Reinhard Zimmermann, Rolf Knütel, Jens Peter Meincke, Heidelberg 1999, S. 549–577.

Kollath, Johannes: Die Geltung der römisch-rechtlichen Grundsätze über *res extra commercium* im heutigen Recht, Breslau 1894.

Kranjc, Janez: Die praescriptis verbis als Formelaufbauproblem, in: SZ (RA) 106 (1989), S. 434–468.

Kunkel, Wolfgang (Begr.) *Honsell*, Heinrich (Bearb.) / *Mayer-Maly*, Theo (Bearb.) / *Selb*, Walter (Bearb.): Römisches Recht, 4. Auflage, Berlin/Heidelberg/New York 1987 (Zit.: *Kunkel/Bearbeiter*, S.).

Latte, Kurt: Römische Religionsgeschichte, 2. Auflage, München 1992 (in: Handbuch der Altertumswissenschaften, Abteilung 5 Teil 4).

Lenel, Otto: Das Edictum Perpetuum, 3. Auflage, Leipzig 1927 (Zit.: *Lenel*, EP, S.).

Leonhard, Rudolf: „Res", in: RE, 2. Reihe, 1. Halbband, Stuttgart 1914, S. 616–618.

Levy, Ernst / *Rabel*, Ernst (Hrsg.): Index Interpolationum, Band I–III, Weimar 1929 (Zit.: Ind. Interp., S.).

Longo, Giannetto: Le *res extra commercium* e l'azione di danni nei contratti di vendita nulli, in: Studi in onore di Pietro Bonfante, volume terzo (3. Band), Mailand 1930, S. 363–386.

Manthe, Ulrich: Gaius Institutionen, Darmstadt 2004.

Mayer-Maly, Theo: Studien zur Frühgeschichte der usucapio II, in: SZ (RA) 78 (1961), S. 221–276.

Medicus, Dieter: Id quod interest, Studien zum römischen Recht des Schadensersatzes, Köln/Graz 1962 (Zit.: *Medicus*, S.).

Ders.: Zur Entdeckungsgeschichte der *culpa in contrahendo*, in: Iuris professio, Festgabe für Max *Kaser* zum 80. Geburtstag, Hrsg.: Hans-Peter Benöhr, Wien 1986, S. 169–181 (Zit.: *Medicus*, FG *Kaser*, S.).

Merkel, Johannes: Über die sogenannten Sepulcralmulten, in: Festgabe der Göttinger Juristen-Fakultät für Rudolf von Jhering, Leipzig 1892 (Neudruck 1970), S. 79–134.

Meurer, Christian: Der Begriff und Eigenthümer der heiligen Sachen, 1. Band, Düsseldorf 1885.

Möller, Cosima: Die Rolle der Unterscheidung von *via publica* und *via privata* im römischen Deliktsrecht, in: Ars Iuris, Festschrift für Okko Behrends zum 70. Geburtstag, Hrsg.: Martin Avenarius, Rudolf Meyer-Pritzl, Cosima Möller, Göttingen 2009, S. 421–444 (Zit.: *Möller*, S.).

Dies.: Die Servituten: Entwicklungsgeschichte, Funktion und Struktur der grundstücks-vermittelnden Privatrechtsverhältnisse im römischen Recht, Göttingen 2010 (Zit.: *Möller*, Servituten, S.).

Mommsen, Theodor: Zum römischen Grabrecht, SZ (RA) 16, (1895), S. 203–220 (Zit.: *Mommsen*, SZ (RA) 16, (1895), S.).

Ders.: Römisches Strafrecht, Leipzig 1899, Nachdruck 1955 (Zit.: *Mommsen*, StrafR, S.).

Ders.: Staatsrecht, Band I bis III, 3. Auflage, Berlin 1887 (Neudruck Basel 1952) (Zit.: *Mommsen*, StR I/II 1/2 /III, S.).

Mommsen, Theodor / *Krueger*, Paul: Corpus Iuris Civilis, Band I (Institutiones et Digesta), 17. Auflage, Berlin 1963.

Münchener Kommentar *Säcker*, Franz Jürgen u.a. (Hrsg.), *Stresemann*, Christina (Bearb.): Münchener Kommentar zum Bürgerlichen Gesetzbuch, Band 1, Allgemeiner Teil, 7. Auflage 2015 (Zit.: MüKo-*Bearbeiter*).

Murga, José Luis: Una action in factum de Ulpiano para la venta de sepulcros, in: RIDA 21 (1974), S. 299–322.

Nickel, Rainer: M. Tullius Cicero, De legibus, 2. Auflage, Düsseldorf/Zürich 2002.

Nörr, Dieter: Ethik von Jurisprudenz in Sachen Schatzfund, in: BIDR 75 (1972), 11–40.

Ogilvie, Robert Maxwell: Titi Livi, Ab urbe condita, Tomus I, Libri I–V, Oxford 1974.

Palma, Antonio: Le strade romane nelle dottrine giuridiche e gromatiche dell'età del principato, in: ANRW II, Band 14, Berlin/New York 1982, S. 850–880.

Pennitz, Martin: Der „Enteignungsfall" im römischen Recht der Republik und des Prinzipats: eine funktional-rechtsvergleichende Problem-stellung, Wien/Köln/Weimar 1991.

Pernice, Alfred: Die sogenannten *res communes omnium*, in: Festgabe für Heinrich Dernburg, Berlin 1900, S. 125–149 (Zit.: *Pernice*, S.).

Ders.: Labeo 2, 1, Halle 1895 (Zit.: *Pernice*, Labeo, S.).

Peters, Frank: Zur dogmatischen Einordnung der anfänglichen, objektiven Unmöglichkeit beim Kauf, in: Festschrift für Max *Kaser* zum 70. Geburtstag, München 1976, S. 285–308.

Ders.: Die Verschaffung des Eigentums durch den Verkäufer, in: SZ (RA) 96 (1979), S. 173–203 (Zit.: *Peters*, SZ (RA) 96 (1979), S.).

Peterson, Gulielmus: M. Tulli Ciceronis Orationes, Band V, Oxford 2006.

Philips, Heribert / Giebel, Marion: C. Plinius Caecilius Secundus, Sämtliche Briefe, Stuttgart 1998.

Pool, Eric: Lateinische Syntax und juristische Begriffsbildung: in bonis „alicuius" esse und bonitarisches Eigentum im klassischen römischen Recht, SZ (RA) 102 (1985), S. 470–481 (Zit.: *Pool*, SZ (RA) 102, (1985), S.).

Radke, Gerhard: „Viae publicae Romanae", in: RE, Supplementband 13, München 1973, Sp. 1417–1686.

Reggi, Roberto: Liber homo bona fide serviens, Mailand 1958.

Rodgers, Robert Howard: Frontinus, De aquaeductu urbis Romae, Cambridge 2004.

Rolfe, John Carew: The Attic nights of Aulus Gellius, volume III, London 1961.

Rostowzew, Michael: „Fiscus", in: RE, 12. Halbband, Stuttgart 1909 (Nachdruck 1958), Sp. 2385–2405.

Rüfner, Thomas: „Res", in: Historisch-kritischer Kommentar zum BGB, Band 1: Allgemeiner Teil: §§ 1–240, Tübingen 2003, S. 306–353 (Zitiert: HKK-*Rüfner*, S.).

Rüpke, Jörg: Die Religion der Römer, München 2001.

Schermaier, Martin Josef: D. 41,3,45 pr. (Papinian 10 resp.), Der rätselhafte Fall des *aedificium in litore depositum aut derelictum*, in: Festschrift für Rolf Knütel, Heidelberg 2009, S. 1037–1058 (Zit.: *Schermaier*, S.).

Ders: *Res Communes Omnium:* The History of an Idea from Greek Philosophy to Grotian Jurisprudence, in: Grotiana 30 (2009), S. 20–48 (Zit.: *Schermaier*, Grotiana, S.).

Ders.: Private Rechte an res communes?, in: Carmina Iuris, Mélanges en l'honneur de Michel Humbert, Paris 2012, S. 773–792 (Zit.: *Schermaier*, Mel. Humbert, S.).

Schulz, Fritz: Classical Roman Law, Oxford 1951.

Scialoja, Vittorio: Teoria della proprietà nel diritto romano, volume primo, Hrsg. Pietro Bonfante, Roma (Rom) 1928 (Zit. *Scialoja*, S.).

Ders.: Teoria della proprietà nel diritto romano, volume II, Hrsg. Pietro Bonfante, Roma (Rom) 1933 (Zit.: *Scialoja*, Proprieta II, S.).

Ders.: Due Interpretazioni inmateria di servitù, II. Sulla estensione della servitù di acquedotto sull'alveoasciutto, in: BIDR 2 (1889), S. 169–181 (Zit. *Scialoja*, BIDR 2 (1889), S.).

Shakleton Bailey, David Roy: Cicero, Letters to Atticus, volume I, London 1999.

Simshäuser, Wilhelm: Sozialbindungen des spätrepublikanisch-klassischen römischen Privateigentums, in: Europäischens Rechtsdenken in Geschichte und Gegenwart, Festschrift für Helmut Coing zum 70. Geburtstag, Band 1, München 1982, S. 329–361.

Solazzi, Siro: „Quodam modo" nelle Instituzioni di Gaio, in: SDHI 19 (1953), S. 104–133.

Stambaugh, John E.: The Functions of Roman Temples, in: ANRW II, Band 16, 1. Teilband, Berlin/New York 1978, S. 554–608.

Staudinger, Julius von: Kommentar zum Bürgerlichen Gesetzbuch, Buch 1, Allgemeiner Teil (3), Bearbeiter: Joachim Jickeli / Malte Stieper, Berlin Neubearbeitung 2012, (Zit.: Staudinger-*Jickeli /Stieper*).

Stein, Peter: Fault in the Formation of Contract in Roman Law and Scots Law, Edinburgh 1958.

Taubenschlag, Rafael: Miszellen aus dem römischen Grabrecht, in: Opera Minora, Band 2, Warszawa (Warschau) 1959, in: SZ (RA) 38, 244–262.

Thilo, Georg Christian / *Hagen*, Hermann: Marcus Servius Honoratus, Servii Grammatici qui feruntur in Vergilii carmina comentarii, Band 2: Aeneidos librorum VI–XII commentarii, Leipzig 1884 (Nachdruck Hildesheim 1961).

Thomas, J. A. C.: The Sale of *Res Extra Commercium*, in: Current Legal Problems 29 (1976), S. 136–149.

Vegting, Wilhelmus Gerardus: Domaine public et *res extra commercium*, Étude historique du droit romain, francais et néerlandais, Alphen aan den Rijn, 1960.

Voci, Pasquale: L'errore nel diritto romano, Mailand 1937.

Wacke, Andreas: Dig. 19, 2, 33: Afrikans Verhältnis zu Julian und die Haftung für höhere Gewalt, in: ANRW II Band 15, Berlin/New York 1976, S. 455–496 (Zit.: *Wacke*, S.).

Ders.: Circumscribere, gerechter Preis und die Arten der List, in: SZ (RA) 94 (1977), S. 184–246 (Zit.: *Wacke*, SZ (RA) 94, 1977, S.).

Walsh, P. G.: Titius Livius, Ab urbe condita, tomus VI, libri XXXVI–XL, Oxford 1999 (Neudruck 2008).

Wappäus, Heinrich: Zur Lehre von den dem Rechtsverkehr entzogenen Sachen nach römischem und heutigem Recht, Göttingen 1867 (Abgedruckt in: Öffentliches Recht, Sammelband, Abhandlung 6).

Watson, Alan: The Law of Obligations in the Later Roman Republic, Oxford 1965 (Zit.: *Watson*, Obligations, S.).

Ders.: The Law of Property in the Later Roman Republic, Oxford 1968 (Zit.: Watson, S.).

Weidner, Amalie: Kulturgüter als *res extra commercium*, Berlin 2001.

Weiss, Fritz: Aulus Gellius, Die attischen Nächte, Erster Band, Darmstadt 1965.

Wieling, Hans Josef: Sachenrecht, Band 1, 2. Auflage, Berlin/Heidelberg 2006.

Willis, Jakob: Ambrosii Theodosii Macrobii Saturnalia, Leipzig 1963.

Wissowa, Georg: Religion und Kultus der Römer, 2. Auflage, München 1912 (Neudruck 1961).

Zimmermann, Reinhard: The Law of Obligations, Oxford 1996.

RECHTSHISTORISCHE REIHE

Die nachfolgende Liste führt die Titel der "Rechtshistorischen Reihe" ab Band 400 auf. Eine vollständige Übersicht aller bisher in der Reihe erschienenen Bücher finden Sie auf www.peterlang.com

Band 400 Thomas Simon (Hrsg.): Hundert Jahre allgemeines und gleiches Wahlrecht in Österreich. Modernes Wahlrecht unter den Bedingungen eines Vielvölkerstaates. 2010.

Band 401 Dörte Mentz: Die Beweislastumkehr in der Rechtsprechung des Reichsgerichts. 2010.

Band 402 Werner Schubert (Hrsg.): Oberster Gerichtshof für die Britische Zone (1948-1950). Nachschlagewerk Strafsachen – Nachschlagewerk Zivilsachen. Präjudizienbuch der Zivilsenate. Eingeleitet und herausgegeben von Werner Schubert. 2010.

Band 403 Yong Lei: Auf der Suche nach dem modernen Staat. Die Einflüsse der allgemeinen Staatslehre Johann Caspar Bluntschlis auf das Staatsdenken Liang Qichaos. 2010.

Band 404 Andreas Schwenk: Die Formbestimmung des § 313 BGB a. F. (§ 311 b Abs. 1 BGB n. F.) bei Verträgen über Grundstücke in der Rechtsprechung des Reichsgerichts. 2010

Band 405 René Schorsch: Eberhard Georg Otto Freiherr von Künßberg (1881-1941). Vom Wirken eines Rechtshistorikers. 2010.

Band 406 Ulrike Köbler: Werden, Wandel und Wesen des deutschen Privatrechtswortschatzes. 2010.

Band 407 Björn Florian Faulenbach: Rolle und Bedeutung der Lehre in der Rechtsprechung der Internationalen Gerichtshöfe im zwanzigsten Jahrhundert. 2010.

Band 408 Guangyu Fu: Das Causaproblem im deutschen Bereicherungsrecht. Eine rechtshistorische Untersuchung. 2010.

Band 409 Andreas Kimmelmann: Die Folter im Beweisverfahren der Leges Visigothorum. Chindasvinths Gesetzgebung im Spiegel der westgotischen Rechtsentwicklung. 2010.

Band 410 Jacqueline Schmaltz: Die Entwicklung der Industrie- und Handelskammern. Zwischen Pflicht und Kür. 2010.

Band 411 Hermann Nehlsen: Bayerische Rechtsgeschichte vom frühen Mittelalter bis zum 20. Jahrhundert. 2011.

Band 412 Kathrin Spoerr: Recht und Revolution. Deutsche Ökonomen und ihr Einfluss auf das Recht der Weimarer Republik – eine Zeitschriftenschau 1917-1920. 2011.

Band 413 Moritz von Köckritz: Die deutschen Oberlandesgerichtspräsidenten im Nationalsozialismus (1933-1945). 2011.

Band 414 Annika Lillemor Lara Rabaa: Die Ehe als Rechtsinstitut im Badischen Landrecht von 1810. Unter besonderer Berücksichtigung der gesellschaftlichen Entwicklungen im 19. Jahrhundert. 2011.

Band 415 Christian Hattenhauer / Klaus-Peter Schroeder (Hrsg.): 200 Jahre Badisches Landrecht von 1809/1810. Jubiläumssymposium des Instituts für geschichtliche Rechtswissenschaft der Ruprechts-Karls-Universität Heidelberg und der Heidelberger Rechtshistorischen Gesellschaft vom 23. bis 26. September 2009. 2011.

Band 416 Tobias Alexander Krammerbauer: Die Ministerverantwortlichkeit und die Vorformen sonstiger Verfassungsgerichtsbarkeit in Württemberg zwischen 1815 und 1918. 2011.

Band 417 Werner Schubert (Hrsg.): Quellen zur GmbH-Reform von 1958 bis zum GmbH-Änderungsgesetz von 1980. Eingeleitet und herausgegeben von Werner Schubert. 2011.

Band 418 Gisela Emling: Johannes Heckel. Leben und Wirken (1889-1963). 2011.

Band 419 Jochen Kirschbaum: Die Etablierung der Historischen Rechtsschule an der Ludoviciana (1814-1824). 2011.

Band 420 Sören Koch: Unaufgeforderte Hilfeleistung in Notsituationen. Eine rechtshistorische und rechtsvergleichende Studie zu den zivilrechtlichen Aspekten der Nothilfe mit besonderer Berücksichtigung des Rechts der Geschäftsführung ohne Auftrag. 2011.

Band 421 Friedrich Carl von Savigny: Die Prinzipienfragen in Beziehung auf eine neue Strafprozeß-Ordnung. Ausgearbeitet im Justizministerium für die Gesetzrevision. Eingeleitet und herausgeben von Werner Schubert. 2011.

Band 422 Stephan Faulwetter: Von der Zunft zur Handelskammer. Zur Entwicklung des Gewerberechts in thüringischen Staaten. 2011.

Band 423 Moritz Eisenhardt: Sanierung statt Liquidation. Die Geschichte des Vergleichs zur Abwendung des Konkurses unter besonderer Berücksichtigung der Vergleichsordnung von 1927 und 1935. 2011.

Band 424 Gerd Kleinheyer: Beiträge zur Strafrechtsgeschichte. Herausgeben von Franz Dorn, Mathias Schmoeckel und Jan Schröder. 2011.

Band 425 Ralf Maertens: Das Landgericht Altona (1879-1937) und die Anfänge des Landgerichts Itzehoe (1937-1945). Unter besonderer Berücksichtigung ihrer Tätigkeitsberichte und rechtspolitischen Stellungnahmen. 2011.

Band 426 Mark Friedrich: Ferdinand von Martitz (1839-1921). Rechtshistoriker, Staatsrechtler und Völkerrechtler zwischen dem Ende des Deutschen Bundes und dem Beginn der Weimarer Republik. 2012.

Band 427 Sebastian Krusche: Die Bundesrechtsanwaltsordnung vom 1. August 1959. Vorgeschichte und Entstehung. 2012.

Band 428 Marju Luts-Sootak / Sanita Osipova / Frank L. Schäfer (Hrsg./eds.): Einheit und Vielfalt in der Rechtsgeschichte im Ostseeraum. Unity and Plurality in the Legal History of the Baltic Sea Area. Sechster Rechtshistorikertag im Ostseeraum, 3.-5. Juni 2010 in Tartu (Estland) / Riga (Lettland). 6th Conference in Legal History in the Baltic Sea Area, 3rd-5rd June 2010 Tartu (Estonia) / Riga (Latvia). 2012.

Band 429 Margret R. I. Bootz: Die Hamburger Rechtsprechung zum Arbeitsrecht im Nationalsozialismus bis zum Beginn des 2. Weltkriegs. 2012.

Band 430 Heiko Zech: Die soziale Frage im Konkursrecht 1879-1900. 2012.

Band 431 Jan C. Lorenzen: Das Bundesnaturschutzgesetz vom 20. Dezember 1976. Die Entwicklung des Naturschutzrechtes in Deutschland von den Anfängen bis zur Neukodifikation des Bundesnaturschutzgesetzes von 1976. 2012.

Band 432 Ulrike Ingrid Bernhardt: Geschichte des Weinrechts im Deutschen Kaiserreich (1871-1918). Mit einem Überblick zur Vorgeschichte und Weiterentwicklung bis zur Gegenwart. 2012.

Band 433 Elisabeth Otto: Das Verwaltungsrecht in der SBZ / DDR bis zur Verwaltungsneugliederung im Jahr 1952. 2012.

Band 434 Werner Schubert: Zur Geschichte der Justizverfassung in Schleswig-Holstein im 19. und 20. Jahrhundert. Quellen und Studien. 2012.

Band 435 Stefan Ellenberg: Herrschaft und Reform. Zur Diskussion um die Aktienrechtsreform und den Konzern in der Weimarer Zeit. 2012.

Band 436 Jasmin Sonntag: Gesetzgebung und Verwaltung im Dalbergstaat 1802-1810. 2012.

Band 437 Martin Komusiewicz: Die Diskussion um das Verhältnis von Rechtsanwaltschaft und Notariat seit dem Ende des 18. Jahrhunderts bis zum Erlass der Bundesnotarordnung. 2012.

Band 438 Henriette von Breitenbuch: Karl Neumeyer – Leben und Werk (1869-1941). 2013.

Band 439 Günter Baranowski: Russische Rechtsgeschichte: Texte und Erläuterungen. Teil 1: Von den Anfängen bis 1612/13. 2013.

Band 440 Werner Schubert (Hrsg.): Staatsanwaltschaftsrecht (1934-1982). Quellen zu den Reformprojekten (Organisation – Innerer Dienstbetrieb – Ermittlungsverfahren – Verhältnis der Staatsanwaltschaft zur Polizei) und zur Anordnung über Organisation und Dienstbetrieb der Staatsanwaltschaft (OrgStA). Eingeleitet und herausgegeben von Werner Schubert. 2013.

Band 441 York Zieren: Das Schiedsverfahrensrecht der ZPO (1877-1933) unter Berücksichtigung der Genfer Übereinkommen von 1923 und 1927 sowie der Rechtsprechung des Reichsgerichts. 2013.

Band 442 Stefan Wolf: Das Jenaer Studium der Rechte im Dritten Reich. Zwischen Tradition und nationalsozialistischer Ideologie. 2013.

Band 443 Bernhard Klose: Das Verblassen eines Makels. Das Nichtehelichenrecht der DDR als Teil der gesamtdeutschen Entwicklung. 2013.

Band 444 Peter Opitz-von Bardeleben: Das Generalgouvernement Niederrhein. 2013.

Band 445 Nadine Göppner: Vorgeschichte und Entstehung des Atomgesetzes vom 23.12.1959. 2013.

Band 446 Frank L. Schäfer / Werner Schubert (Hrsg./eds.): Justiz und Justizverfassung / Judiciary and Judical System. Siebter Rechtshistorikertag im Ostseeraum, 3.-5. Mai 2012 Schleswig-Holstein / 7th Conference in Legal History in the Baltic Sea Area, 3rd-5th May 2012 Schleswig-Holstein. 2013.

Band 447 Sandy Schenker: Gegen Täuschungen und Gesundheitsgefährdungen durch schlechte Nahrung. Zur Entwicklung des Nahrungsmittelrechts durch Rechtsprechung und Gesetzgebung zwischen 1871 und 1927. 2013.

Band 448 Youn Seok Choi: Der Besitzerwerb des Erben. Historische Entwicklungen, die Lösung des § 857 BGB und ihre Anwendungsprobleme. 2013.

Band 449 Johannes Kalb: Die innerstädtische Auseinandersetzung in Regensburg am Ende der Reichsunmittelbarkeit. Eine historische und rechtliche Untersuchung. 2014.

Band 450 Thomas Habbe: Lastenausgleich. Die rechtliche Behandlung von Kriegsschäden in Deutschland seit dem 30jährigen Krieg. 2014.

Band 451 Günter Baranowski: Russische Rechtsgeschichte: Texte und Erläuterungen. Teil 2: Von 1613 bis 1682. 2015.

Band 452 Wilhelm Brauneder (Hrsg): Landrechtsentwurf für Österreich unter der Enns 1526. 2015.

Band 453 Maximilian Elsner von der Malsburg: „Arisierung" von Privatbanken am Beispiel des Bankhauses E. J. Meyer in Berlin. 2015.

Band 454 Tanja Claussen: Johann Julius Wilhelm Planck (1817-1900). Leben und Werk. 2015.

Band 455 Werner Schubert (Hrsg.): Das Reichsjustizministerium und die höheren Justizbehörden in der NS-Zeit (1935-1944). Protokolle und Mitschriften der Arbeitstagungen der Reichs-justizminister mit den Präsidenten der Oberlandesgerichte, des Volksgerichtshofs, des Reichsgerichts sowie mit den Generalstaatsanwälten. Eingeleitet und herausgeben von Werner Schubert. 2015.

Band 456 Christian Vahl: Die gesetzliche Regelung des Seefrachtvertrags im deutschen Recht. Eine rechtshistorische Betrachtung unter besonderer Berücksichtigung der Beratungen des Seerechtsausschusses der Akademie für Deutsches Recht (1934-1942). 2015.

Band 457 Ruomeng Yang: Die Rezeption der europäischen Privatrechte in China und die konfuzianische Tradition. Das Beispiel des Deliktsrechts im frühen 20. Jahrhundert. 2015.

Band 458 Piotr Wittmann: „Der da sein Practic auß Teutschen Tractaten will lernen". Rechtspraktiker in deutschsprachiger Praktikerliteratur des 16. Jahrhunderts. 2015.

Band 459 Georg Rasche: Richter, Sachverständige, Handelskammern. Preußische Justizverwaltung und kaufmännische Interessen zwischen 1879 und 1907. 2015.

Band 460 Daniel Hupe: Von der Hierarchie zur Egalität in den Zivilrechtskodifikationen des 19. Jahrhunderts vor dem BGB. 2015.

Band 461 Wilhelm Brauneder (Hrsg.): Landrechtsentwurf für Österreich unter der Enns 1573. 2015.

Band 462 Tunay Sürek: Die Verfassungsbestrebungen der Tanzimât-Periode. Das *Kanun-i Esasî* – Die osmanische Verfassung von 1876. 2016.

Band 463 Takashi Izumo: Die Gesetzgebungslehre im Bereich des Privatrechts bei Christian Thomasius. 2016.

Band 464 Werner Schubert (Hrsg.): Quellen zum Bau- und Enteignungsrecht (1940-1958). Entwürfe zu einem Reichsbaugesetz (1940/41) – Vorentwurf zu einem Deutschen Baugesetzbuch von 1942 – Entwürfe zu einem Baugesetzbuch (1949/50) – Baulandbeschaffungsgesetz vom 3.8.1953 – Entwurf zu einem Bundesenteignungsgesetz von 1958. Eingeleitet und herausgegeben von Werner Schubert. 2016.

Band 465 Daniel Bischof: Geschichte der Wald- und Forstgesetzgebung im Bundesland Schleswig-Holstein. Unter Einbeziehung der Entwürfe zu einem

Reichsforstgesetz von 1940/42 und der Entstehung des Bundeswaldgesetzes von 1975. 2016.

Band 466 Lena Darabeygi: Die Causa „Blinkfüer" und die Grundrechtsdogmatik zur Pressefreiheit in Weimar und Bonn. 2017.

Band 467 Werner Schubert (Hrsg.): Quellen zum Aktiengesetz vom 18. Juli 1884. 2017.

Band 468 Manfred Josef Thaler: Die Domkapitel der Reichskirche vom Wiener Konkordat bis zur Säkularisation (1448-1803). Grundzüge ihrer Verfassung im Vergleich. 2017.

Band 469 Philipp Eckert: Entstehung und Bedeutung des Landesverwaltungsgesetzes Schleswig-Holstein. 2017.

Band 470 Julia Christine Klix: Privatrechtstheorie und Wirtschaft von 1967 bis 1982. Unter besonderer Berücksichtigung der Kartellrechtsgeschichte. 2017.

Band 471 Thorsten Thielen: Friede und Recht. Studien zur Genese des frühmittelalterlichen Herrscher- und Tugendideals in der lateinischen Literatur der römischen Antike und des frühen Mittelalters. 2017.

Band 472 Werner Schubert (Hrsg.): Das Reichsjustizministerium unter Otto Thierack (1942-1945). Teil 1: Amt für Neuordnung der deutschen Gerichtsverfassung (Berichte von 1943/44 über den Besuch von 13 Oberlandesgerichten). Amt für Nachwuchsfragen (Juni/Juli 1944). 2017.

Band 473 Werner Schubert (Hrsg.): Das Reichsjustizministerium unter Otto Thierack (1942-1945). Teil 2: Die Arbeitstagungen auf der „Reichsburg Kochem" von April bis August 1944 (Protokolle und Berichte). 2017.

Band 474 Ruprecht Freiherr von Maltzahn: Das Versammlungsgesetz vom 24. Juli 1953. Vorgeschichte, Gesetzgebungsverfahren sowie spätere Änderungen. 2017.

Band 475 Johannes Jenß: Die „Volksgemeinschaft" als Rechtsbegriff. Die Staatsrechtslehre Reinhard Höhns (1904-2000) im Nationalsozialismus. 2017.

Band 476 Stefan Xenakis: Untertanenprozesse an Reichsgerichten. Ein systematisch-bibliographischer Überblick. 2018.

Band 477 Gero von Alvensleben: Die *res extra commercium* im römischen Recht. 2019.

Band 478 Christoph Sperling: Joachim Haupt (1900-1989). Vom Aufstieg eines NS-Studentenfunktionärs und Sturz des Inspekteurs der Nationalpolitischen Erziehungsanstalten. Eine biographische Studie. 2018.

www.peterlang.com

www.ingramcontent.com/pod-product-compliance
Ingram Content Group UK Ltd.
Pitfield, Milton Keynes, MK11 3LW, UK
UKHW021854290926
8980IPUK00005B/822

9 783631 768280